数字经济驱动区域经济发展方式转变研究

——测度、影响效应及提升路径

杨春季◎著

中国财经出版传媒集团
经济科学出版社
Economic Science Press
·北京·

图书在版编目（CIP）数据

数字经济驱动区域经济发展方式转变研究：测度、影响效应及提升路径/杨春季著．--北京：经济科学出版社，2023.11

ISBN 978-7-5218-5168-7

Ⅰ.①数…　Ⅱ.①杨…　Ⅲ.①信息经济-影响-区域经济发展-研究-中国　Ⅳ.①F492②F127

中国国家版本馆CIP数据核字（2023）第179746号

责任编辑：崔新艳
责任校对：隗立娜
责任印制：范　艳

数字经济驱动区域经济发展方式转变研究
SHUZI JINGJI QUDONG QUYU JINGJI FAZHAN FANGSHI ZHUANBIAN YANJIU
——测度、影响效应及提升路径
——CEDU，YINGXIANG XIAOYING JI TISHENG LUJING
杨春季　著
经济科学出版社出版、发行　新华书店经销
社址：北京市海淀区阜成路甲28号　邮编：100142
经管中心电话：010-88191335　发行部电话：010-88191522
网址：www.esp.com.cn
电子邮箱：expcxy@126.com
天猫网店：经济科学出版社旗舰店
网址：http://jjkxcbs.tmall.com
北京季蜂印刷有限公司印装
710×1000　16开　14.25印张　230000字
2023年11月第1版　2023年11月第1次印刷
ISBN 978-7-5218-5168-7　定价：65.00元
（图书出现印装问题，本社负责调换。电话：010-88191545）

本书受江西科技师范大学著作出版资助基金项目“数字经济驱动区域经济发展方式转变研究——测度、影响效应及提升路径”（赣科大科字〔2021〕6号）资助。

前　言

数字经济是继农业经济、工业经济之后出现的新经济形态。1998 年，美国商务部采用数字经济来阐释信息技术对美国及世界经济发展带来的重要作用，这是数字经济概念正式被采用的开端。数字经济是推动互联网发展的重要力量，也是新经济的主要引擎，它对组织方式、生产要素、生产方式、驱动力、发展方式等都产生了巨大影响，诸如“创新驱动”“转型升级”“经济增长”的核心能力都与之息息相关，特别是2008 年全球金融危机以来，数字经济正逐渐成为促进经济增长的新动能，为全球经济复苏以及社会发展注入新的活力，影响广泛而深远。在全球信息化迅速发展的趋势下，数字经济正成为驱动经济增长的新引擎，成为世界各国竞争的新高地，谁引领数字经济发展，谁就能在新一轮发展中掌握主动权。

党的十九大报告指出，中国特色社会主义进入新时代，我国社会主要矛盾已经由人民日益增长的物质文化需要同落后的社会生产之间的矛盾，转化为人民日益增长的美好生活需要和不平衡不充分的发展之间的矛盾。我国经济已由高速增长阶段转向高质量发展阶段，正处在转变发展方式、优化经济结构、转换增长动力的攻关期。近20年来，在互联网技术的加持下，我国经济发展成就巨大，经济潜力得到释放，但我国经济依然面临诸多挑战。党中央和国务院审时度势，2015年，“互联网+”上升为国家战略，2017年，数字经济正式被写入我国政府工作报告，之后，党中央和国务院相继出台一系列政策文件促进我国数字经济的规范和繁荣发展，我国迎来了数字化转型的浪潮。数字经济发展能够有效促进区域经济发展方式转变，推进新旧动能转换，引领区域经济高质量和均衡发展，为实现第二个百年奋斗目标提供重要保障，因此，研究数字经济驱动区域经济发展方式转变的测度、影响效应和提升路径，具有重要的理论意义和现实意义。

本书在系统回顾数字经济和区域经济发展方式转变基础上，首先构建了数字经济和区域经济发展方式转变的评价指标体系，这有助于详细掌握我国数字经济和区域经济发展方式转变的发展水平；其次，详细分析了数字经济驱动区域经济发展方式转变的直接效应、间接效应、门槛效应和空间效应；最后，基于前述理论和实证分析，提出6条优化路径。

在理论分析基础上，本书构建了评价指标体系，采用熵权法，对数字经济和区域经济发展方式转变进行测度，数字经济由技术基础力、经济支撑力、服务应用力、资源驱动力和产数融合力等5个一级指标，共计19个二级指标组成；区域经济发展方式转变由创新驱动发展、绿色发展和居民福祉3个一级指标和9个二级指标构成。这是本书的重点内容之一。

在影响效应分析方面，本书采用双向固定效应、门槛回归和空间杜宾模型等进行影响效应分析，并控制了人力资本、金融支持、对外开放、市场化、产业结构升级、创新水平、经济发展水平和政府规制等8个变量，通过直接效应、间接效应、门槛效应和空间效应分析发现：数字经济对区域经济发展方式转变有显著正向影响，经过稳健性检验和内生性分析，也证实研究结论的可靠性；数字经济通过中介变量——城镇化和研发强度——对区域经济发展方式转变有显著正向影响，同时，城镇化和研发强度具有平行中介效应；数字经济对区域经济发展方式转变存在门槛效应，数字经济和研发强度具有单一门槛效应、城镇化呈现双重门槛效应，越过门槛值，数字经济对区域经济发展方式转变的作用会显著增强；数字经济对区域经济发展方式转变呈空间相关性和空间依赖性，主要具有本地效应和短期效应。

总结前述研究，本书提出6条优化路径，分别为释放政府政策红利、加大数字经济发展力度、提升城镇化水平、加大研发投入、数字经济和实体经济融合、缩小数字鸿沟。

由于笔者能力和专业素养有限，本书错漏之处恳请大家批评指正。

杨春季
江西科技师范大学

目录
CONTENTS

第1章　导　　论

1.1　问题提出

1.1.1　选题背景

改革开放40多年来，我国经济保持高速增长，经济总量已经稳居世界第二位。1994年以来，我国互联网基础设施不断完善，互联网环境持续优化，截至2020年12月，我国国内生产总值首次突破百万亿元大关，网民规模达9.89亿人，互联网普及率达70.4%（CNNIC，2021）。我国已经是经济大国和互联网大国，但是我国正处于经济转型升级与新技术革命交织的关键转折时期，互联网、云计算、大数据、人工智能和区块链等技术与实体经济不断深度融合，对人们的生产和生活方式产生了深远影响。美国、欧盟、英国等国家和地区已经将发展数字经济作为优先事项，纷纷推动数字经济的发展（沈家文，2018），全球数字经济蓬勃发展。数字经济是继农业经济、工业经济之后出现的新经济形态，在组织方式、生产要素、生产方式、驱动力、发展方式方面都发生了巨大变化，“创新驱动”“转型升级”“经济增长”的核心能力都与此息息相关，特别是2008年全球金融危机以来，数字经济正逐渐成为促进经济增长的新动能，为全球经济复苏以及社会发展注入新的活力，影响力广泛而深远。在全球信息化迅速扩张和全面渗透的发展趋势下，数字经济正成为驱动经济增长的新引擎，业已成为世界各国竞争的新高地。

党中央和国务院高度重视数字经济的发展，早在2016年杭州举办的G20峰会上就提出了全球数字经济发展理念，并促成通过了《二十国集团数字经济发展与合作倡议》，这是首个由多国领导人共同签署的数字经济政策文件，该倡议敏锐地把握了数字化带来的历史性机遇，为世界经济摆脱低迷、重焕生机指明了新方向，提供了新方案。同年，在中共中央政治局第三十六次集体学习时，习近平总书记就要求“做大做强数字经济”。2017 年，“数字经济”概念被正式写入党的十九大报告，随之又被写入政府工作报告，2017 年 12 月，习近平总书记在主持中央政治局第二次集体学习时强调，要审时度势、精心谋划、超前布局、力争主动，实施国家大数据战略，加快建设数字中国。2018 年，在亚太经合组织第二十六次领导人非正式会议上，习近平强调“数字经济是亚太乃至全球未来的发展方向”。2019 年，习近平总书记进一步强调“引导数字经济和实体经济深度融合，推动经济高质量发展”①。数字经济引起了国内外各界人士的广泛关注，根据各自比较优势，各级地方政府相继出台了适合当地的数字经济发展政策。

我国数字经济发展也取得了不俗的成就，数字经济与实体经济加快深度融合，成为新时代我国经济高质量发展的重要驱动力量（荆文君和孙宝文，2019；丁志帆，2020），成为赋能中国经济增长的新动能。据中国信息通信研究院的测算，2018 年我国数字经济规模达到 31.3 万亿元，占 GDP 比重达到 34.8%，数字经济对 GDP 增长的贡献高达 67.9%，贡献率同比提升 12.9%（数据基础设施白皮书，2019）。同时，我国数字经济发展仍然存在不平衡和不充分的数字鸿沟等问题，数字化基础设施仍需完善，营商环境仍需优化，只有清晰地认识我国数字经济发展的基本情况，才能更好地推动区域经济发展方式转变，进一步推动区域经济高质量发展。

1.1.2 研究意义

1. 理论意义

（1）在理论分析基础上，本书构建了数字经济的综合评价指标体系，从 5 个方面对我国数字经济发展进行测度，以便更好地掌握我国数字经济发展的水平，了解我国数字经济发展的演变过程，从多角度剖析数字经济发展的基本情况，为我国数字经济发展提供一定借鉴。

---

① 习近平．不断做强做优做大我国数字经济［J］．求是，2022（2）：4－8.

（2）改革开放40多年来，我国依靠要素投入成功跨越“贫困陷阱”，但经济规模大而不强，环境污染严重，在全球价值链中处于弱势地位，这些都要求我国必须寻找新的增长点。通过直接效应、间接效应和门槛效应分析，发现数字经济对我国区域经济发展方式转变具有显著正向影响，发展数字经济能够有效促进区域经济发展方式转变。

（3）根据迈克尔·波特的国家竞争优势理论，一个国家竞争力的发展要经过要素驱动阶段、投资驱动阶段，然后进入创新驱动、财富驱动阶段。创新驱动是相对于要素驱动和投资驱动而言的，在新的发展时期要努力实现增长动力的转换，努力从要素驱动、投资驱动转向通过技术进步来提高劳动生产率的创新驱动（王建康，2016）。本书采用空间杜宾模型分析数字经济对区域经济发展方式转变的空间效应，经过严格检验，发现数字经济对区域经济发展方式转变存在本地效应和短期效应，因此，应该更加注重数字经济发展和区域经济发展方式转变的协调性和均衡性。

2. 现实意义

（1）本书构建了数字经济的综合评价指标体系，由技术基础力、经济支撑力、服务应用力、资源驱动力和产数融合力5个一级指标，共计19个二级指标组成；构建了区域经济发展方式转变的综合评价指标体系，共包括创新驱动发展、绿色发展和居民福祉3个一级指标和9个二级指标。由于数字经济和区域经济发展方式转变的内涵丰富，涉及面较广，采用综合评价体系能够更好地掌握我国数字经济发展现状和区域经济发展方式转变的基本情况，为促进我国省域数字经济发展和区域经济发展方式转变提供参考。

（2）通过影响效应分析，能够深入探究数字经济驱动区域经济发展方式转变的作用机制。数字经济发展对省域经济发展方式转变具有显著正向影响，各省大力发展数字经济能够促进区域经济发展方式转变，城镇化和研发强度的平行中介效应也为各省经济发展方式转变提供了思路，可以考虑借助城镇化和加大研发投入来促进省域经济发展方式转变。此外，我国数字经济驱动区域经济发展方式转变具有门槛效应，越过门槛值，数字经济对区域经济发展方式转变的作用会增强，可喜的是，我国部分省份已经迈过第一重门槛，数字经济成为驱动区域经济发展方式转变的新动能，影响日益增强。

（3）数字经济对区域经济发展方式转变的影响呈现空间效应，本地效应更明显，短期效应为主。这需要地方政府进一步完善区域一体化发展，构建统一大市场，发挥数字经济优化资源配置的优势，错位发展，完善数字经济产业链，促进数字经济和区域经济发展方式均衡协调发展。

1.2 研究内容与方法

1.2.1 研究内容

本书主要内容分为十一章五大部分：第一部分是全书的理论基础，包括第 1 章、第 2 章和第 3 章；第二部分是测度部分，重点测度数字经济和区域经济发展方式转变，包括第 4 章和第 5 章，这是全书重点内容之一；第三部分是影响效应，包括第 6 章、第 7 章、第 8 章和第 9 章，分别分析了数字经济驱动区域经济发展方式转变的直接效应、间接效应、门槛效应和空间效应，这也是全书的重点内容之一；第四部分是提升路径，包括第 10 章；第五部分是研究结论，包括第 11 章。具体内容如下。

第 1 章为导论。本章重点介绍了选题背景与研究意义，阐述了主要研究内容和研究方法，梳理了研究思路和技术路线，总结了主要创新点。

第 2 章为文献综述。本章主要围绕数字经济和区域经济发展方式转变两个核心概念进行文献综述，数字经济部分主要着眼于数字经济的发展历程和相关研究，区域经济发展方式转变部分主要关注经济发展方式转变的演变及相关研究，通过系统文献回顾，为后续研究奠定了坚实的理论基础。

第 3 章为数字经济驱动区域经济发展方式转变的理论分析。本章以创新扩散理论、区域创新系统理论、竞争优势理论和经济增长理论等为基础进行理论分析，阐述了数字经济对区域经济发展方式转变的作用机制，并提出了研究假设。

第 4 章为数字经济测度与区域经济发展方式转变评价。本章采用熵权法对数字经济和区域经济发展方式转变进行测度，数字经济由技术基础力、经济支撑力、服务应用力、资源驱动力和产数融合力等 5 个一级指标和 19 个二级指标组成；区域经济发展方式转变主要由创新驱动发展、绿色发展和居民福祉 3 个一级指标和 9 个二级指标组成，鉴于数字经济和区域经济发展方式转变的复杂性，构建综合评价指标体系，能够更全面和更系统地探究我国省域数字经济发展现状和区域经济发展方式转变的基本情况。

第5章为数字经济与区域经济发展方式转变关系分析。本章采用耦合协调度模型进行数字经济和区域经济发展方式转变的耦合度和协调度分析，系统探究我国省域数字经济和区域经济发展方式转变的耦合协调水平，我国数字经济和区域经济发展方式转变的耦合度和协调度总体呈上升趋势，呈现典型空间分异现象。

第6章为数字经济驱动区域经济发展方式转变的直接效应。本章采用双固定面板模型进行直接效应分析，在控制了人力资本、金融支持、对外开放、市场化、产业结构升级、创新水平、经济发展水平和政府规制8个变量的基础上，数字经济对区域经济发展方式转变具有显著的正向促进作用，经稳健性检验和内生性分析，也说明研究结论具有稳健性。

第7章为数字经济驱动区域经济发展方式转变的间接效应。本章采用三步法进行中介效应分析，先对城镇化和研发强度进行中介效应分析，后又进行城镇化和研发强度的双中介效应分析。结果显示，城镇化和研发强度分别具有中介效应，数字经济通过城镇化和研发强度能够显著正向促进区域经济发展方式转变，同时，城镇化和研发强度具有平行中介效应。

第8章为数字经济驱动区域经济发展方式转变的门槛效应。本章根据汉森的门槛理论，首先对数字经济进行门槛效应分析，之后分别对城镇化和研发强度进行门槛效应分析，数字经济和研发强度存在单一门槛效应，城镇化存在双重门槛效应，迈过门槛值后，数字经济对区域经济发展方式转变的促进作用会更强。

第9章为数字经济驱动区域经济发展方式转变的空间效应。本章运用空间杜宾模型分析数字经济对区域经济发展方式转变的空间效应，经过相关检验，我国数字经济和区域经济发展方式转变呈现空间相关性和依赖性，适合进行空间计量分析，结果显示，数字经济对区域经济发展方式转变呈现本地效应和短期效应。

第10章为数字经济驱动区域经济发展方式转变的提升路径。本章总结出6条提升路径，包括政府积极发展数字经济的政策红利、数字经济驱动区域经济发展方式转变的城镇化路径、数字经济驱动区域经济发展方式转变的创新路径、发展壮大数字经济、数字经济与实体经济融合发展、夯实基础设施不断缩小数字鸿沟。

第11章为研究结论。本章简明扼要总结了前述研究内容。

1.2.2 研究方法

1. 理论分析与文献分析法

本书在系统收集和整理相关文献的基础上，进行较为全面的数字经济国内外研究述评，并在理论分析基础上形成本书的研究思路和技术路线，为后续开展研究奠定了文献和理论基础。

2. 熵权法

熵权法是客观赋权方法，与层次分析法、专家打分法、网络分析法等主观的赋权方法相比，更具客观性，使得研究结论更加可信，更具说服力。

3. 计量经济分析法

本书采用规范的实证研究，采用面板固定效应模型进行直接效应和间接效应检验，采用面板门槛模型进行门槛效应检验，并进行了稳健性检验和异质性分析，均发现数字经济对驱动区域经济发展方式转变具有显著正向影响。

4. 空间计量分析法

本书采用空间杜宾模型分析数字经济对区域经济发展方式转变的空间效应，经过空间计量方法检验，数字经济对区域经济发展方式转变具有空间效应，主要表现为本地效应和短期效应。

1.3 研究思路与技术路线

1.3.1 研究思路

本书的核心研究问题是数字经济对区域经济发展方式转变的影响，围绕该问题，主要研究以下三个方面的核心问题：第一，数字经济和区域经济发展方式转变的测度问题；第二，数字经济驱动区域经济发展方式转变的影响效应；第三，数字经济驱动区域经济发展方式转变的提升路径。

1.3.2 技术路线

本书在上述思路基础上，按照图1-1展开研究。

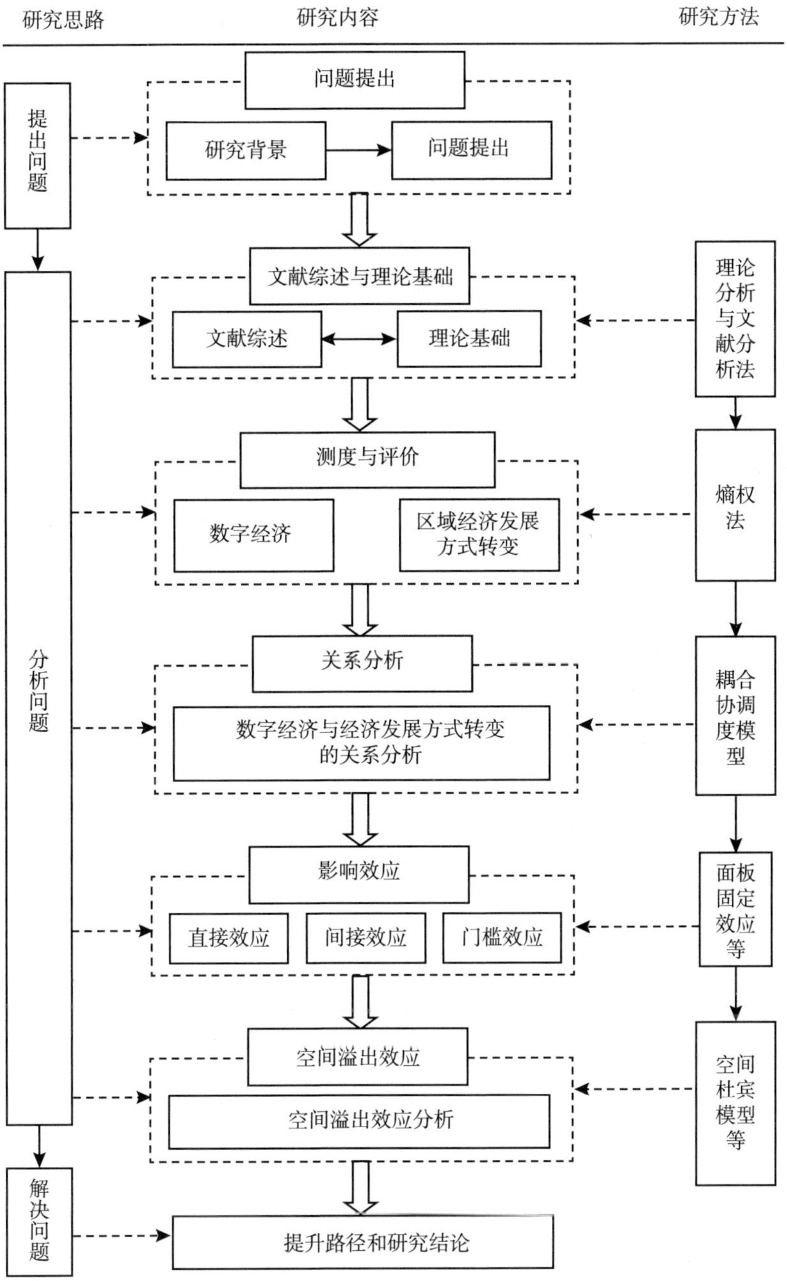

图1-1　研究思路与技术路线

1.4 主要创新点

本书可能的创新点有以下三点：

（1）构建了数字经济和区域经济发展方式转变的综合评价指标体系，并对数字经济和区域经济发展方式转变进行了测度，从时间和空间维度，深入分析了数字经济和区域经济发展方式转变的发展水平，对系统掌握我国数字经济的发展现状和区域经济发展方式转变的基本情况有重要参考作用。

（2）全面分析了数字经济驱动区域经济发展方式转变的影响效应。经过缜密的实证分析，发现数字经济对区域经济发展方式转变有直接效应；进一步进行中介效应分析，发现存在城镇化和研发强度的中介效应，同时存在平行中介效应；再进行了门槛效应检验，发现数字经济和研发强度存在单一门槛，城镇化存在双重门槛；最后，运用空间杜宾模型探究数字经济对区域经济发展方式转变的空间效应，发现主要存在本地效应和短期效应。

（3）采用多种方法相结合开展研究。本书综合采用文献分析法、面板固定效应模型、面板门槛模型和空间杜宾模型等方法开展研究，方法的多样化使得研究主题思路更开阔，定性和定量相结合，使得研究结论更客观可信。

第2章 文献综述

2.1 数字经济研究

2.1.1 数字经济概念的提出

唐泰普斯科特（Tapscott Don，1996）首次较为详细地对数字经济进行了分析，引起较大反响。随后，伴随计算机和互联网等信息技术的发展，数字经济得到快速发展。数字经济的内涵比较复杂，众多学者从不同视角进行研究。数字经济、网络经济、信息经济、知识经济等名词经常被混用，有的学者认为这些词比较相似，有的学者认为存在差异。李国杰（2017）认为数字经济与信息经济等词是近义词，何枭吟（2005）通过研究中美两国数字经济的发展，认为数字经济与信息经济等词之间存在差异，认为数字经济是以知识为基础，借助计算机等信息技术的推动形成的数字化经济形态。李长江（2017）研究认为数字经济发展经历了数字化、网络化和智能化三个阶段，数字经济的本质是数字技术在生产中的应用。

1. 国外数字经济概念研究

国外数字经济研究起步较早。唐泰普斯科特（1996）最早在《数字经济时代》中提出了“数字经济”的概念，他仅前瞻性地分析了互联网对经济发展带来的变化，而未给出数字经济的详细定义，他认为数字化信息和知识是经济发展的基础。之后，唐泰普斯科特（1998）在《数字经济蓝图》中提出电子商社是一种全新的商业模式，具有创新和变革的能力，未来将决定数字经济的发展，但他的著作中均未涉及具体的数字经济的定义及解读。

有些学者认为数字经济发展的基础是信息技术，电子商务则是其新的表现形式，数字经济不仅包括 IT 技术本身，还包括数字化传输方式中的有形商品和无形服务（Brent R. Moulton，1999；R Kling and R Lamb，1999）。有的学者认为数字经济是指借助数字化技术进行商品和服务贸易的新经济形态，该定义较为微观具体，却忽视了数字经济的宏观表达（Beomsoo Kim，2002）。还有学者认为数字经济借助互联网技术的高扩散性和渗透性，使信息和知识以数字化形态进行传播，从而方便个体间的沟通和连接（Carlsson，2004）。

2004 年美国商务部清晰地界定了数字经济：数字经济是以信息技术和通信技术为基础，由计算机硬件和软件、通信及数字交互服务等相关经济活动组成的一种相对独立的经济新业态。乔治亚迪斯等（Geordiadis et al.，2013）认为数字经济是基于互联网技术和通信技术实现经济和社会活动的经济形态。工会咨询委员会（2016）认为数字经济不仅包括数字产品的生产和销售，而且包括由数字化技术应用所带来的相关变化。英国下议院商业、创新和技能委员会（2016）认为 GDP 不能代表数字经济的规模，数字经济是一种新经济业态，而不是传统经济（蓝国姣，2020）。

2. 国内数字经济概念研究

我国数字经济的研究起步相对较晚，大致可以分成两个阶段：第一阶段是伴随我国互联网发展出现的数字经济的萌芽阶段的研究；第二阶段是数字经济快速发展阶段的研究。

我国数字经济的诞生与互联网的发展息息相关。最早关于数字经济的研究是姜奇平（1998）翻译的《浮现中的数字经济》，该报告认为信息技术将逐渐改变经济运行的模式，信息变得更加重要，未来将决定新经济的发展。随着数字经济的发展，一系列与之相关的概念涌现出来，主要有“互联网经济”“信息经济”“共享经济”等。学者认为，这些概念还是存在较大差别的，如互联网经济主要从网络化的角度刻画经济的基本特征，而数字经济主要从数字化的角度描述了经济发展的新业态；长远来看，信息经济是催化剂，数字经济是最终产物（蓝国姣，2020）。还有部分学者认为这些概念并没有本质区别，都是由数字化技术引发的经济现象。王俊岭等（2001）认为数字经济是数字化技术进步的结果，数字经济和信息经济基本是等价的，它是一种新的经济形态。刘建平（2001）认为数字经济是以互联网技术为基础，以数字化技术为驱动力，以人力资本积累为支撑的新经济形态。何枭吟（2005）认为数字经济是数字化技术广泛应用带来经济社会领域变革从而形成的新经济形态。

2.1.2 数字经济的发展历程

根据中国互联网用户和数字经济的增长速度，结合产业生命周期的基本定义，可以将中国数字经济发展历程大致划分为四个阶段：1994～2002年为起步期，2003～2012年为发展期，2013～2016年为应用期，2017年至今为融合期（王振，2017）。图2－1描述了我国数字经济的大致发展历程。

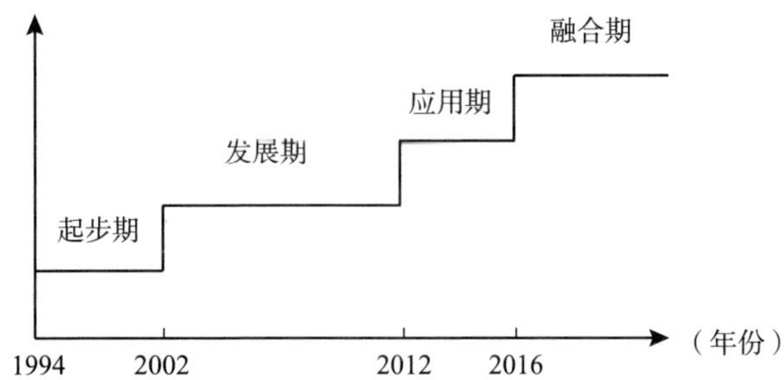

图2－1 数字经济发展历程

1. 起步期（1994～2002年）

1994年，中国正式接入美国能源网，64K互联网国际信道开通，标志着我国正式进入国际互联网时代。之后，我国互联网用户和互联网普及率均呈现高速增长趋势，中国互联网产业虽然起步较晚，但是发展迅速。在起步阶段，中国数字经济发展标志性的事件是大批优秀的互联网企业相继成立，如国内的新浪、搜狐和网易三大门户网站先后创立，同时，阿里巴巴、京东等电子商务巨头也开始崭露头角，以百度为代表的搜索引擎、以腾讯为代表的社交媒体开始快速成长。该阶段孕育了我国互联网行业的众多优秀企业。

2. 发展期（2003～2012 年）

从 2003 年开始，我国互联网行业步入高速增长期，同时，我国的数字经济也步入快速发展阶段。随着我国互联网基础设施不断完善，政府发展信息高速公路的决心，我国互联网用户数长时间保持两位数的增长。我国电子商务崭露头角，以网络零售为代表的电子商务迎来重要的发展机遇，带动我国数字经济由发展期进入快速发展期。该阶段的代表是阿里巴巴。2003 年上半年，阿里巴巴推出“淘宝网”网站，聚焦个人电子商务业务；2003 年下半年，阿里巴巴又顺势推出支付宝服务，完善了电子商务第三方支付业务。

2006 年，我国网络零售额突破 1000 亿元大关，2012 年，又破万亿元大关，并保持 50% 以上的增速①。与此同时，政府大力支持电子商务的发展，2007 年，国家出台了《电子商务发展“十一五”规划》，又将电子商务服务业确定为国家重要的新兴产业。在双重利好下，新兴业态不断涌现。2012 年，我国网民增长率下降至 9.92%②，结束了近 10 年的两位数增长，我国互联网长期依靠网民数量高速增长的盈利模式面临挑战。

3. 应用成熟期（2013～2016 年）

2012 年年底，我国手机网民总数达 4.2 亿人，手机上网的网民数首次超过电脑上网人数，标志着我国互联网发展开始进入移动互联网的新阶段。至此，我国互联网和数字经济的基本格局已经形成，并迈入应用成熟期，即人们已形成以信息为基础，智能手机为连接，线上线下双向互动的生活方式，这会深刻影响未来人们的生产和生活。在该阶段，我国互联网和数字经济表现出强大的应用创新能力，传统网络零售业全面互联网化，生活服务遍地开花，全面转战线上服务，生活便利化程度极大提高，同时，新的商业模式不断涌现，为中国数字经济发展注入了新活力，如共享单车、网络直播等。

4. 融合期（2017 年至今）

伴随互联网和数字经济的快速发展，我国实体经济面临较大挑战，

---

① 电子商务研究中心.2012 年度中国网络零售市场数据监测报告［EB/OL］.（2013－02－05）. http：//www. 100ec. cn/detail－－6082729. html.

② 中国互联网络信息中心. 第 30 次中国互联网络发展状况调查统计报告［EB/OL］.（2012－07－23）. https：//www. cnnic. net. cn/n4/2022/0401/c88－935. html.

“脱实向虚”现象比较明显，这给我国经济社会发展带来不利影响。以网络为基础、以数据要素为核心的社会必将催生出更多的新技术、新业态和新模式，而制造业和互联网融合、实体经济和虚拟经济融合也将以更快的速度参与到市场竞争中来，技术创新和模式创新的周期将进一步缩短。

鉴于我国数字经济的蓬勃发展前景，中国信息化百人会、腾讯研究院、波士顿咨询公司等先后公布了我国数字经济的总体规模。中国信息化百人会2017年3月发布的《中国数字经济报告》将数字经济规模分为两个部分：一是信息产业本身，即数字经济基础部分，包括电子信息、电信运营、互联网和广播电视，可通过现有统计口径直接获取数据；二是信息通信技术对其他产业融合渗透带来的产出增加与效率提升，即数字经济融合部分，这部分数据以增长核算方法为基础，通常采用投入产出法进行计算。该报告显示，2016年我国数字经济规模已达到22.4万亿元人民币，约3.8万亿美元，占GDP的比重为30.1%。与英国、日本、美国的比较来看，中国数字经济总体规模已经超过日本（2.3万亿美元）和英国（1.43万亿美元），但与美国11万亿美元的体量相比仍有较大差距（胡雯，2017）。

腾讯研究院2017年4月发布的《中国“互联网+”数字经济指数(2017)》显示，2016年中国数字经济总体规模约为22.7万亿元，占GDP总量的30.61%。具体做法如下：在测算各省份“互联网+”数字经济指数的基础上，将GDP和指数数据进行差分处理，并通过面板数据的固定效应模型进行回归分析。根据回归分析结果，“互联网+”数字经济指数每增长一个百分点，GDP增加约1406.02亿元，由此，可根据指数的增加情况估算数字经济总体规模（胡雯，2017）。

2011年，波士顿咨询公司在G20峰会上首次提出e-GDP的概念，用于衡量数字经济总体规模。e-GDP采用支出法测算所有与数字设备创造生产、服务提供和应用相关联的活动，包括消费支出、个人ICT投资支出、政府ICT支出、ICT设备出口净值、C2C等其他要素。根据估算，以2015年人民币汇率6.48计算，2015年中国的e-GDP约为9.072万亿元，折合美元约为1.4万亿美元，e-GDP占GDP总量的13%。该结果与埃森哲的研究结果较为接近，埃森哲估算2015年中国数字经济占GDP比重约为13.3%，美国数字经济总量约为5.9万亿美元，占GDP的比重约为33%。

从上述测算结果看，中国信息化百人会（2017）和腾讯研究院（2017）虽然采用不同的测算方法，但是两者的测算结果较为接近，这进一步验证了中国数字经济的总体规模范围为22.4万亿~22.7万亿元，占GDP的比重约为三成，而波士顿咨询公司的估算结果存在较大差异。

中国数字经济发展势头强劲，根据中国信息化百人会的统计，2016年我国数字经济增速高达16.66%，分别是美国（6.8%）、日本（5.5%）和英国（5.4%）的2.4倍、3.0倍和3.1倍。从中国数字经济的就业规模来看，根据波士顿咨询公司的估算，2015年中国数字经济总就业容量为1.13亿人，假设e-GDP中各部分劳动人口产出率相同，采用e-GDP指标测算方法，以货币价值量化数字经济整体规模计算带动的就业规模，以劳动人口产出率年均6%的增速为例进行测算，到2035年中国整体数字经济规模接近16万亿美元，总就业容量将达到4.15亿人（胡雯，2017）。

2.1.3 数字经济相关研究

1. 数字经济的测度研究

数字经济作为一种新经济形态，在经济发展方式转变和新旧动能转换等方面的作用日益显现，正逐渐深入改变人们的生产和生活方式，数字经济的准确测度对经济社会发展具有积极作用。本书收集了大量相关文献和研究报告，从现有文献来看，数字经济的测度大致可以分成数字经济规模测度和数字经济发展水平测度。

（1）数字经济的规模测度。

根据现有文献，数字经济的规模测度主要有国民经济核算、增加值测算和卫星账户三种方法。

从国民经济核算方法来看，根据梅森伯格（Mesenbourg T L，2001）的研究，早在2000年，美国人口普查局就构建了数字经济的核算框架，认为数字经济应由电子商务基础设施、电子商务流程和电子商务交易三个部分构成，并进行了测度，这为后面数字经济规模测度奠定了基础。鉴于数字经济的复杂性，国际经合组织（OECD）在对数字经济总量和结构测度中综合考虑了知识产权跨境流动、新型P2P服务、基于知识的资产、免费及补贴的消费者产品以及其他附加信息，兼顾了数字经济快速发展和尚未解决的新问题（Ahmad N，Ribarsky J and Reinsdorf M，2017）。

从增加值测算来看，美国商务部经济分析局（BEA）根据数字经济的内涵，采用供给使用表对美国数字经济增加值的规模进行了测算（Barefoot K，Curtis D and Jolliff W，2018）。杨仲山和张美慧（2019）在构建数字经济卫星账户研究时，系统回顾了数字经济的测算研究。研究指出，数字经济的总增加值包括数字行业的增加值、数字经济直接相关行业的增加值和非数字经济形成的与数字经济相关的增加值。向书坚和吴文君（2018）借鉴OECD的数字经济测算框架，从数字经济内涵界定、核算内容及方法、数据来源三个方面系统阐述了OECD数字经济核算的最新动态。

从卫星账户测算来看，张美慧（2017）较早关注了新经济的测度问题，系统分析了OECD、欧盟和美国对新经济测度研究的进展，这为我国新经济统计发展提供了有益经验。杨仲山和张美慧（2019）系统分析了OECD、美国和新西兰等国际组织和国家对数字经济的测算，特别是对数字经济卫星账户（Digital Economy Satellite Account，DESA）编制的框架和方法，在此基础上，构建了符合我国国情的DESA的整体框架，提出了数字经济测度的静态总量指标与直接贡献指标，并给出了DESA的编制实例，为准确测度数字经济对宏观经济的贡献具有积极作用。向书坚和吴文君（2019）系统回顾了OECD数字经济核算研究的内涵界定、核算内容及方法、数据来源三个方面的问题，为我国数字经济的宏观核算提供了借鉴。许宪春和张美慧（2020）构建了数字经济的规模核算框架，收集我国2007~2017年度数字经济的增加值与总产出等测算指标，对我国数字经济规模进行测算，并与美国和澳大利亚进行了国际比较，研究发现：与美国和澳大利亚比较，我国数字经济的增加值年均实际增长率高达14.43%，高于美国和澳大利亚的增长率，数字经济对我国经济增长的作用显著增强。

（2）数字经济的水平测度。

当前，国际组织、政府部门和学界都对数字经济进行了测度，常见的测度方法主要有直接法和间接法，直接法是直接估算出数字经济的规模，间接法是构建评价指标体系，得到数字经济发展的基本情况。国际组织和政府部门较早开展了数字经济发展指数的相关研究，之后，国内相关机构陆续研制了数字经济的指标体系。本书从国际和国内两个维度进行数字经济水平测度分析。

从国际数字经济指标来看，美国商务部、欧盟、国际经合组织（OECD）、国际电信联盟、世界经济论坛等国际机构均发布过数字经济指标体系，对数字经济发展做出了重要贡献。

2015 年美国数字经济报告从国家行业层面构建了数字化指数，主要包括数字资产、数字应用和数字工人 3 个部分，其中数字资产包括数字消费和数字资产存量 2 个指标；数字应用包括数字交易、企业客户和供应商关系、业务流程、数字市场 4 个指标；数字工人包括数字消费、数字资本深化和工作数字化 3 个指标。此外，美国数字经济报告（2015）还从信息与通信技术提供与创新、商业应用、消费者、政府 4 个方面进行了测算。信息与通信技术提供与创新主要包括 ICT 部门的占比（越低越好）、移动网络覆盖范围、带宽、服务器、专利、排名前 250 家企业的收入占比；商业应用主要包括 B2B 使用率、在线广告支出、企业技术采纳；消费者主要包括 B2C 使用率、网络零售占比、家庭拥有计算机台数、网络用户数、互联网使用、移动电话使用、智能手机普及率和社交网络应用；政府主要包括 ICT 在政府的应用、ICT 应用前景、在线服务水平和政府主动采用 ICT 情况等。

欧盟数字经济起步也较早，1999 年提出 E-Europe 计划，对欧盟数字经济发展具有战略作用，之后，欧盟委员会发布了《数字经济和社会指数 2018》，研制了一个数字经济和社会指数（DESI）指标体系，主要由通信、人力资本、互联网使用、信息技术整合和数字公共服务 5 个一级指标构成，其中，通信的二级指标有固定宽带（包括固定宽带覆盖率和固定宽带普及率）、移动宽带（包括 4G 覆盖率和移动宽带普及率）、高速宽带（包括 NGA 覆盖率和高速宽带用户占比）、超高速宽带（包括超高速宽带覆盖率和超高速宽带用户占比）和可支付价格（包括固定宽带价格）；人力资本二级指标有基本技能和使用（包括互联网普及率和基本数字技能）、高级技能和发展（包括 ICT 专家和 STEM 毕业生）；互联网使用二级指标有内容（包括在线新闻、音乐、视频、游戏、按需视频和 IPTV）、通信（包括视频通话和社交网络）、交易（包括电子信息分享和网上银行）；信息技术整合二级指标有商务数字化（包括在线购物、RFID、社交媒体、电子发票和云服务）、E 商业事务（包括中小企业在线销售、商务交易和欧盟跨国在线销售）；数字公共服务二级指标有电子政府（包括电子政府用户、在线表格、联机服务完成和开放数据)、E 健康(包括电子医疗服务)。

国际经合组织(OECD)从 2001 年开始重视数字经济对经济增长的重要性,陆续发布了《新经济:超越炒作》等报告,形成了较为完善的数字经济社会化发展体系,对促进数字经济发展具有重要影响,其主要指标体系有投资智能化基础设施(包括宽带普及率、移动数据通信、互联网发展、开发更高速度、网络连接价格、ICT 设备及应用、跨境电子商务、网络安全、感知安全和隐私威胁、完善网络安全和隐私证据基础)、赋权社会(包括互联网用户、在线行为、用户复杂性、数字原住民、儿童在线、教育中的 ICT、工作场所中的 ICT、电子商务消费者、内容无边界、电子政府应用及 ICT 和健康)、创新能力(包括 ICT 技术研发、ICT 行业创新、电子商务、发挥微观数据的潜力、ICT 专利、ICT 设计、ICT 商标和知识扩散)和 ICT 促进经济增长与增加就业岗位(包括 ICT 投资、ICT 商业动态、ICT 附加值、信息产业劳动生产率、测度经济服务质量、电子商务、ICT 人力资本、ICT 工作岗位及 ICT 行业工作岗位、贸易经济与 GVC)(周剑等,2018)。

世界经济论坛(WEF)从 2002 年开始发布网络就绪指数(NRI),主要有环境、准备度、应用和影响 4 个一级指标,涵盖政治与治理环境、营商与创新环境、基础设施、可支付能力、能力、个人使用、商业使用、政府使用、经济影响、社会影响 10 个二级指标。该指数重点关注信息技术领域的发展,主要分析信息化领先国家(或地区)的排名、经验和做法。该指数在国际上拥有较高的认可度。

国际电信联盟已发布第 9 版《衡量信息社会报告》和 ICT 发展指数(IDI),该指数包括 ICT 接入、ICT 使用和 ICT 技能 3 个一级指标,涵盖了 11 个二级指标,主要有固定电话覆盖率、移动电话覆盖率、用户平均国际互联网带宽、家庭电脑普及率、家庭互联网接入率、互联网用户率、固定宽带使用率、移动宽带使用率、入学年限中位数、初中入学率和高等教育入学率。该指数测评对象广泛,能够比较不同时段各个国家(或地区)的信息化水平,重点关注信息技术领域的基础设施、产业应用和人力资本等内容。

数字演进指数(Digital Evolution Index, DEI)由哈佛商业评论、塔夫茨大学和万事达于 2015 年共同创建,旨在分析主导数字经济演进的主要潜在动力——供给条件、需求条件、制度环境以及创新和改变,进一步将这

4 大动力拆分为 12 个方面，并用 108 个指标对 60 个国家和地区的数字经济演进情况进行了整体评估。2017 年 7 月发布的《数字星球 2017》（*Digital Planet* 2017）公布了 DEI 的最新测评结果，指出，2017 年版 DEI 能够更精准、更全面地刻画各国家（或地区）数字化的重要驱动因素和数字经济的发展速度。

从国内数字经济指标来看，中国信息通信研究院、上海社科院等机构均发布了数字经济相关指数，对系统掌握我国数字经济发展具有参考价值。

中国信息通信研究院（2017）采用生产法对我国数字经济规模进行了测算，我国当年数字经济规模达 27.2 万亿元，同比增长超过 20.3%，2017 年数字经济对 GDP 贡献达 55%。该测算主要将数字经济分为直接贡献和间接贡献两部分，其中直接贡献采用统计核算方法进行，主要包括电子信息制造业、信息通信服务业、软件业增加值之和；间接贡献采用投入产出的关联核算方法进行，即通过投入产出表中各行业 ICT 产品和服务投入与产出的对应关系进行分析，测度了 42 个行业技术应用对行业产出的带动作用。

上海社科院 2017 年 12 月首次发布《全球数字经济竞争力指数》，该指数采用对比法，收集全球 120 多个国家（或地区）的数字经济发展数据，构建综合性评价指标体系，主要包括数字设施、数字产业、数字创新和数字治理 4 个维度。该指数是国内较有影响力的数字经济指数，既涵盖了数字经济的三大支柱，又涉及数字经济保障体系。

财新智库等 2017 年 5 月发布了中国数字经济指数（China Digital Economy Index，CDEI），CDEI 指数采用对比法，主要关注数字经济对整个社会效率提升的能力，主要包括数字经济产业指数、数字经济融合指数、数字经济溢出指数和数字经济基础设施指数 4 个一级指标，涵盖大数据产业、互联网产业的劳动投入、人工智能产业、工业互联网、智慧供应链、共享经济、金融科技、制造业占比、其他行业对数字经济的利用率、其他行业分别占比、数据资源管理体系、互联网基础设施、数字化生活应用普及程度 13 个二级指标。该指数具有突出的媒体特性和创新性，从企业层面反映了我国数字经济的发展情况。

新华三集团 2017 年 4 月首次发布《中国城市数字经济指数白皮书（2017）》，这是我国城市数字经济的典型评估体系，主要有城市信息基础、城市服务、城市治理和产业融合 4 个一级指标组成，涵盖了信息基础设施、数据基础、运营基础、政策规划、智慧民生、应用成效、政策规划、智慧治理、应用成效、互联网+农业、互联网+工业、互联网+服务业12个二级指标。该指数采用对比法，评估了我国40个城市的数字经济水平，重点关注了热点数字化应用情况，关注了技术创新在应用层面的实施成效。

赛迪顾问公司2017年发布了《中国数字经济发展指数报告》，该报告将数字经济划分为基础型数字经济、资源型数字经济、技术型数字经济、融合型数字经济和服务型数字经济5个一级指标。其中，基础型数字经济由电子信息制造业规模、信息传输业规模、软件和信息技术服务业规模、互联网普及率、固定宽带签约宽带用户平均下载速率和移动电话普及率6个指标构成；资源型数字经济由上市大数据企业数、数据交易中心数量、政府数据开放水平、移动互联网接入流量、移动宽带用户数、固定互联网宽带接入时长和固定宽带用户数构成；技术型数字经济由高技术产业R&D人员折合全时当量、高技术产业R&D经费内部支出、高技术产业专利情况和高技术产业技术获取与技术改造支出构成；融合型数字经济由农业互联网平台数、有电子商务交易活动企业占比、两化融合国家级示范企业数、数字化研发设计工具普及率、关键工序数控化率和智能制造就绪率构成；服务型数字经济由即时通信、旅游、生活服务、网上购物、互联网金融、娱乐、教育、互联网医疗、出行、政务构成。

阿里研究院2018年也发布了《全球数字经济发展指数》报告，该报告主要从数字基础设施、数字消费、数字产业生态、数字公共服务、数字科研五个方面进行测算。具体来看，数字基础设施权重为20%，主要由互联网渗透率、每百人移动电话用户、平均网速、移动电话消费能力指数和移动流量消费能力指数构成；数字消费权重为20%，主要由社交网络渗透率、网购渗透率和移动支付渗透率构成；数字产业生态权重为20%，主要由企业新技术吸收水平、独角兽数量和数字产业生态发展水平构成；数字公共服务权重为20%，主要由在线服务覆盖水平构成；数字科研权重为20%，主要由ICT专利数量和数学、计算机科学高引用论文指数构成。

2017年，腾讯研究院发布了国内第一份省级层面的数字经济指数报告，即《2017中国"互联网+"数字经济指数》，之后，又发布了"数字中国指数"。2019年的"数字中国指数"主要包括数字产业指数、数字文化指数、数字生活指数以及数字政务指数4个一级指标。其中，数字产业指数主要包括微信公众号、微信支付、手Q支付、腾讯云、腾讯地图、企业微信以及京东、滴滴、美团点评、携程和拼多多数据；数字文化指数主要包括集腾讯游戏、腾讯新闻客户端、腾讯视频、腾讯动漫、阅文集团、腾讯音乐娱乐集团（TME）、快手、猫眼电影数据；数字生活指数主要包括集微信、手Q和财付通数据；数字政务指数主要包括微信城市服务和政务类微信公众号数据。

康铁祥（2008）采用2002年中国投入产出表对我国数字经济规模进行了测算，结果显示，我国当年数字经济规模高达10790.55亿元，占GDP比重约为8.85%。张雪玲和焦月霞（2017）采用指数法对我国数字经济发展水平进行了测度，主要选择信息通信基础设施、ICT初级应用、ICT高级应用、企业数字化发展、信息和通信技术产业发展5个指标，具体来看，信息通信基础设施主要由每平方公里光缆长度、每百万人安全互联网服务器数量、每千人拥有域名数、每千人拥有网站数构成；ICT初级应用主要由每千人互联网用户数、每千人移动电话用户数、每千人宽带用户数构成；ICT高级应用主要由搜索引擎使用率、网络购物使用率、网上支付使用率、网上银行使用率构成；企业数字化发展主要由电子商务交易额占GDP比重、网络零售交易额占GDP比重、网络零售市场交易额在社会消费品零售总额中占比、电子商务间接带动就业人数占总就业人数比重、电子商务服务企业直接从业人数占总就业人数比重构成；信息和通信技术产业发展主要由电子信息产业增加值占GDP比重、ICT产业主营业务收入占GDP比重、信息和通信技术产品出口占产品出口总量的比重构成。

2. 数字经济的经济社会影响研究

数字经济对经济社会发展产生深远影响，引起国内外学者的广泛关注，形成了一系列相关研究，本书主要从数字经济对区域经济发展、数字经济对高质量发展和数字经济对环境影响三个方面进行分析。

从数字经济对区域经济发展来看，杨文溥（2021）收集2011～2018年度省域数据，采用面板门槛模型，研究发现：首先，数字经济对区域经济增长有促进作用；其次，数字经济对区域经济增长存在门槛效应；最后，异质性检验发现数字经济对发达地区的促进作用比落后地区更强，数字经济对第三产业的促进作用比第二产业更明显。此外，我国省域间存在数字使用鸿沟和能力鸿沟，在数字经济发展水平较高的地区，数字经济对相关产业的影响更显著。张少华和陈治（2021）收集我国省域2010～2019年度面板数据，构建了数字经济发展评价指标体系，主要包括信息化基础、互联网融合、数字化人才与数字技术产出4个维度，运用主成分分析法进行评价分析。其研究发现：首先，数字经济能够促进区域经济增长，采用分位数回归发现，数字经济在低分位数上对区域经济增长的影响比高分位数上的影响效果更强；其次，数字经济对区域经济增长存在单一门槛效应，越过门槛值，数字经济对经济增长的促进作用更强；最后，机制检验发现，数字经济可以分别通过产业结构升级和全要素生产率提升促进区域经济增长，还能够通过“产业结构升级—全要素生产率提升”的链式中介促进区域经济增长。刘达禹等（2021）选择2011～2019年度省域数据，构建了非线性PLSTR模型进行分析，研究发现：数字经济对经济增长的拉动作用存在显著的规模瓶颈效应，当一省宽带入网数达到2209万户时，数字经济规模将趋于饱和，数字经济发展初级阶段呈现“人力主导型”的经济增长方式，跨越规模门槛，则陷入“资源主导型”的经济增长方式。我国各省域已经基本达到数字经济的规模瓶颈，因此，依靠新技术和新业态实现产数融合变得愈发重要。范合君和吴婷（2021）选择我国省域2014～2017年度数据，构建了数字化评价指标体系，主要从生产数字化、消费数字化和流通数字化3个维度进行数字化评价，采用DEA-Malmquist指数法进行省域发展质量评价，并将全要素生产率分解为技术效率变动指数与技术进步变动指数。其研究发现，数字化发展能显著促进我国省域经济增长和高质量发展。

还有很多学者从农业、流通业和海洋等具体领域展开研究，丰富了数字经济对区域经济发展的研究领域。如郭苏豫（2021）认为数字金融对农业高质量发展的影响主要体现在农业保险数字化转型、农业供应链融资体系完善及突破金融成本约束等方面。蹇令香等（2021）收集我国沿海地区2013～2019年度数据，构建海洋产业高质量发展和数字经济发展水平评价体系，并采用VHSD-EM模型进行分析，研究发现：海洋产业高质量发展和数字经济发展水平总体呈上升趋势，沿海地区数字经济对海洋产业高质量发展有促进作用，产业集聚规模效应、消费水平、涉海就业机会以及创新能力等经济因素对海洋产业高质量发展具有调节作用。许旭（2021）收集我国2007～2018年度的城市面板数据，以智慧城市建设政策作为数字经济的代理变量，采用双重差分法分析了数字经济对我国城市流通业高质量发展的影响，研究发现智慧城市建设能够促进城市流通业绿色全要素生产率提高。刘洋和肖远平（2021）认为数字文化产业能够促进实体经济高质量发展，但是需要处理好新型基础设施建设与使用的关系、政府招商与企业招商的关系、标准服务与个性服务标准化的关系、知识产权保护与知识产权授权的关系。高振娟等（2021）认为数字经济重构了生产、流通、分配和消费的每个环节，逐渐成为驱动消费升级的新引擎和新动能，主要体现在数字经济赋能消费层次从发展型向共享型和服务型转变、消费结构从物质需求向精神需求转变、消费方式从传统线下向新式线上转变，进而实现消费水平从低端向高端水平的过渡，推动消费升级。

数字经济推动区域高质量发展是通过互联网、区块链技术、人工智能和大数据等信息技术与区域实体经济深度融合，从而促进产业结构优化升级、生产效率不断提升和全要素生产率提高实现的。文丰安和胡洋洋（2019）认为区块链技术具有去中心化、数据不可篡改、智能合约、集体维护、可追溯等优点，已经成为全球科技竞争的新领域，对驱动经济高质量发展具有非常重要的意义。格雷茨和迈克尔（Graetz and Michaels，2015）收集了17个国家1993～2007年度的行业面板数据，实证分析发现工业机器人能够提高劳动生产率，促使经济增长率提高了0.37%，同时也能够提升全要素生产率水平。鲁俊群（2019）认为我国数字经济取得了长足的发展，还有巨大的潜力空间。钞小静（2020）认为新型数字基础设施建设是我国经济高质量发展的基础，以数据中心、人工智能和5G网络、工业互联网、物联网等新一代信息技术为代表的新型数字基础设施建设对经济高质量发展的动能转换、结构优化与效率提升具有积极作用。郭朝先等（2020）认为新基建具有新技术、新高度、新领域、新模式、新业态、新治理等典型特征，新基建能够促进我国经济高质量发展，主要是通过固定资产投资、数字化基础设施和数字化平台三条路径赋能我国经济高质量发展。

还有很多学者从数字金融或数字普惠金融与高质量发展视角进行了分析，研究均发现数字金融或数字普惠金融对区域经济高质量发展具有积极促进作用（周超和黄乐，2021；常建新等，2021；李梦雨等，2021）。

从数字经济对环境影响来看，周晓辉等（2021）收集我国2011～2019年度城市面板数据，实证研究发现：数字经济发展主要通过改善资本扭曲配置促进绿色全要素生产率提升，南方城市主要通过数字经济的绿色技术创新和节能减排效应提升绿色全要素生产率，北方城市主要依靠资本要素的优化配置提升绿色全要素生产率，数字经济显著促进了中心城市绿色全要素生产率的提升，但存在“虹吸效应”和“结构效应”。刘新智和孔芳霞（2021）收集了我国长江经济带110个地级以上城市2011～2018年度数据，以生产、生活、生态为理论基础，综合运用熵权法、耦合协调模型及双向固定效应模型等方法，深入分析了数字经济对城市绿色转型的影响，研究发现，我国长江经济带城市的数字经济发展、城市绿色转型及“三生”空间转型水平等均呈现增长趋势，但长江经济带上游、中游和下游地区差异较明显。上官绪明和葛斌华（2021）收集了我国287个地级及以上城市2011～2018年度数据，实证研究发现数字金融对经济高质量发展有积极促进作用，并呈现显著溢出效应，环境规制对数字金融促进经济高质量发展具有调节作用。郑晓云等（2021）收集我国省域数据，运用修正的耦合模型对我国数字经济与绿色经济协调发展水平进行分析，研究发现，我国省域数字经济与绿色经济均呈增长趋势，但存在地区发展不平衡现象，耦合协调水平不高，且呈现“东部高，中西部低”的空间分布格局。丁玉龙和秦尊文（2021）收集了我国2003～2017年度省域面板数据，实证研究发现，信息通信技术对绿色经济效率有积极促进作用，机制检验发现，信息通信技术主要是通过技术创新和产业结构升级促进绿色经济效率的提升。程文先和钱学锋（2021）采用Malmquist-Luenberger生产率指数测算了我国工业绿色全要素生产率，又运用门槛模型分析数字经济与绿色全要素生产率的非线性关系，研究发现，数字经济对我国工业绿色全要素生产率有显著促进作用，地区行业规模和制度环境存在单一门槛。

2.2 经济发展方式转变研究

2.2.1 概念界定

学术界普遍认为，经济发展方式转变的内涵比经济增长方式转变更加丰富，主要表现在以下几个方面：首先，经济发展目标更加多元化，在追求经济增长的同时，还要实现环境的可持续发展、能源资源的可持续发展、人的全面发展等；其次，更加注重经济增长从数量向质量的转变，既注重经济总量扩张，又注重优化经济结构、提升经济效益等；最后，强调科技进步是推动经济发展的主要动力，确认科技创新和人才培养是经济发展的内生动力，主张通过科技进步来提高资源利用效率和资源配置效率。因此，我国愈加重视转变经济发展方式对经济和社会发展的重要意义。

从政府政策层面来看，我国经济发展方式经历了三次较大的转型，即劳动密集—资本密集—技术密集的转变，粗放—集约—绿色发展，城乡二元—城乡一体化—人的全面发展。

本书综合上述三次重要转型，分别选择创新驱动发展、绿色发展和居民福祉作为区域经济发展方式转变的核心一级指标，以此构建评价指标体系，并进行区域经济发展方式转变的测度。

2.2.2 经济发展方式转变的评价

众多学者对经济发展方式转变进行了评价分析，主要涉及三个方面的研究：评价对象，评价指标，评价方法的应用。

1. 评价对象研究

区域经济发展方式转变的研究涉及面较广，学者们的研究大致可以分成区域相关研究、具体产业或行业研究等几个部分。从经济发展方式转变研究的尺度来看，有些研究关注省域尺度，有些研究关注区域尺度，还有些研究关注城市尺度。从具体研究领域来看，从经济、科技、教育、流通等领域分析省域经济发展方式转变的研究较多。何菊莲等（2017）收集1995～2014年度数据，构建评价指标体系，研究发现教育对区域经济发展方式转变具有显著贡献，贡献率为28.72%。姜长云（2017）重点分析了农业发展方式转变的政策思想演变，提出加快农业发展方式转变的4个研究维度，即需求结构—产业结构—要素投入结构—产业组织结构—区域结构维度、产业链—供应链—价值链维度、微观—中观—宏观维度、结构—效率—竞争力—可持续性维度，并进行了详细阐述。李石（2017）认为科技创新驱动农业经济发展方式转变具有必然性，分析了优化路径，并提出从政策、投资、组织化建设、创业环境的营造等方面推动科技创新在农业经济发展方式转变中的作用。熊正德（2018）收集 2006～2015 年度数据，采用主成分分析、回归分析和 C－D 生产函数等方法，以湖南省为例，分析文化创意产业对经济发展方式转变的影响，研究发现文化创意产业发展对经济发展方式转变有显著促进作用，人力资本对经济发展方式转变有显著正向影响。李凯伦等（2018）收集 1990～2015 年的省域面板数据，以经济发展方式转变程度作为门槛变量，分析了 FDI 对我国城镇化的影响，研究发现 FDI 对我国城镇化存在三重门槛效应：当经济发展方式转变程度低于低门槛值时，FDI 对城镇化具有促进作用；介于低高门槛值之间时，FDI 对城镇化具有抑制作用；高于高门槛值时，FDI 对城镇化具有促进作用。

2. 评价指标研究

经济发展方式转变的评价指标主要有单一指标和综合评价指标。马强文和任保平（2010）收集了我国 1978～2008 年度省域的数据，构建了多投入和单一产出指标体系，采用 DEA 方法测算了全要素生产率，研究发现我国经济发展方式转变与改革有直接关系，每轮改革都会带动经济发展方式转变的提高，其中，技术进步和技术效率的变动贡献显著，而规模效率作用不明显。由于区域经济发展方式转变是一个复杂的系统，越来越多的学者采用综合评价指标体系进行测算，能够更加全面地反映发展方式转变的全貌。如高嚣等（2017）选择吉林省 9 个城市，构建经济发展方式转变的评价指标体系，主要包括经济发展方式的转变目标、转变动力、转变约束和转变成果等，收集了 2003～2015 年的数据，研究发现吉林省经济发展方式转变整体呈增长趋势，经济发展方式转变与区域政策调整比较吻合。关皓明等（2014）收集了我国省域 2000～2011 年度数据，构建了经济发展方式转变的评价指标体系，并将省域按相似性划分为 5 级，评价结果表明我国区域经济发展方式转变总体向好，区域经济发展方式转变与区域发展阶段紧密相关。何菊莲等（2012）收集了我国 2000～2009 年度数据，构建了经济发展方式转变的评价指标体系，主要包括经济发展、社会发展、人与自然关系的协调发展、人自身的全面发展 4 个一级指标。何菊莲等（2018）收集了湖南省 2001～2014 年度数据，采用主成分分析法与熵权法相结合，构建湖南省经济发展方式转变的评价指标体系，主要包括经济发展、社会发展动力、人与自然协调发展以及人的全面发展等，研究发现湖南省经济发展方式转变总体呈现良好发展趋势。

3. 评价方法的应用研究

区域经济发展方式转变主要采用主成分分析法、熵值法和专家打分法进行评价指标的权重确定。王学义和熊升银（2020）收集了我国省域 1987 ~ 2017 年的数据，构建了经济增长的动能转换、结构优化、绿色发展、稳定开放、人口发展 5 个维度的评价指标体系，采用纵横向拉开档次法进行区域经济发展方式转变的评价分析，并用 ESDA 法进行空间特征的探究，研究发现，我国经济发展方式转变水平总体呈逐年上升态势，呈现明显的全局正相关性，空间分异明显。韩保江和邹一南（2019）收集 2005 ~ 2014 年数据，基于“创新、协调、绿色、开放、共享”的新发展理念构建了我国经济发展方式转变的评价指标体系，进行量化评价，研究指出，推动经济发展方式转变应注重创新成效、协调两个文明发展、加强政策稳定性、加大对内开放力度、缩小城乡初次分配差距、注重新发展理念的协同、提升重点地区重点领域的发展方式转变水平。邹一南和赵俊豪（2017）以创新发展、协调发展、绿色发展、开放发展和共享发展构建了我国经济发展方式转变的评价指标体系，采用熵值法和德尔菲法对我国“十一五”和“十二五”期间的经济发展方式转变进行了测算。李书昊（2019）收集 2016 年我国省域数据，以创新驱动、市场主导、结构均衡、绿色环保、资源高效和以人为本为基础，构建了我国经济发展方式转变评价指标体系，研究发现，经济发展方式转变领先型和良好型省份的比重较低，经济发展方式转变缓慢型和滞后型省份的比重较高，东部地区省份经济发展方式转变进程优于中西部地区省份。姚姿臣（2018）收集 2003 ~ 2015 年长江经济带 11 省的面板数据，采用主成分分析法，对长江经济带沿线省域经济发展方式转变进行分析，研究发现，长江经济带沿线省份经济发展方式转变呈现自西向东逐渐加快的态势，进一步采用 AHP 和 PCA 进行组合赋权，发现经济发展是影响长江经济带沿线省份经济发展方式转变的重要指标，最大的三级指标是 GDP。

2.2.3 经济发展方式转变的时空格局及影响因素

1. 从经济发展方式转变的时空格局来看

近年来，空间计量经济学的快速发展，为经济发展方式转变研究提供了一个新的研究视角，空间计量经济学方法能够克服传统计量经济学方法的不足，考虑了空间因素后，能够使得估计结果更加可信。安赛琳（Anselin，1988）、埃尔霍斯特（Elhorst，2014）等学者在空间计量经济学领域做出了重要贡献。针对相关研究，国内学者也开展了系统研究，如丁刚和陈阿凤（2012）采用因子分析法和探索性空间数据分析法对我国各省域经济发展方式转变的空间关联模式进行了分析，研究发现，我国省域经济发展方式转变呈现高高和低低的分布特征，差异大、不均衡态势明显。付帼和雷磊（2014）采用标准差、变差系数和 Theil 指数法，收集了 1999～2009 年度数据，对我国八大沿海经济区的经济差异进行分析，研究发现，我国沿海经济区呈现总体差异扩大的现象。何红光等（2017）采用主成分分析法和空间分析法，收集了 1990～2014 年度数据，对我国农业经济增长质量进行了测度，并分析了各省域农业经济增长质量的时空差异。李强和李新华（2018）收集 1997～2016 年度数据，采用空间变异系数和莫兰指数对我国省域经济增长质量进行了差异性及空间相关性分析。罗腾飞和罗巧巧（2019）收集贵州省 2005～2016 年度人均 GDP 数据，采用综合变差系数、Moran's I 值、标准差椭圆法，研究发现，贵州省县域经济总体和相对差异都呈现缩小的趋势，总体变动不大，贵州省县域经济集聚性特征逐渐增强。

2. 从影响因素来看

区域经济发展方式转变需要考虑空间因素，因此，区域经济发展方式转变研究是区域经济和经济地理相关的交叉研究，考虑空间因素对分析区域经济发展方式转变中的空间要素分布和空间资源配置具有重要作用。与区域经济发展方式转变和时空格局相关的直接研究非常少，仅有王学义和熊升银（2020）及宋周莺等（2019）两篇论文直接相关，因此，本部分参考熊升银等（2020）的研究，从时空格局的重要特征入手进行分析。费多罗夫（Fedorov，2002）收集了俄罗斯 1990～1999 年的数据，采用 Theil 指数等方法，分析了俄罗斯区域差异和极化趋势，并探究了成因。雷伊和蒙图里（Rey and Montouri，1999）收集美国各州 1929～1994 年度数据，采用空间分析方法对美国经济增长进行分析，研究发现美国各州经济增长存在较强的空间相关性。格莱特西斯和格莱特索斯（Goletsis and Chletsos，2011）收集了希腊地区 1995～2007 年度数据，采用多元回归分析，研究发现希腊地区经济发展存在不均衡性特点，但经济发展收敛性不明显。梅杰斯等（Meijers et al.，2012）从交通运输视角着重分析了区域经济增长及城市间的经济联系，认为交通网络和可达性对区域经济增长及城市空间结构的演化具有积极作用。

国内学者对区域经济发展方式转变影响因素的研究文献大致可以分成省级（全国）尺度、地区（城市）尺度和县域尺度。

从省级（全国）尺度来看，杨淑华（2009）从经济驱动力视角，分析了我国经济发展方式转变滞后的深层次原因，并提出运用价格、税收等经济杠杆来促进经济发展方式转变。李瑞等（2013）运用空间计量经济学方法分析了我国高级科学人才成长的时空分布规律，认为主要影响因素有自然环境、经济基础、政治环境和文化教育。赵宏波和马延吉（2014）收集1995～2010年吉林省数据，采用空间计量分析方法，分析了吉林省中部地区经济差异的时空演变规律，认为经济发展基础、区域政策推动、市场经济促进、产业集聚与扩散带动和人才技术支撑是吉林省中部地区经济差异的因素。傅辰昊等（2015）收集1980～2010年四个截面数据，采用城乡居民恩格尔系数差值，刻画了我国城乡居民生活水平差距的时空演变规律，并认为主要影响因素包括国家宏观战略、宏观政治经济环境、地区城乡战略、自然条件等。

从地区（城市）尺度来看，仇方道等（2009）收集1996～2005年度数据，采用全局和局部空间自相关分析法，以淮海经济区为例，对我国省际边缘区的经济差异进行时空分析，研究发现，淮海经济区县域存在极化和集聚并存的态势，投资能力、增长速度、产业结构等因素影响区域经济差异。江孝君等（2019）收集了2000～2016年度数据，构建了生态—经济—社会系统（EES）协调发展评价指标体系，采用ESDA和耦合协调度模型等方法对我国长江经济带地级以上城市进行时空演变分析，研究发现，长江经济带城市EES发展水平整体较低，协调度呈上升趋势，且区域差异逐步缩小；EES系统协调度呈较强的正向空间自相关，热点区域较集中，冷点区域较多，并呈现出沿海优于内陆、下游优于中上游的分异特征；EES系统协调发展受到自然区位、战略与政策、空间邻近效应等因素的影响。卢新海等（2019）收集2000～2016年度数据，采用核密度估计，对我国中部地区80个地级以上城市土地城镇化水平进行时空分布分析，并运用探索性空间数据分析和空间计量模型进行影响因素分析，研究发现，中部地区城市土地城镇化水平总体呈上升趋势，但城市间差距有扩大趋势，中部地区城市土地城镇化水平呈现显著的空间正向自相关，中部地区城市土地城镇化水平受到人口规模、经济发展和产业结构等因素的影响。

从县域尺度来看，刘彦随和杨忍（2012）对县域城镇化空间分异进行分析，并探究其影响因素，研究发现，我国县域城镇化发展存在显著的差异，县域经济发展阶段、固定资产投资、离中心城市距离、二三产业水平、农民人均纯收入、人口密度等是主要影响因素。徐维祥等（2016）收集2008～2014年数据，基于产业集群创新的NRC理论，以浙江省69个县域为分析对象，分析了浙江产业集群创新的时空分布规律，研究发现，浙江省县域产业集群创新水平整体不高，产业集群创新、创新能力指数、创新网络指数、创新资源指数均呈增长趋势，杭州和宁波市辖区整体产业集群创新水平高，中部以及浙西南地区产业集群创新水平较低，呈现典型的空间集聚现象，企业研发、市场驱动、外商投资、政府引导以及城镇建设等均能显著促进县域产业集群创新的发展。蒙莎莎等（2017）收集山东省2005～2015年县域数据，采用标准差椭圆、空间变差函数、探索性空间数据分析了山东县域经济空间演化格局，并发现分权化、工业化水平、市场化和对外开放程度是影响山东省县域经济空间格局演变的重要因素。

2.2.4 创新驱动发展、绿色发展、居民福祉相关研究

本书的区域经济发展方式转变评价指标体系主要包括创新驱动发展、绿色发展和居民福祉三个方面，相关研究情况如下。

1. 创新驱动发展相关研究

唐晓华和陈阳（2017）采用超效率模型，应用邻接、经济和嵌套三种空间权重矩阵，分析了我国装备制造业全要素生产率的时空分布特征，研究发现，我国装备制造业全要素生产率东中西部存在较大差距，东部地区领先中、西部地区，总体呈现增长趋势。刘树峰等（2019）收集2008～2015年数据，采用网络DEA-SBM模型、核密度分析、自然断裂点和空间面板计量模型等方法，分析了我国省域创新效率及其演变规律。研究发现，我国创新总效率、知识凝结效率和市场转化效率总体水平不高，创新

效率在空间分布上存在典型的自东向西阶梯式递减的特点，并且有明显的阶段性特征。

2. 绿色发展相关研究

何剑和王欣爱（2016）收集我国 2005～2014 年度数据，构建了产业绿色发展评价指标体系，采用全局因子法进行测度，并分析了我国产业绿色发展水平的空间分布格局及演化规律，研究发现我国产业绿色发展总体上呈下降趋势，并表现为空间正相关。曹鹏和白永平（2018）根据绿色发展理论，构建了我国绿色发展效率的投入和产出指标体系，采用超效率模型进行了绿色发展效率测度，并采用变异系数、基尼系数、泰尔指数和赫芬达尔指数对我国省域绿色发展效率的时空演变进行了分析，又采用探索性空间数据分析和面板 Tobit 回归模型对影响因素进行了分析。李俊杰和景一佳（2019）收集 2007～2016 年度数据，采用超效率模型和 Malmquist 指数对我国中原城市群的绿色发展效率进行了测度，研究发现我国中原城市群绿色发展水平总体不高，并呈现“西北外围高，南部较低”的时空分布特征。

3. 居民福祉相关研究

孙涵等（2016）收集了 2008～2012 年度数据，采用 Bayes 空间计量方法，对我国省域居民能源消费进行分析，研究发现，我国省域居民能源消费存在显著的空间自相关性，空间上呈现高—高和低—低集聚。蔡进等（2018）收集 2006 年、2010 年和 2016 年的截面数据，采用熵权法对重庆市城镇化与农村发展水平进行测度，并运用协调度模型对重庆市城镇化与农村协调发展水平进行分析，研究发现，重庆市城镇化水平不高，并且县区差异较大，主城区与新区发展水平较高，渝东北和渝东南地区发展水平较低。康珈瑜等（2019）收集 2012～2017 年数据，采用泰尔指数、莫兰指数和空间回归模型等方法，分析了我国 346 个地级市收入房价比的时空演变规律，研究发现我国地级市收入房价比总体呈现“东部 > 中部 > 东北 > 西部”的空间分布特征，并且相对差异和绝对差异有增大趋势。

2.3　文献述评

综前所述，国内外关于数字经济和区域经济发展方式转变的相关研究成果非常丰富，这些研究成果为本书提供了有益借鉴。但是，前述研究也存在不足。

第一，数字经济和区域经济发展方式转变的内涵丰富，系统性比较强，很多文献并未对数字经济和区域经济发展方式转变进行评价指标体系构建，采用单一指标进行衡量很难涵盖数字经济和区域经济发展方式转变的内容，使得研究结论可信度大打折扣。本书采用 5 个一级指标和 19 个二级指标，能够比较全面地研究数字经济的丰富内涵；采用 3 个一级指标和 9 个二级指标，能够比较全面地评价区域经济发展方式转变的构成指标，克服了单一指标的不足。

第二，数字经济和区域经济发展方式转变是一个动态的时空演变过程，传统的经济学研究仅关注数字经济和区域经济发展方式转变的时序分布规律，忽略了空间因素的影响；传统经济学研究更多关注线性规律，忽略了非线性规律。本书既考虑了线性关系，还考虑了非线性关系和空间效应，从多维视角进行分析，思路更开阔，研究视角更多元。

第三，前述研究大多采用单一方法进行分析，本书采用熵权法对数字经济和区域经济发展方式转变进行测度，具有较好的客观性。本书采用双向固定效应模型进行直接效应分析，运用面板门槛模型进行非线性分析，运用中介效应模型进行间接效应分析，运用空间杜宾模型进行空间效应分析，采用多元方法探究数字经济对区域经济发展方式转变的影响，能够更加全面地洞悉其因果规律和作用机制，同时，也丰富了我国数字经济和区域经济发展方式转变的相关研究。

第3章　数字经济驱动区域经济发展方式转变的理论分析

3.1　主要理论

1. 创新扩散理论

创新扩散是一个动态过程，该过程一般由创新、传播渠道、时间和社会系统四个重要因素组成。其中，创新是被社会系统的成员所认可的新的想法、目标或者实践；传播渠道是信息传递到社会系统或社会系统内部的传递方式，人际传播渠道指在两个或多个社会系统成员之间面对面的联系；时间与创新扩散率或者社会系统中成员采纳该创新的速度有关联；社会系统包括共享相同“文化”的个人、组织或机构，他们是创新的潜在采纳者（马哈贾和彼得森，2016；袁航，2019）。

根据创新扩散理论，创新系统内采用创新成果的成员数按照时间维度分布，呈“S”形分布，即在各时间段的开始阶段，只有少数成员接受并采纳创新成果，创新接受率比较低。随着创新扩散过程的发展，采纳人数逐步上升，曲线开始向上爬升，意味着系统中越来越多的人采用创新成果。之后，创新扩散曲线逐渐变得平滑，说明系统中多数人都已经采用了创新成果。最后，创新扩散曲线达到临界值，表明创新扩散过程完成（马哈贾和彼得森，2016；袁航，2019）。

大多数创新扩散曲线呈“S”形分布，但“S”形曲线的分布有所不同，针对创新扩散速度快的产品（或技术），曲线斜率比较大，看上去比较陡峭，而针对创新扩散速度较慢的产品（或技术），曲线斜率比较小，看上去则比较平缓。总之，创新扩散速度取决于创新产品（或技术）被采用的程度。一般来说，相对优势越大，兼容性越强，与用户的经验、价值观和需求一致程度越高的创新产品（或技术）扩散的速度越快；反之，而复杂程度越高、被理解和被使用的难度越大的创新产品（或技术）扩散速度则会越慢。此外，创新的可试性越强，创新的可见性越大，创新产品（或技术）被采用的程度将会更高，创新扩散速度将会更快；创新越容易被观察到实施效果，越容易被采用，则创新扩散速度会越快（罗杰斯，2016；袁航，2019）。罗杰斯（2016）将创新接受者分为创新先驱者、早期采用者、早期大众、后期大众、落后者五大类。一般而言，创新先驱者大多具有冒险精神，早期采用者备受尊敬，早期大众多是经过深思熟虑才采用创新产品（或技术），后期大众大多谨慎多疑，落后者往往传统保守（罗杰斯，2016；袁航，2019）。这五类创新接受者推动创新产品（或技术）从产生、传播到扩散，完成了创新产品（或技术）的采纳和扩散周期。需要说明的一点是，创新的定义也伴随经济社会发展变得愈加宽泛，正如罗杰斯（2016）的看法，只要人们认为一个观点、方法或实物是新颖的，它就可以看作一项创新。

2. 区域创新系统理论

关于区域创新系统的相关研究文献大致可以分成区域创新系统的概念、研究方法（苏屹和刘艳雪，2019）、创新与区域发展三类。

（1）最早明确定义区域创新系统概念的是库克（1996），他认为区域创新系统是特定区域内创新组织以正式或非正式联系、共同参与创新活动构成的区域创新体系。梅乌斯（Meeus M，1999）则强调区域创新系统以创新企业为中心，其他高校、科研机构参与创新过程。

（2）国内外学者对区域创新系统测度主要采用统计分析方法、前沿面分析方法和系统分析方法等三大类（苏屹和刘艳雪，2019）。

（3）创新与区域发展相关的研究主要包括区域创新系统结构和区域创新环境两方面。对于区域创新系统结构，国外学者更加注重产、学、研和中介组织的作用，国内学者更加看重政府的角色（Autio E，1998；Asheim B and Isaksen A，2002；黄鲁成，2002；张艳等，2006）。区域创新环境最早由欧洲创新研究小组（Groupe de Recherche Européen sur les Milieux Innovateurs，GREMI）提出，指在有限区域内，各主要创新主体通过协调和集体学习而建立的复杂的非正式关系。国内学者王缉慈（1999）则将正式关系也纳入其中，顾新（2002）认为区域创新环境包括制度环境、政策环境、市场环境、社会文化环境、法律环境和国际环境等，后续研究也相继提出多种划分类型（盖文启，2003；蔡秀玲，2004）。

3. 竞争优势理论

美国哈佛大学商学院迈克尔·波特教授最早提出了竞争优势理论，他认为一国竞争力的演变主要包括生产要素导向、投资导向、创新导向和财富导向等4个阶段（如图3-1所示）。在不同的发展阶段，国家竞争力发展的动力基础不同，并随国家经济发展水平而发生改变。其中，生产要素导向、投资导向和创新导向是国家获得竞争优势的主要推动力量，能够促进经济的繁荣；而财富导向则是经济发展的转折点，在这一阶段，国家之间的竞争会更加激烈，竞争力强的企业会逐渐增加，竞争能力弱的企业将被淘汰，失去竞争优势的国家可能会走下坡路（迈克尔·波特，1990；袁航，2019）。由此可以解释国家之间的穷富演变规律。

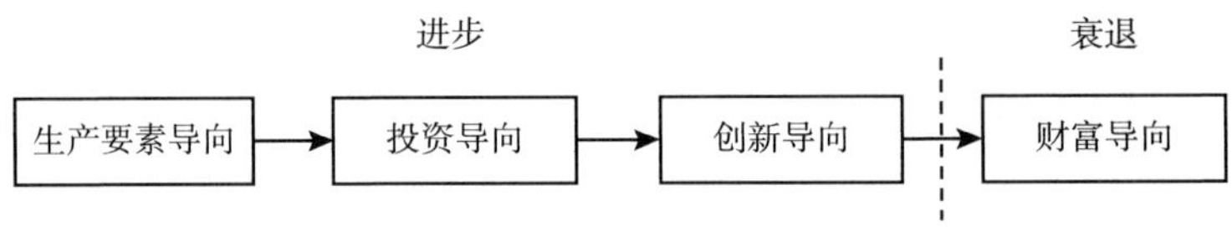

图3-1 国家竞争力发展阶段

资料来源：根据《国家竞争优势》《创新驱动对中国产业结构转型升级的影响研究》等相关资料绘制。

竞争优势理论强调一个国家的创新驱动能力，即从“实物型”要素转型至“效率型”要素的竞争能力。在创新驱动经济发展的阶段，国家的产业竞争日趋激烈，单纯依靠先天资源禀赋要素所形成的竞争优势能获得的收益逐渐降低，因此，国家的经济发展必须依赖内生的“效率型”创新要素，才能加快产业结构升级。在该阶段企业已经逐渐丧失了以“实物型”生产要素驱动经济发展的竞争优势，但这是推动企业变革的重要时机，它会倒逼企业重视新产品研发和新技术应用，企业会向垂直和水平两个方向发展：一个整合企业上下游的产业链，形成新的竞争优势；另一个现有企业推动共建优势产业集群，这能够促使产业间创新扩散效率，刺激新兴产业的诞生和企业采纳新技术，进而带动支柱产业和有竞争力产业的形成

（迈克尔·波特，1990；袁航，2019）。企业竞争优势会加速产业链的完善，进而构筑行业竞争优势，并最终形成国家竞争优势，这可以解释国家兴衰的基本逻辑（喆儒，2011；袁航，2019）。

4. 经济增长理论

经济增长理论经历了漫长的发展演变过程，古典经济理论认为储蓄和投资是确保经济增长的决定性因素，肯定了物质资本对经济增长的拉动作用，但要素的边际产出递减规律决定了经济增长最终会达到一个稳定的平衡增长趋势，即任何经济增长都存在收敛的趋势。新古典经济增长理论则认为技术进步能克服资本边际产出下降的趋势，使经济持续增长成为可能，最著名的代表人物是索洛。索洛提出的索洛模型，在生产函数中引入外生的技术进步，推翻了古典经济理论认为的经济增长会因为边际产出递减而收敛。但新古典经济增长理论仍然无法从理论上说明经济如何持续增长的问题，内生经济增长理论将技术进步内生化，适度放松了新古典经济增长理论的相关假设，如阿罗（Arrow，1962）的“干中学”模型认为人们学习知识能促进技术进步，从而提高劳动生产率，进而通过知识外溢、“边投资边学习”等途径传递到其他生产者和生产部门，致使边际报酬递增成为可能；罗默（Romer，1990）、格罗斯曼和海尔普曼（Grossman and Helpman，1991）等将知识积累视为研发中间产品部门的重要活动，认为技术是有目的的研发活动的结果；卢卡斯（Lucas，1988）认为人力资本的外部性会导致收益递增，因此，人力资本要素是实现经济长期增长的动力。总之，内生经济增长理论肯定了技术进步由于不同国家之间存在的差异而导致各国经济增长不可能趋于收敛，最终呈现穷国和富国差异化的发散增长趋势（袁航，2019）。

3.2　数字经济对区域经济发展方式转变的机制分析

本书基于前述理论基础，构建了数字经济驱动区域经济发展方式转变的作用机制图（见图3-2），主要从4个方面进行阐释和论证，并在此基础上提出5个研究假设。

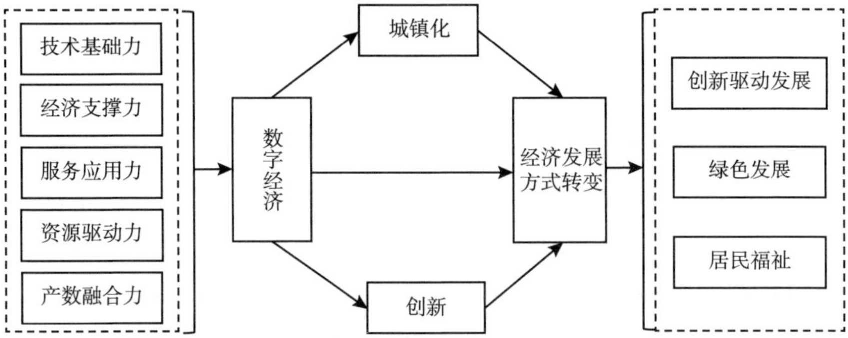

图 3-2 数字经济对区域经济发展方式转变的机制

1. 直接影响机制

数字经济的本质是以计算机、互联网和通信技术等为基础的新经济形态，近年来，又将大数据、人工智能、5G、区块链和云计算等新兴技术纳入其体系中，进一步推动数字经济融入经济社会生活的各个方面。数字经济对区域经济发展方式转变的直接作用主要体现在以下几个方面。第一，产业数字化和数字产业化相融合是关键基础。我国数字产业化发展迅速，数字产业已发展成为国民经济新兴主导产业。产业数字化方面，数字经济与现代信息技术深度融合，加快现代信息技术深度融入工业、服务业和农业等领域，能够催生出智能制造、平台经济和精准农业等诸多新业态和新模式，带动区域经济发展方式转变。同时，伴随我国数字经济的发展，人们的数字技术应用能力和数字经济素养不断提高，有助于解决第二道数字鸿沟，更好促进共同富裕。第二，数字经济能够优化要素资源配置，特别是新兴的数据资源配置。互联网和计算机技术的广泛应用和持续渗透，使社会系统能够更加高效地获取所需信息和资源，使得社会资源配置效率更加高效。同时，伴随社会数字素养不断提高，企业、家庭和个体能够借助数字技术应用获得更多机会，并有能力提高收入水平。第三，数字经济能够通过提升经济效率和优化经济结构等促进区域经济发展方式转变。物联网、区块链、5G 和云计算等新信息技术与传统工业和服务业结合，能够促进经济高质量发展，如韩先锋等（2019）认为互联网已成为驱动我国区域创新效率提升的强劲引擎，互联网不仅能直接促进我国区域创新效率提升，还能够通过人力资本集聚、金融发展和产业升级的间接作用对我国区域创新效率产生正向影响，并且直接效应远大于间接效应。赵涛等

（2020）研究发现，数字经济能够显著促进经济高质量发展，激发大众创业是数字经济驱动经济高质量发展的重要机制。

基于此，本书提出：

假设 1：数字经济能够直接促进区域经济发展方式转变。

2. 间接影响机制

数字经济对区域经济发展方式转变的间接作用主要通过城镇化发展和创新来实现。我国已经进入创新型国家行列，从科技创新对经济发展的贡献率、研发投入占 GDP 的比重和技术对外依存度等几个指标来看，我国均已经取得了长足进展。

数字经济发展为城镇化插上了"智慧"的翅膀，使得城镇化的新型基础设施、城镇的数字治理水平等都有了极大提高。如宋洋（2020）收集了我国省域 2014～2018 年度面板数据，分析了数字经济对区域经济高质量发展的影响，研究发现：数字经济对区域经济高质量发展产生直接促进作用，数字经济还通过技术创新对经济高质量发展产生间接作用。姚战琪（2021）收集我国省域数据，采用结构方程模型和中介效应检验方法，实证分析了数字贸易发展对出口技术复杂度的影响，研究发现：数字贸易通过人力资本对出口技术复杂度产生显著的间接效应，研发强度在数字贸易与出口技术复杂度之间起中介作用。

数字经济的本质是创新经济，通过城镇化和创新途径，数字经济对区域经济发展方式转变具有积极促进作用。伴随我国城镇化发展，大量人口向城镇集中，人力资本正外部性进一步显现，不可避免地促进人财物等资源的配置方式改变和应用提速。数字经济加速了社会系统获取信息资源的便利程度和效率，极大地促进市场信息和知识在社会资源配置中的效果提升，使区域内部人力资本正外部性充分释放，区域内物流、资金流、知识流和人流等多种知识信息得以快速传播及连接。区域创新不仅需要大量资金和高质量人力资本投入，还需要优质的营商环境。企业创新具有高风险和高投入的特征，数字经济发展能够提升社会治理水平，营造优质的营商环境，促进区域内部要素市场的高效配置，即资本、人力和技术等都能得到优化配置。与此同时，数字经济的集聚效应能够促使区域内形成完善的产业链，促进区域内要素良性互动，使传统产业和新兴产业的融合加速，生产要素配置效率提高，成本下降；还能够快速捕捉市场信息，优化供应链体系，推动区域产业链由中低端向中高端转型升级，并以此促进新业态不断涌现，加速产业创新和业态创新，提供和培育转换经济增长的新动能，进而驱动区域经济发展方式转变。

基于此，本书提出：

假设2：数字经济不仅能直接促进区域经济发展方式转变，还能够通过城镇化发展间接驱动区域经济发展方式转变。

假设3：数字经济不仅能直接促进区域经济发展方式转变，还能够通过研发强度间接驱动区域经济发展方式转变。

3. 门槛影响机制

数字经济时代，社会信息化水平不断提高，企业和社会的数字化应用能力也更加多元化，已经渗透到了社会的方方面面。互联网发展对区域发展具有非线性特点，如韩先锋等（2019）收集省域面板数据，分析了互联网对区域创新效率的影响，研究发现：互联网发展不仅能够直接促进区域创新效率提升，而且还能够以人力资本积累、金融发展和产业升级间接促进区域创新效率提升。左鹏飞等（2020）收集我国31个省份2003～2018年度的面板数据，采用系统GMM模型对互联网发展、城镇化与产业结构转型升级的关系进行分析，研究发现：第一，互联网发展对产业结构高度化和合理化具有显著正向促进作用；第二，互联网发展推动产业结构转型升级存在显著的城镇化门槛效应，互联网发展的产业结构高度化效应和产业结构合理化效应分别存在双重门槛和单一门槛。梁琦等（2021）收集了我国城市2011～2018年度面板数据，采用空间杜宾模型，分析数字经济对我国城市创新质量的影响，研究发现：数字经济发展对创新质量存在明显的市场化双门槛效应，高市场化水平区间内数字经济的发展对创新质量的提升效应更为显著。由此推测，以互联网为基础的数字经济对区域经济发展方式转变具有非线性特点，可能的原因有二。第一，我国东中西部资源禀赋存在较大差异，数字经济发展对促进本地经济发展方式转变、创新产出等方面具有积极促进作用，而数字经济的溢出效果差别较大。第二，数字经济的主要技术基础是互联网和计算机技术，我国互联网发展的基础设施、技术水平、企业和社会信息化环境等均存在较大差异，而数字经济发展初期是数字化基础设施等大规模投入期，创新应用不够突出；随着数字经济的数字化基础设施不断完善，社会信息化水平不断提高，企业创新收益的增加，数字经济发展能够更好地促进区域经济发展方式转变，企业和社会能够获得更多收益。

基于此，本书提出：

假设4：数字经济对区域经济发展方式转变具有门槛效应。

4. 空间影响机制

数字经济的发展，特别是数字经济中的技术基础和产数融合对区域经济发展具有积极促进作用。由于区域经济发展存在较大的资源禀赋差异，导致数字经济对区域经济发展的影响存在异质性，传统的经济学研究不考虑空间因素，导致估计结果会有偏，众多学者的研究发现数字经济具有空间自相关性，并进行了空间面板模型的构建和检验。如曹玉平（2020）收集了我国23个省份2001～2016年度的面板数据，用EG指数和AGC指数度量了各省经济空间集聚程度，运用动态面板计量模型进行分析，研究发现，互联网普及促进了我国空间经济集聚。梁琦等（2021）的研究发现，数字经济发展对城市创新质量的影响随着不同空间权重矩阵表现略有差异，具体来说，数字经济发展对本地区创新质量的影响都显著为正，但在地理距离权重矩阵下对邻近地区的空间溢出效应为负，在经济距离权重矩阵以及地理与经济距离嵌套权重矩阵设定下的溢出效应为正。赵滨元（2021）收集了我国361座城市2010～2018年度数据，采用空间杜宾模型，分析数字经济对区域创新绩效的影响，研究发现：数字经济发展不仅能够促进本地创新绩效提升，而且对周边城市创新绩效也具有显著正向溢出作用。张焱（2021）收集了2012～2018年度省域面板数据，采用空间计量模型，分析了数字经济对全要素生产率的影响，研究发现：数字经济对省域全要素生产率的直接和间接效应均有促进作用，东部地区数字经济的本地效应和空间溢出效应均大于中西部地区。我国数字经济发展起步较晚，数字经济对区域经济发展方式转变是仅仅作用于本地，还是会对邻近地区产生溢出效应，这对区域经济发展来说非常重要。

基于此，本书提出：

假设5：数字经济对区域经济发展方式转变不仅具有本地效应，还具有溢出效应。

3.3 本章小结

本章基于创新扩散理论、区域创新系统理论、竞争优势理论和经济增长理论等分析了数字经济对区域经济发展方式转变的作用机制，并提出了5个研究假设。

第4章　数字经济测度与区域经济发展方式转变评价

4.1　研究方法与数据来源

4.1.1　研究方法

相比主成分分析法，熵权法是一种比较客观的赋权方法，它使用各指标的变异程度，根据信息熵计算出各指标的熵权，进而求出各指标的权重。具体计算步骤如下：

1. 数据的标准化

由于各指标的量纲不同，为方便比较，对原始数据进行标准化处理，X_{ij}是标准化后的值，取值范围为［0.01，1］，表示i省的第j个指标，$\max\overline{X}_{ij}$表示第j个指标的最大值，$\min\overline{X}_{ij}$表示第j个指标的最小值。指标有正负之分，如式（4－1）所示，如果指标为正值，选择第一个标准化公式，如果指标为负值，则选择第二个标准化公式。

$$X_{ij}=\left[\frac{\overline{X}_{ij}-\min\overline{X}_{ij}}{\max\overline{X}_{ij}-\min\overline{X}_{ij}}\right]\times 0.99+0.01$$

$$\text{或 } X_{ij}=\left[\frac{\max\overline{X}_{ij}-\overline{X}_{ij}}{\max\overline{X}_{ij}-\min\overline{X}_{ij}}\right]\times 0.99+0.01 \qquad (4-1)$$

2. 熵权法计算过程

第一步：计算第i个省的第j个指标占总和的比重，如式（4－2）所示：

$$P_{ij} = \frac{F_{ij}}{\sum_{i=1}^{m} F_{ij}}, i = 1, 2, 3, \cdots, 30; j = 1, 2, 3, \cdots, 19 \tag{4-2}$$

第二步：计算第 j 个指标的熵值，如式（4-3）所示：

$$e_j = \frac{-1}{\ln(m)} \sum_{i=1}^{m} F_{ij} \ln(F_{ij}), \text{且 } e_j \geqslant 0 \tag{4-3}$$

第三步：计算权重，如式（4-4）所示：

$$w_j = \frac{1 - e_j}{\sum_{j=1}^{n} (1 - e_j)}, \text{且有} \sum_{j=1}^{n} w_j = 1, 0 \leqslant w_j \leqslant 1 \tag{4-4}$$

3. 综合评价

根据上述熵权法计算步骤，可计算出各指标的权重，结合本书构建的指标体系，采用加权函数法得出各子系统和综合评价指标值。计算如式（4-5）所示，S 为综合评价值，X_{ij} 为各单项指标的标准化值，w_j 为各指标权重。

$$S = \sum_{i=1}^{n} X_{ij} w_j \tag{4-5}$$

4.1.2 数据来源

本书选择 2007～2016 年度我国 30 个省份（不包括港澳台和西藏地区）的面板数据。本部分主要数据来自历年的《中国统计年鉴》《中国环境统计年鉴》《中国信息社会测评报告》《中国互联网络发展状况统计报告》《中国第三产业统计年鉴》《中国高技术产业统计年鉴》《中国工业经济统计年鉴》等。

4.2 数字经济测度

4.2.1 数字经济分析框架及指标体系

常见的测度数字经济的方法有直接法和间接法两种。直接法也称为绝对值法，一般采用规模和水平等进行测度；间接法也称相对值法，一般选择多指标构建评价体系，采用主成分或熵权法等数学统计学方法进行测度。

鉴于数字经济的复杂性，国内外机构或学者对数字经济的测度各具特色，并未形成一致的测度方法。在借鉴已有研究的基础上，考虑数据可得性、科学性和简明性等原则，本书采用间接法进行数字经济的测度。本书构建的数字经济的评价指标体系主要包括技术基础力、经济支撑力、服务应用力、资源驱动力和产数融合力 5 个一级指标，涵盖了 19 个二级指标，具体如表 4－1 所示。

表 4－1　　数字经济评价指标体系

目标层	一级指标	二级指标	单位
数字经济竞争力	技术基础力	X1 移动电话普及率	%
		X2 百人平均电脑拥有量	台
		X3 互联网普及率	%
		X4 教育投入	亿元
		X5 大学生占劳动力人口比	%
		X6 技术市场成交额	亿元
	经济支撑力	X7 人均可支配收入	元
		X8 城镇化水平	%
		X9 产值结构	%
	服务应用力	X10 宽带支付	元
		X11 移动电话支付	元
		X12 快递业务总量	万元
	资源驱动力	X13 域名数	个
		X14 IP 地址占比	%
		X15 互联网接入端口	亿个
	产数融合力	X16 信息软件固定资产投资	亿元
		X17 软件业务收入	亿元
		X18 电信业务总量	亿元
		X19 电子及通信设备制造业规模	亿元

注：参考《衡量数字经济》《中国城市数字经济指数白皮书（2017）》《中国信息社会发展报告》《中国数字经济报告》《中国数字经济发展指数及其应用初探》等指标体系构建。

4.2.2 结果分析

1. 数字经济竞争力时空演变

根据前述公式，分别计算出2007～2016年度我国数字经济竞争力综合得分，如表4－2所示，总体来看，我国数字经济发展呈现上升趋势。

表4－2　　数字经济竞争力年度得分

地区	2007年	2008年	2009年	2010年	2011年	2012年	2013年	2014年	2015年	2016年
北京	0.7373	0.7306	0.7191	0.7122	0.7137	0.6886	0.7073	0.6887	0.6995	0.6970
天津	0.2439	0.2366	0.2327	0.2462	0.2561	0.2639	0.2671	0.2788	0.2953	0.2820
河北	0.1253	0.1301	0.1272	0.1418	0.1483	0.1469	0.1481	0.1474	0.1351	0.1408
山西	0.0916	0.0943	0.0971	0.0985	0.0995	0.0979	0.1014	0.1023	0.0914	0.0824
内蒙古	0.0861	0.0821	0.0889	0.1010	0.1096	0.1206	0.1211	0.1343	0.1248	0.1211
辽宁	0.1948	0.1958	0.2037	0.2212	0.2293	0.2385	0.2398	0.2539	0.2389	0.1974
吉林	0.1101	0.1053	0.1074	0.1053	0.1073	0.1054	0.1023	0.1097	0.1056	0.1075
黑龙江	0.1212	0.1185	0.1146	0.1095	0.1091	0.1051	0.1385	0.1292	0.1043	0.0994
上海	0.5903	0.5215	0.5205	0.4773	0.4981	0.4889	0.4572	0.4475	0.4744	0.4634
江苏	0.3877	0.3903	0.4087	0.4599	0.4824	0.4951	0.5078	0.5160	0.5163	0.4881
浙江	0.3342	0.3165	0.3271	0.3495	0.3713	0.4420	0.3653	0.3859	0.4218	0.4127
安徽	0.0869	0.0881	0.0928	0.1075	0.1052	0.1072	0.1132	0.1218	0.1205	0.1228
福建	0.2058	0.1959	0.2096	0.2347	0.2477	0.2596	0.2390	0.2431	0.2805	0.2966
江西	0.0865	0.0770	0.0857	0.0892	0.0907	0.0857	0.0901	0.0953	0.0986	0.0978
山东	0.2392	0.2370	0.2520	0.2712	0.2799	0.2770	0.3447	0.3277	0.3030	0.2941
河南	0.1199	0.1199	0.1242	0.1333	0.1343	0.1357	0.1484	0.1525	0.1539	0.1578
湖北	0.1349	0.1380	0.1414	0.1500	0.1539	0.1564	0.1752	0.1784	0.1945	0.1877
湖南	0.1173	0.1181	0.1227	0.1266	0.1200	0.1250	0.1280	0.1346	0.1375	0.1409
广东	0.6137	0.6284	0.6291	0.6451	0.6499	0.6593	0.6625	0.6603	0.6400	0.6277
广西	0.0843	0.0812	0.0856	0.0987	0.0937	0.0887	0.0892	0.0927	0.0924	0.0951
海南	0.0603	0.0608	0.0611	0.0865	0.0986	0.0855	0.0966	0.1030	0.0805	0.0687
重庆	0.1082	0.1102	0.1062	0.1152	0.1140	0.1198	0.1202	0.1265	0.1207	0.1281
四川	0.1417	0.1449	0.1496	0.1625	0.1715	0.1661	0.1758	0.1805	0.1794	0.1759
贵州	0.0381	0.0398	0.0435	0.0468	0.0471	0.0441	0.0471	0.0446	0.0447	0.0517
云南	0.0613	0.0586	0.0573	0.0645	0.0641	0.0658	0.0675	0.0642	0.0662	0.0713
陕西	0.1206	0.1186	0.1321	0.1335	0.1427	0.1429	0.1550	0.1653	0.1573	0.1538
甘肃	0.0420	0.0384	0.0390	0.0445	0.0436	0.0419	0.0481	0.0467	0.0403	0.0396

续表

地区	2007 年	2008 年	2009 年	2010 年	2011 年	2012 年	2013 年	2014 年	2015 年	2016 年
青海	0.0315	0.0319	0.0328	0.0352	0.0373	0.0404	0.0462	0.0439	0.0394	0.0447
宁夏	0.0517	0.0480	0.0542	0.0569	0.0588	0.0589	0.0578	0.0584	0.0517	0.0484
新疆	0.0624	0.0636	0.0635	0.0682	0.0674	0.0699	0.0779	0.0777	0.0734	0.0698
全国	0.1810	0.1773	0.1810	0.1898	0.1948	0.1974	0.2013	0.2037	0.2027	0.1988

从时间角度看，我国省域数字经济总体上呈现波动上升趋势，各年度均值分别为0.1810、0.1773、0.1810、0.1898、0.1948、0.1974、0.2013、0.2037、0.2027和0.1988，得分总体偏低。

从空间角度看（如图4-1所示），我国省域数字经济竞争力演变呈现东、中、西部分异现象。计算10年的平均得分，北京得分遥遥领先，为0.7094；其次为广东，得分为0.6416；上海紧随其后，得分为0.4939。全国平均得分仅为0.1928，得分高于全国平均分的仅有9个省份，分别为北京、广东、上海、江苏、浙江、山东、天津、福建和辽宁，全部是东部沿海省份，特别是长三角、珠三角和环渤海3大经济圈表现亮眼。

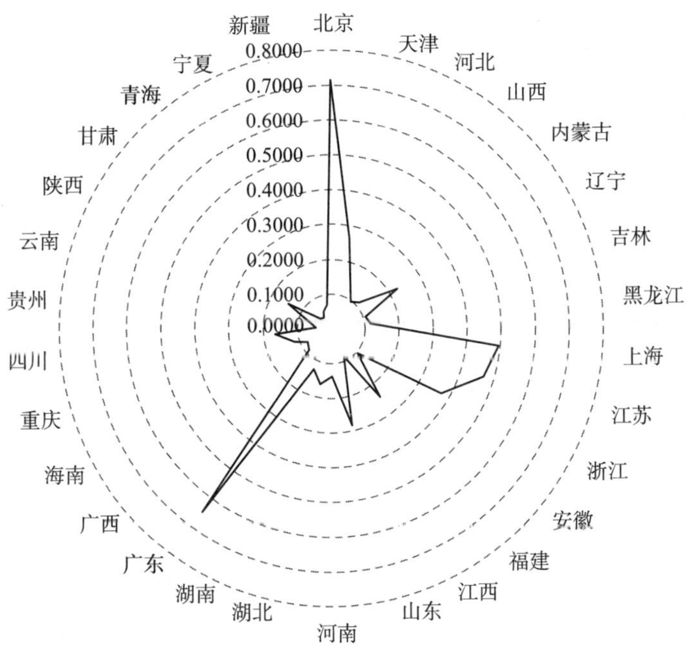

图4-1　数字经济省域竞争力

根据 2007 ~2016 年度数字经济竞争力综合得分，可以将我国数字经济竞争力水平划分为 5 个层次。如表 4 -3 所示，得分大于 0.5 的数字经济竞争力强的省份有北京和广东；得分在（0.3，0.5）区间的竞争力较强的省份有上海、江苏和浙江 3 个；得分在（0.2，0.3）区间的竞争力一般的省份有山东、天津、福建、辽宁、四川和湖北 6 个；得分在（0.1，0.2）区间竞争力较弱的省份有陕西、河北、河南、湖南、重庆、黑龙江、内蒙古、安徽和吉林 9 个；得分小于 0.1 的竞争力弱的省份有山西、广西、江西、海南、新疆、云南、宁夏、贵州、甘肃和青海 10 个。具体来看，竞争力强的省份有北京和广东，逐渐增加了上海和江苏，竞争力较强省份也大致呈增加态势，而竞争力弱的省份则由高峰时的 12 个减少至 9 个。此外，我国数字经济竞争力区域差异较明显，东部地区数字经济竞争力优势明显，中部和广大西部地区数字经济竞争力较弱。

表 4 -3　　综合评价排序

综合评价值（S）	2007年	2008年	2009年	2010年	2011年	2012年	2013年	2014年	2015年	2016年
第一层次（S >0.5）	北京 广东 上海	北京 广东 上海	北京 广东 上海	北京 广东	北京 广东	北京 广东	北京 广东 江苏	北京 广东 江苏	北京 广东 江苏	北京 广东
第二层次（0.3 < S <0.5）	江苏 浙江	江苏 浙江	江苏 浙江	上海 江苏 浙江	上海 江苏 浙江	江苏 上海 浙江	上海 浙江 山东	上海 浙江 山东	上海 浙江 山东	江苏 上海 浙江
第三层次（0.2 < S <0.3）	天津 山东 福建	山东 天津	山东 天津 福建 辽宁	山东 天津 福建 辽宁	山东 天津 福建 辽宁	山东 天津 福建 辽宁	天津 辽宁 福建	天津 辽宁 福建	天津 福建 辽宁	福建 山东 天津
第四层次（0.1 < S <0.2）	辽宁 四川 湖北 河北 黑龙江 陕西 河南 湖南 吉林 重庆	福建 辽宁 四川 湖北 河北 河南 陕西 黑龙江 湖南 重庆 吉林	四川 湖北 陕西 河北 河南 湖南 黑龙江 吉林 重庆	四川 湖北 河北 陕西 河南 湖南 重庆 黑龙江 安徽 吉林 内蒙古	四川 湖北 河北 陕西 河南 湖南 重庆 内蒙古 黑龙江 吉林 安徽	四川 湖北 河北 陕西 河南 湖南 内蒙古 重庆 安徽 吉林 黑龙江	四川 湖北 陕西 河南 河北 黑龙江 湖南 内蒙古 重庆 安徽 吉林 山西	四川 湖北 陕西 河南 河北 湖南 内蒙古 黑龙江 重庆 安徽 吉林 海南 山西	湖北 四川 陕西 河南 湖南 河北 内蒙古 重庆 安徽 吉林 黑龙江	辽宁 湖北 四川 河南 陕西 湖南 河北 重庆 安徽 内蒙古 吉林

续表

综合评价值（S）	2007年	2008年	2009年	2010年	2011年	2012年	2013年	2014年	2015年	2016年
第五层次（S<0.1）	山西 安徽 江西 内蒙古 广西 新疆 云南 海南 宁夏 甘肃 贵州 青海	山西 安徽 内蒙古 广西 江西 新疆 海南 云南 宁夏 贵州 甘肃 青海	山西 安徽 内蒙古 江西 广西 新疆 海南 云南 宁夏 贵州 甘肃 青海	广西 山西 江西 海南 新疆 云南 宁夏 贵州 甘肃 青海	山西 海南 广西 江西 新疆 云南 宁夏 贵州 甘肃 青海	山西 广西 江西 海南 新疆 云南 宁夏 贵州 甘肃 青海	海南 江西 广西 新疆 云南 宁夏 甘肃 贵州 青海	江西 广西 新疆 云南 宁夏 甘肃 贵州 青海	江西 广西 山西 海南 新疆 云南 宁夏 贵州 甘肃 青海	黑龙江 江西 广西 山西 云南 新疆 海南 贵州 宁夏 青海 甘肃

分地区来看，东部地区数字经济竞争力最强，综合竞争力指数为0.3686，远高于全国平均水平的0.1928。东部地区10个省份，仅河北和海南数字经济竞争力指数低于全国平均水平，分别为0.1391和0.0801。东北三省数字经济竞争力指数为0.1476，略低于全国平均水平。辽宁数字经济竞争力指数为0.2213，略高于全国平均水平，吉林和黑龙江则低于全国平均水平，分别为0.1066和0.1149。中部6个省份和西部11个省份的数字经济竞争力指数均低于全国平均水平，中部地区平均指数为0.1197，西部地区平均指数为0.0851。

2. 数字经济子系统分析

根据数字经济竞争力评价指标体系，数字经济子系统由技术基础力、经济支撑力、服务应用力、资源驱动力和产数融合力5个部分组成。根据考察期内的平均得分（如图4-2所示），技术基础力、经济支撑力、服务应用力、资源驱动力和产数融合力总体呈现上升趋势。从空间维度来看，长三角、珠三角和环渤海3大城市群数字经济各子系统均呈现较高的发展水平，广大中西部地区数字经济各子系统发展水平有待提高。

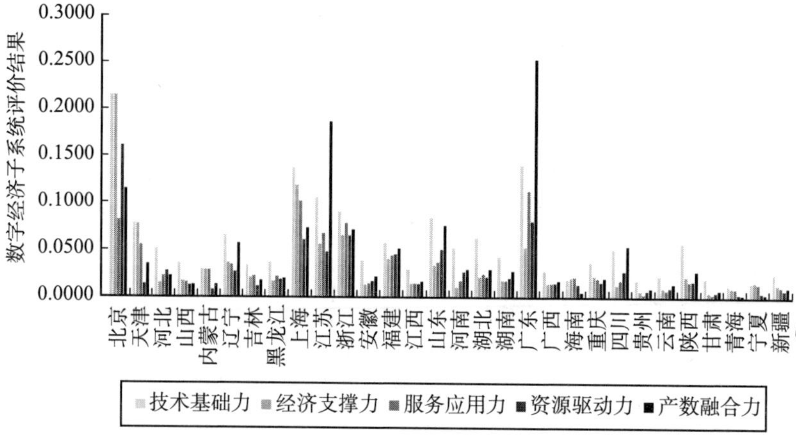

图 4－2 数字经济子系统省域竞争力

资料来源：笔者自绘。

从技术基础力来看，技术基础力得分最高的是北京（0.2231），得分最低的是青海（0.0127），极差为 0.2104。根据得分可以将技术基础力划分为 5 个层次（如图 4－3 和表 4－4 所示）。技术基础力得分大于 0.1 的有北京、广东、上海和江苏 4 个省份；得分在（0.06，0.1）区间、技术基础力较强的有浙江、山东、天津、辽宁和湖北 5 个省份；得分在（0.04，0.06）区间、技术基础力一般的有福建、陕西、河南、四川、河北和湖南 6 个省份；得分在（0.02，0.04）区间、技术基础力较弱的有安徽、重庆、黑龙江、山西、吉林、内蒙古、江西、广西、新疆、云南和甘肃 11 个省份；得分小于 0.02 的技术基础力弱的省份有海南、贵州、宁夏和青海 4 个省份。

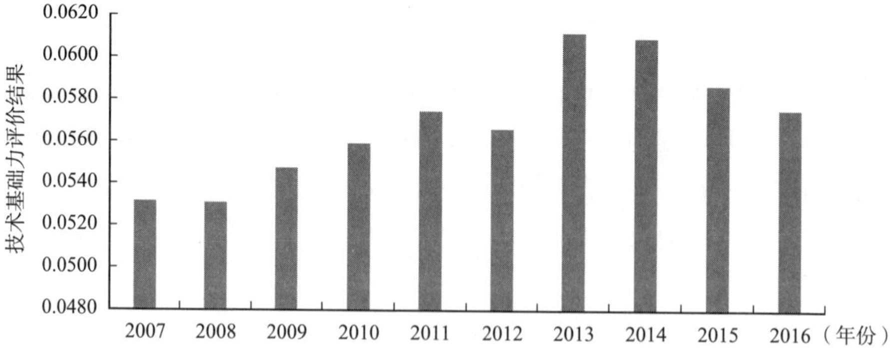

图 4－3 技术基础力历年指数

表 4-4　技术基础力评价排序

综合评价值（S）	2007年	2008年	2009年	2010年	2011年	2012年	2013年	2014年	2015年	2016年
第一层次（S>0.1）	北京 上海 广东	北京 上海 广东	北京 上海 广东	北京 上海 广东 江苏	北京 上海 广东 江苏	北京 广东 上海 江苏	北京 广东 上海 江苏	北京 广东 上海 江苏	北京 广东 上海 江苏	北京 广东 上海 江苏
第二层次（0.06<S<0.1）	江苏 浙江 山东 天津 辽宁	江苏 浙江 山东 天津 辽宁	江苏 浙江 山东 天津 辽宁	浙江 山东 天津 辽宁	浙江 山东 天津 辽宁 湖北	浙江 山东 天津 辽宁 湖北 福建 陕西	浙江 山东 天津 湖北 陕西 辽宁 福建	浙江 山东 天津 湖北 辽宁 陕西 福建	浙江 天津 山东 湖北 辽宁 陕西 福建	浙江 山东 天津 湖北 辽宁 陕西 福建
第三层次（0.04<S<0.06）	湖北 福建 河北 河南 陕西 四川 湖南	湖北 福建 河北 河南 陕西 四川 湖南	湖北 福建 河南 陕西 河北 四川 湖南	湖北 福建 河南 河北 陕西 四川 湖南 安徽	福建 陕西 河北 河南 四川	河北 四川 河南 湖南	河南 河北 四川 湖南 安徽	四川 河南 河北 湖南 安徽 重庆 山西	四川 河南 河北 湖南 安徽	河南 四川 河北 湖南 安徽
第四层次（0.02<S<0.04）	黑龙江 吉林 重庆 山西 安徽 江西 广西 内蒙古 新疆	重庆 黑龙江 吉林 山西 安徽 江西 广西 内蒙古 新疆	黑龙江 山西 重庆 吉林 安徽 江西 广西 内蒙古 新疆	黑龙江 重庆 山西 吉林 江西 广西 内蒙古 新疆 云南 甘肃	安徽 山西 黑龙江 湖南 重庆 吉林 内蒙古 江西 广西 海南 新疆 云南 甘肃	安徽 山西 黑龙江 内蒙古 重庆 吉林 江西 广西 新疆 云南 甘肃	重庆 山西 内蒙古 黑龙江 吉林 江西 广西 新疆 云南 甘肃 贵州 海南	黑龙江 内蒙古 吉林 江西 广西 新疆 云南 甘肃 海南	山西 重庆 黑龙江 吉林 内蒙古 江西 新疆 广西 云南	重庆 山西 黑龙江 吉林 江西 内蒙古 广西 新疆 云南 贵州
第五层次（S<0.02）	云南 甘肃 海南 贵州 宁夏 青海	云南 甘肃 海南 贵州 宁夏 青海	云南 甘肃 贵州 海南 宁夏 青海	贵州 海南 宁夏 青海	贵州 宁夏 青海	贵州 海南 宁夏 青海	宁夏 青海	贵州 宁夏 青海	海南 贵州 甘肃 宁夏 青海	甘肃 海南 宁夏 青海

具体来看，技术基础力强的省份由2007年北京、上海和广东3个逐渐增加至2016年的北京、广东、上海和江苏4个；技术基础力较强省份也大致呈增加态势，由2007年的5个增加至7个；而技术基础力弱的省份则由高峰时的6个减少至4个，其中2013年度最少，仅有2省。技术基础力得分区域差异较明显，东部地区技术基础力优势明显，中部和广大西部地区技术基础力较弱。

从经济支撑力来看，经济支撑力得分最高的是北京（0.1277），得分最低的是甘肃（0.0053），极差为0.1224。根据得分可以将经济支撑力划分为5个层次（如图4-4和表4-5所示）。经济支撑力得分大于0.1的有北京和上海2市；得分在（0.05，0.1）区间的经济支撑力较强的省份有天津、浙江、江苏和广东4个；得分在（0.02，0.05）区间的经济支撑力一般的省份有福建、辽宁、山东、内蒙古、重庆、陕西、湖北、海南和吉林9个；得分在（0.01，0.02）区间经济支撑力较弱的省份有湖南、山西、黑龙江、宁夏、河北、广西、江西、新疆、安徽、四川、河南和青海12个；得分小于0.01的经济支撑力弱的省份有云南、贵州和甘肃3个。

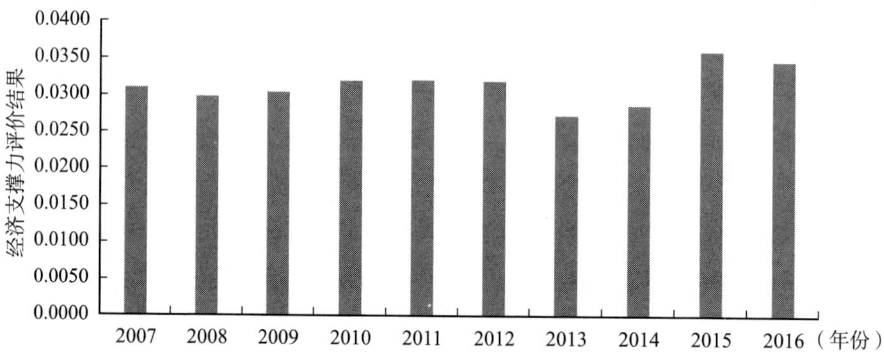

图4-4 经济支撑力历年指数

表4-5 经济支撑力评价排序

综合评价值（S）	2007年	2008年	2009年	2010年	2011年	2012年	2013年	2014年	2015年	2016年
第一层次（S>0.1）	北京 上海	北京 上海	北京 上海	北京 上海	北京 上海	北京 上海	北京	北京	北京 上海	北京 上海

续表

综合评价值（S）	2007年	2008年	2009年	2010年	2011年	2012年	2013年	2014年	2015年	2016年
第二层次（0.05 < S < 0.1）	天津 浙江 广东	天津 浙江 广东	天津 浙江 广东 江苏	天津 浙江 广东 江苏	天津 浙江 广东 江苏	天津 浙江 江苏 广东	上海 天津	上海 天津 江苏 浙江	天津 浙江 江苏 广东 福建	天津 浙江 江苏 广东 福建
第三层次（0.02 < S < 0.05）	江苏 福建 辽宁 山东 重庆 吉林 内蒙古 陕西	江苏 福建 辽宁 山东 重庆 吉林 内蒙古 陕西	福建 辽宁 山东 内蒙古 重庆 吉林 陕西 湖北	福建 山东 辽宁 内蒙古 重庆 海南 陕西 吉林 湖北	福建 辽宁 山东 内蒙古 海南 重庆 陕西 吉林 湖北	福建 辽宁 山东 内蒙古 重庆 海南 陕西 湖北 吉林	江苏 浙江 广东 辽宁 福建 内蒙古 山东 陕西 海南 湖北	广东 辽宁 福建 内蒙古 山东 海南 陕西 湖北 吉林	辽宁 山东 内蒙古 湖北 陕西 重庆 湖南 海南	辽宁 山东 内蒙古 湖北 重庆 陕西 湖南
第四层次（0.01 < S < 0.02）	山西 湖北 湖南 黑龙江 海南 河北 广西 宁夏 江西 安徽 新疆 四川 河南	湖北 山西 黑龙江 湖南 广西 河北 宁夏 海南 安徽 江西 四川 新疆 河南	宁夏 山西 湖南 黑龙江 河北 海南 广西 江西 四川 新疆 安徽 河南	广西 山西 湖南 黑龙江 宁夏 河北 江西 安徽 四川 新疆 河南 云南	山西 宁夏 湖南 黑龙江 河北 广西 江西 安徽 四川 新疆 河南 云南	山西 宁夏 湖南 河北 黑龙江 广西 安徽 四川 江西 新疆 云南 河南 青海	吉林 宁夏 黑龙江 重庆 新疆 山西 湖南 青海 江西 河北 安徽 四川 广西	黑龙江 重庆 山西 宁夏 新疆 湖南 安徽 江西 河北 四川 青海 广西	吉林 新疆 江西 黑龙江 安徽 宁夏 山西 广西 四川 河北 云南	海南 吉林 新疆 安徽 江西 四川 广西 黑龙江 河北 宁夏 青海 山西 河南
第五层次（S < 0.01）	云南 青海 甘肃 贵州	云南 青海 贵州 甘肃	云南 青海 贵州 甘肃	青海 贵州 甘肃	青海 贵州 甘肃	贵州 甘肃	河南 云南 贵州 甘肃	河南 云南 甘肃 贵州	河南 青海 贵州 甘肃	云南 贵州 甘肃

具体来看，经济支撑力强的省份大致保持不变，主要是北京和上海 2 市；经济支撑力较强的省份大致呈增加态势，由 2007 年的 3 个增加至 5 个；经济支撑力一般省份稍有波动，由 2007 年的 8 个，增加至高峰期的 10 个，之后有所下降，减少至 2016 年的 7 个；经济支撑力较弱的省份则大致平稳，保持在 12 ~ 13 个；经济支撑力弱的省份也大致稳定在 3 ~ 4 个。经济支撑力得分区域差异较明显，东部地区经济支撑力优势明显，广大西

部地区经济支撑力较弱。

从服务应用力来看，服务应用力得分最高的是广东（0.1132），得分最低的是贵州（0.0032），极差为0.1100。根据得分可以将服务应用力划分为5个层次（如图4-5和表4-6所示）。服务应用力得分大于0.1的有广东和上海2个省份；得分在（0.05，0.1）区间的服务应用力较强的有北京、浙江、江苏和天津4个省份；得分在（0.02，0.05）区间、服务应用力一般的有福建、山东、辽宁、内蒙古、湖北、吉林、河北、黑龙江、海南和重庆10个省份；得分在（0.01，0.02）区间服务应用力较弱的有四川、湖南、河南、陕西、山西、广西、江西、安徽、宁夏和新疆10个省份；得分小于0.01的服务应用力弱的有青海、云南、甘肃和贵州4个省份。

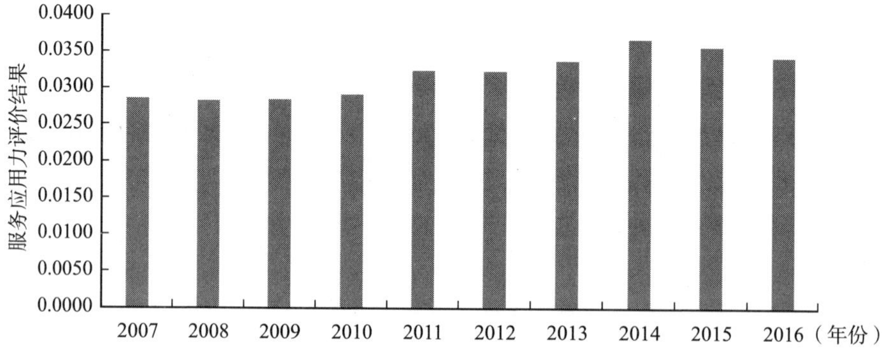

图4-5 服务应用力历年指数

表4-6 服务应用力评价排序

综合评价值（S）	2007年	2008年	2009年	2010年	2011年	2012年	2013年	2014年	2015年	2016年
第一层次（S>0.1）	上海	上海 广东	上海 广东	广东	广东	广东	广东	广东 浙江 上海	广东 浙江	广东 浙江
第二层次（0.05<S<0.1）	广东 北京 浙江 江苏	北京 江苏 浙江	北京 江苏 浙江	上海 北京 浙江 江苏 天津	上海 北京 浙江 江苏 天津	上海 浙江 北京 江苏 天津	上海 浙江 北京 江苏 天津	北京 江苏 天津 福建	上海 北京 江苏 天津 福建	上海 北京 江苏 天津 福建

续表

综合评价值（S）	2007年	2008年	2009年	2010年	2011年	2012年	2013年	2014年	2015年	2016年
第三层次（0.02＜S＜0.05）	天津 山东 辽宁 福建 黑龙江 吉林 河北 湖北	天津 山东 福建 辽宁 黑龙江 吉林 河北 湖北	天津 山东 福建 辽宁 黑龙江 河北 吉林 内蒙古 湖北	山东 福建 辽宁 海南 内蒙古 黑龙江 吉林 湖北	福建 山东 辽宁 海南 内蒙古 河北 黑龙江 湖北 吉林	福建 山东 辽宁 内蒙古 海南 河北 吉林 湖北 黑龙江	福建 山东 辽宁 内蒙古 湖北 河北 重庆 海南 吉林 黑龙江 四川	辽宁 山东 内蒙古 海南 湖北 河北 吉林 重庆 黑龙江 湖南 四川 陕西	辽宁 内蒙古 山东 湖北 吉林 河北 重庆 黑龙江	山东 辽宁 内蒙古 湖北 吉林 河北 重庆
第四层次（0.01＜S＜0.02）	内蒙古 重庆 四川 山西 河南 海南 湖南 陕西 安徽 江西 宁夏 新疆 广西	内蒙古 重庆 四川 河南 山西 海南 湖南 陕西 安徽 江西 宁夏 新疆 广西	重庆 四川 河南 山西 湖南 海南 陕西 安徽 江西 宁夏 新疆 广西	河北 广西 重庆 河南 山西 四川 湖南 陕西 江西 宁夏 安徽 新疆	重庆 四川 河南 湖南 广西 安徽 山西 陕西 江西 宁夏 新疆	重庆 湖南 四川 河南 山西 宁夏 陕西 安徽 江西 广西 新疆	湖南 山西 陕西 河南 江西 宁夏 安徽 广西 新疆 青海	山西 宁夏 河南 安徽 江西 广西 新疆 青海	湖南 河南 陕西 广西 四川 海南 江西 宁夏 安徽 山西 云南 青海 新疆	陕西 湖南 河南 四川 黑龙江 广西 海南 江西 安徽 宁夏 青海 山西 新疆
第五层次（S＜0.01）	青海 云南 甘肃 贵州	青海 云南 甘肃 贵州	青海 云南 甘肃 贵州	青海 云南 甘肃 贵州	云南 青海 贵州 甘肃	青海 云南 甘肃 贵州	云南 甘肃 贵州	云南 贵州 甘肃	贵州 甘肃	云南 贵州 甘肃

资料来源：笔者自制。

具体来看，服务应用力强的省份由2007年的上海1市逐渐增加至2014年的广东、浙江和上海3个省份，之后保持为广东和浙江2省份；服务应用力较强的省份大致呈增加态势，由2007年的4个和2008年的3个增加至5个；服务应用力一般的省份波动较大，由2007年的8个增加至高峰时的12个，之后快速下降至7个；而服务应用力较弱的省份则呈现前期下降，由13个下降至8个，后期又恢复到13个；服务应用力弱的省份呈下降趋势，由4个下降至3个。服务应用力强和较强的省份全部位于东部沿海发达地区，服务应用力呈现典型的东部地区强、中西部地区弱的态势。

从资源驱动力来看，资源驱动力得分最高的是北京（0.1614），得分最低的是青海（0.0034），极差为0.1580。根据得分可以将资源驱动力划分为5个层次（如图4－6和表4－7所示）。资源驱动力得分大于0.1的仅有北京1市；得分在（0.05，0.1）区间的资源驱动力较强的有广东、浙江、上海和山东4个省份；得分在（0.02，0.05）区间、资源驱动力一般的有江苏、福建、河北、四川、辽宁、河南、湖北和湖南8个省份；得分在（0.01，0.02）区间资源驱动力较弱的有黑龙江、陕西、安徽、重庆、广西、江西、海南、天津、山西、吉林和云南11个省份；得分小于0.01的资源驱动力弱的有新疆、内蒙古、贵州、甘肃、宁夏和青海6个省份。

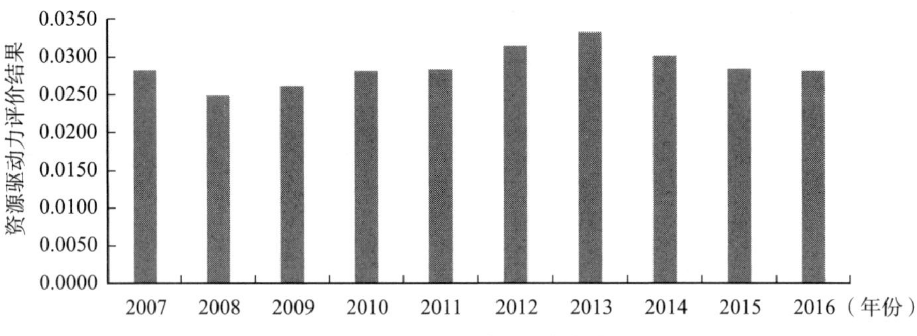

图4－6 资源驱动力历年指数

表4－7 资源驱动力评价排序

综合评价值（S）	2007年	2008年	2009年	2010年	2011年	2012年	2013年	2014年	2015年	2016年
第一层次（S>0.1）	北京 上海	北京	北京	北京	北京	北京 浙江	北京 山东 广东	北京	北京	北京
第二层次（0.05<S<0.1）	广东 浙江 江苏	广东 上海 浙江	广东 上海 浙江	广东 浙江 上海 江苏	广东 浙江 上海	广东 上海 福建 江苏	上海 浙江 江苏	广东 山东 江苏 浙江	广东 浙江	广东 福建 浙江 上海

续表

综合评价值（S）	2007年	2008年	2009年	2010年	2011年	2012年	2013年	2014年	2015年	2016年
第三层次（0.02 < S < 0.05）	福建 山东 四川 辽宁 河南 湖北 河北	江苏 山东 福建 辽宁 河南 四川 河北	山东 江苏 福建 河北 陕西 辽宁 河南 湖北	福建 山东 河北 四川 辽宁 河南 湖北	福建 江苏 山东 河北 四川 辽宁 河南 湖北	山东 河北 辽宁 四川 河南	黑龙江 福建 河北 四川 河南 辽宁 海南 湖北 湖南	上海 福建 四川 辽宁 河南 河北 黑龙江 海南 湖南 湖北	江苏 山东 上海 福建 四川 河南 河北 辽宁 湖北 湖南 安徽	江苏 山东 河南 四川 河北 辽宁 湖南 湖北
第四层次（0.01 < S < 0.02）	湖南 天津 广西 陕西 重庆 黑龙江 安徽 江西 山西 吉林 云南 宁夏	湖南 湖北 陕西 重庆 黑龙江 广西 安徽 天津 山西 江西 吉林 海南	四川 湖南 安徽 黑龙江 广西 江西 重庆 天津 山西 吉林 海南	湖南 陕西 安徽 重庆 天津 黑龙江 山西 广西 江西 海南 吉林	湖南 陕西 安徽 重庆 天津 江西 山西 黑龙江 广西 吉林 海南	湖北 湖南 安徽 陕西 天津 重庆 广西 江西 山西 黑龙江 吉林 海南 云南	安徽 陕西 重庆 广西 江西 山西 天津 吉林 云南	安徽 广西 重庆 陕西 江西 山西 吉林 天津 云南	黑龙江 江西 陕西 海南 重庆 广西 山西 天津 云南 吉林	安徽 重庆 陕西 广西 江西 黑龙江 天津 吉林 山西 云南
第五层次（S < 0.01）	海南 新疆 内蒙古 贵州 甘肃 青海	云南 新疆 贵州 内蒙古 甘肃 宁夏 青海	云南 贵州 新疆 内蒙古 甘肃 宁夏 青海	云南 内蒙古 新疆 宁夏 贵州 青海 甘肃	云南 内蒙古 新疆 贵州 宁夏 青海 甘肃	新疆 内蒙古 贵州 甘肃 宁夏 青海	内蒙古 新疆 贵州 甘肃 宁夏 青海	新疆 内蒙古 贵州 甘肃 宁夏 青海	新疆 甘肃 内蒙古 贵州 宁夏 青海	新疆 海南 内蒙古 贵州 甘肃 青海 宁夏

具体来看，资源驱动力强的省份有较大波动，由 2007 年的北京和上海 2 市，逐渐减少至仅有北京 1 市，2013 年达到 3 个省份；资源驱动力较强省份也大致呈增加态势，由 2007 年的 3 个增加至 4 个；资源驱动力一般的省份则总体呈上升趋势，由 2007 年的 7 个增加至高峰时的 11 个，之后减少至 8 个，其中 2012 年度最少，仅有 5 个省份；资源驱动力较弱的省份总体呈下降趋势，由 2007 年的 12 个下降至 2016 年的 10 个；资源驱动力弱的省份基本稳定在 6 ~ 7 个的范围。资源驱动力得分总体偏低，区域差异较

明显，东部地区资源驱动力优势明显，中部和广大西部地区资源驱动力水平较低。

从产数融合力来看，产数融合力得分最高的是广东（0.2536），得分最低的是青海（0.0029），极差为0.2507。根据得分可以将产数融合力划分为5个层次（如图4－7和表4－8所示）。产数融合力得分大于0.1的有广东、江苏和北京3个省份；得分在（0.05，0.1）区间、产数融合力较强的有山东、上海、浙江、辽宁、四川和福建6个省份；得分在（0.03，0.05）区间、产数融合力一般的有天津和河南2个省份；得分在（0.01，0.03）区间产数融合力较弱的有湖北、陕西、湖南、河北、安徽、重庆、黑龙江、吉林、广西、江西、云南、内蒙古、山西和新疆14个省份；得分小于0.01的产数融合力弱的有贵州、甘肃、海南、宁夏和青海5个省份。

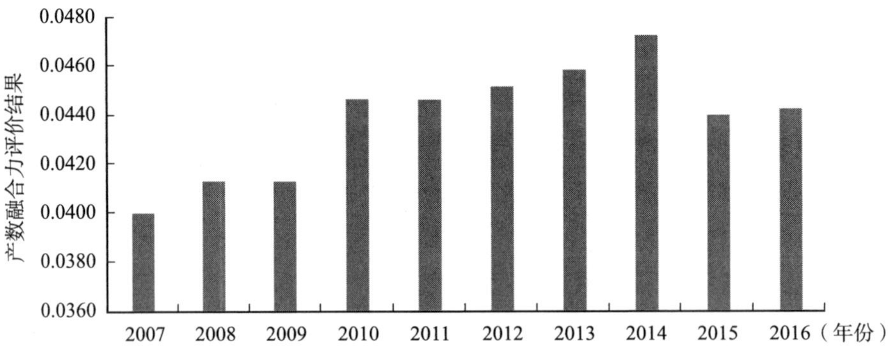

图4－7 产数融合力历年指数

表4－8 产数融合力评价排序

综合评价值（S）	2007年	2008年	2009年	2010年	2011年	2012年	2013年	2014年	2015年	2016年
第一层次（S>0.1）	广东 江苏 北京	广东 江苏 北京	广东 江苏 北京	广东 江苏 北京	广东 江苏 北京	广东 江苏 北京	广东 江苏 北京	广东 江苏 北京	广东 江苏	广东 江苏
第二层次（0.05<S<0.1）	上海 浙江 山东	上海 浙江 山东	上海 山东 浙江 辽宁 四川	上海 山东 浙江 辽宁 福建 四川	上海 山东 浙江 辽宁 四川 福建	上海 山东 辽宁 浙江 福建 四川	山东 上海 浙江 辽宁 四川 福建	山东 浙江 辽宁 上海 四川 福建	北京 山东 浙江 上海 四川 辽宁 福建	北京 山东 浙江 上海 四川 福建

续表

综合评价值（S）	2007年	2008年	2009年	2010年	2011年	2012年	2013年	2014年	2015年	2016年
第三层次（0.03 < S < 0.05）	福建 辽宁 四川 天津	四川 辽宁 福建 天津	福建 天津	天津	天津	天津 湖北 河南	天津 湖北 河南	天津 河南 湖北 陕西	河南 湖北 湖南 陕西 天津	河南 湖北 湖南 陕西 安徽 辽宁
第四层次（0.01 < S < 0.03）	黑龙江 陕西 河南 湖南 湖北 河北 吉林 江西 重庆 安徽 云南 内蒙古 山西 广西 新疆 贵州	黑龙江 河北 湖南 湖北 河南 陕西 安徽 吉林 重庆 山西 云南 广西 江西 内蒙古 新疆 贵州	湖南 湖北 河南 黑龙江 陕西 安徽 广西 吉林 山西 河北 重庆 江西 云南 贵州 内蒙古 新疆	湖南 湖北 陕西 河南 河北 安徽 重庆 广西 吉林 江西 黑龙江 云南 内蒙古 山西 贵州 新疆	湖北 湖南 陕西 河北 河南 广西 安徽 重庆 黑龙江 吉林 江西 内蒙古 云南 山西 新疆	陕西 湖南 河北 重庆 安徽 黑龙江 广西 吉林 江西 内蒙古 云南 山西 新疆	湖南 陕西 河北 重庆 安徽 广西 黑龙江 江西 吉林 内蒙古 云南 山西 新疆	湖南 安徽 河北 重庆 内蒙古 黑龙江 广西 吉林 江西 云南 山西 新疆	安徽 重庆 河北 吉林 江西 广西 黑龙江 山西 云南 新疆	天津 河北 重庆 吉林 江西 云南 广西 黑龙江 山西 新疆
第五层次（S < 0.01）	甘肃 海南 宁夏 青海	甘肃 海南 宁夏 青海	甘肃 海南 宁夏 青海	甘肃 海南 宁夏 青海	贵州 甘肃 海南 宁夏 青海	贵州 甘肃 海南 宁夏 青海	甘肃 贵州 海南 宁夏 青海	甘肃 贵州 海南 宁夏 青海	贵州 内蒙古 甘肃 海南 青海 宁夏	内蒙古 贵州 甘肃 海南 青海 宁夏

具体来看，产数融合力强的省份总体稳定，略有下降，2007 年有 3 个省份，到 2015 年和 2016 年则仅剩广东和江苏 2 个省份；产数融合力较强省份呈快速增加态势，由 2007 年的 3 个增加至 6 个；产数融合力一般的省份呈波动态势，由 2007 年的 4 个省份减少到 2010 年和 2011 年的天津 1 市，之后快速增加，达到 6 个；产数融合力较弱的省份呈下降趋势，由 2007 年的 16 个减少至 10 个；产数融合力弱的省份呈上升态势，由 2007 年的 4 个增加到 6 个。产数融合力东部地区竞争力强，中部和广大西部地区竞争力较弱，其中，四川是产数融合力表现较为突出的西部省份。

总之，我国数字经济竞争力各子系统得分总体呈现上升态势，变化幅度较小（如图4-8所示）。从技术基础力来看，北京、广东、上海和江苏4个省份位列前4，得分大于0.1；海南、贵州、宁夏和青海4个省份得分小于0.02。技术基础力平均得分为0.0569，高于全国平均水平的仅有11个省份。从经济支撑力来看，北京和上海排名靠前，得分大于0.1；云南、贵州和甘肃3个省份得分小于0.01。经济支撑力平均得分为0.0314，高于全国平均水平的仅有9个省份。从服务应用力来看，广东和上海分列前2位，得分大于0.1；青海、云南、甘肃和贵州4个省份得分小于0.01。服务应用力平均得分为0.0319，高于全国平均水平的仅有9个省份。从资源驱动力来看，仅北京市得分大于0.1，排名榜首；新疆、内蒙古、贵州、甘肃、宁夏和青海6个省份得分小于0.01。资源驱动力平均得分为0.0287，高于全国平均水平的仅有7个省份。从产数融合力来看，广东、江苏和北京分列前3位，得分大于0.1；贵州、甘肃、海南、宁夏和青海5个省份得分小于0.01。产数融合力平均得分为0.0438，高于全国平均水平的仅有9个省份。

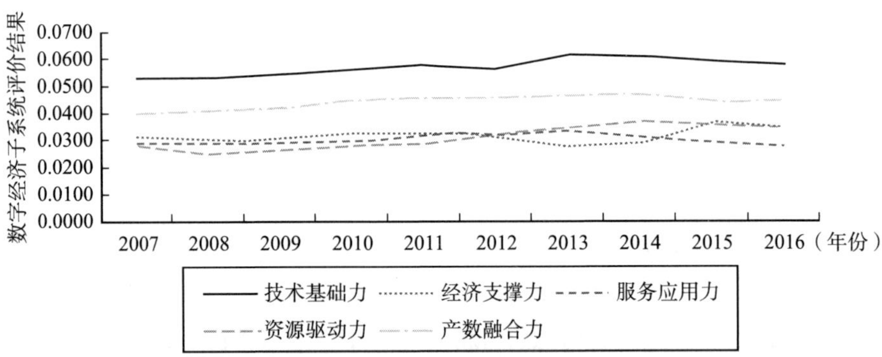

图4-8 数字经济子系统历年指数

综上所述，从时间维度来看，我国数字经济竞争力总体呈上升趋势，说明我国数字经济发展水平不断提升；从空间维度来看，我国数字经济呈现典型的东部沿海地区发展水平较高，而广大中西部地区发展水平较低，地区差异较大；从子系统来看，技术基础力得分较高，产数融合力、经济支撑力、服务应用力和资源驱动力得分较为接近。

4.3 区域经济发展方式转变评价

4.3.1 区域经济发展方式转变分析框架及指标体系

在借鉴已有研究基础上，本书构建了区域经济发展方式转变的评价指标体系，主要包括创新驱动发展、绿色发展和居民福祉3个一级指标，涵盖了9个二级指标。具体如表4－9所示。

表4－9 区域经济发展方式转变评价指标体系

目标层	一级指标	二级指标	单位
区域经济发展方式转变	创新驱动发展	X1 R&D经费	亿元
		X2 R&D人员	万人年
		X3 创新能力	件/百万人
		X4 企业专利	件
		X5 高校专利	件
	绿色发展	X6 能效指数	%
		X7 人均公园绿地面积	平方米/人
	居民福祉	X8 空气质量	毫克/立方米
		X9 人均寿命	岁

注：参考《我国经济发展方式转变进程测评》《论创新驱动经济发展战略》《中国经济发展方式转变指标体系的构建与测度》《论创新驱动的内涵特征与实现条件——以“中国梦”的实现为视角》《从后发到先发：关于实施创新驱动战略的理论思考》等相关资料构建。

4.3.2 结果分析

1. 经济发展方式转变时空演变

根据前述公式，分别计算出2007～2016年度我国区域经济发展方式转变综合得分，如图4－9和表4－10所示，总体来看，我国区域经济发展方式转变呈上升趋势，东、中、西部呈现较大差异。

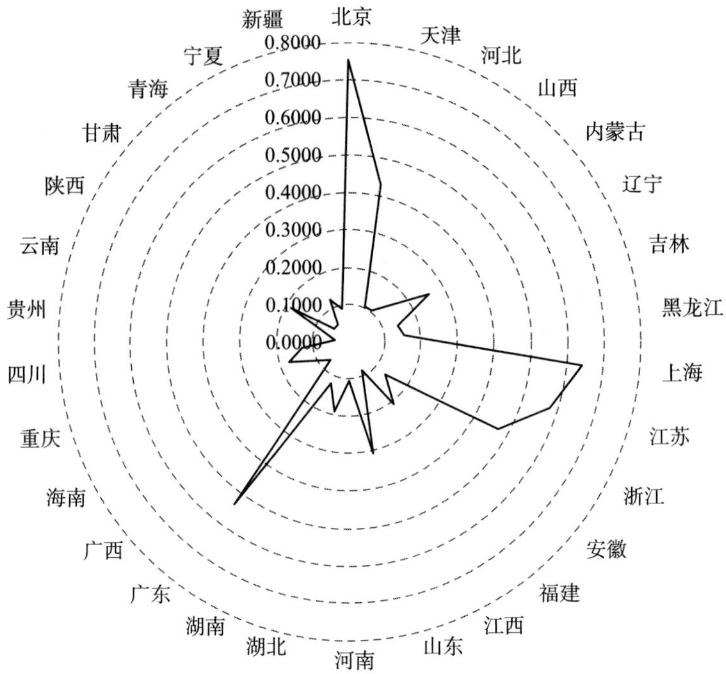

图 4－9　区域经济发展方式转变省域竞争力

表 4－10　经济发展方式转变年度得分

地区	2007 年	2008 年	2009 年	2010 年	2011 年	2012 年	2013 年	2014 年	2015 年	2016 年
北京	0.7502	0.7715	0.7721	0.7437	0.7152	0.7169	0.8099	0.7337	0.7611	0.7259
天津	0.4267	0.4274	0.3587	0.3764	0.3873	0.4031	0.4356	0.4595	0.5098	0.5000
河北	0.1018	0.0960	0.1003	0.1151	0.1154	0.1162	0.0959	0.1009	0.0945	0.1066
山西	0.1079	0.1091	0.1101	0.1128	0.1138	0.1086	0.0980	0.1040	0.0873	0.0820
内蒙古	0.0989	0.0966	0.1097	0.1243	0.1407	0.1659	0.1651	0.1819	0.1782	0.1852
辽宁	0.2548	0.2482	0.2628	0.2530	0.2425	0.2423	0.2405	0.2665	0.2486	0.2341
吉林	0.1450	0.1394	0.1435	0.1455	0.1458	0.1418	0.1278	0.1402	0.1361	0.1407
黑龙江	0.1673	0.1637	0.1611	0.1646	0.1591	0.1538	0.1400	0.1495	0.1363	0.1288
上海	0.6605	0.6806	0.6722	0.6480	0.6356	0.6147	0.6360	0.6246	0.6121	0.5991
江苏	0.3987	0.4343	0.4979	0.5591	0.6149	0.6283	0.6271	0.6587	0.6568	0.6649
浙江	0.4212	0.4395	0.4304	0.4554	0.4723	0.4799	0.4932	0.4991	0.5068	0.4933
安徽	0.0893	0.0959	0.0912	0.1132	0.1326	0.1497	0.1452	0.1808	0.1747	0.1861
福建	0.1464	0.1582	0.1585	0.1755	0.1994	0.2064	0.2158	0.2304	0.2690	0.2865

续表

地区	2007 年	2008 年	2009 年	2010 年	2011 年	2012 年	2013 年	2014 年	2015 年	2016 年
江西	0.0697	0.0701	0.0840	0.0909	0.0935	0.0871	0.0834	0.0919	0.1017	0.1086
山东	0.2455	0.2754	0.2696	0.3006	0.3099	0.3104	0.3019	0.3313	0.3234	0.3289
河南	0.1030	0.0928	0.1052	0.1073	0.1100	0.1041	0.1018	0.1093	0.1103	0.1291
湖北	0.1865	0.1822	0.1827	0.1796	0.1764	0.1758	0.1864	0.1839	0.1947	0.2140
湖南	0.1068	0.1056	0.1179	0.1249	0.1301	0.1284	0.1219	0.1233	0.1313	0.1393
广东	0.5207	0.5041	0.5064	0.5293	0.5359	0.5424	0.5307	0.5498	0.5186	0.5785
广西	0.0689	0.0692	0.0605	0.0820	0.0775	0.0779	0.0635	0.0690	0.0745	0.0826
海南	0.0836	0.0699	0.0731	0.1107	0.1195	0.1188	0.1045	0.1278	0.1029	0.0988
重庆	0.1426	0.1528	0.1534	0.1615	0.1650	0.1822	0.1818	0.1898	0.1833	0.2054
四川	0.1216	0.1228	0.1174	0.1178	0.1156	0.1289	0.1192	0.1328	0.1337	0.1458
贵州	0.0318	0.0320	0.0344	0.0457	0.0477	0.0501	0.0536	0.0410	0.0459	0.0613
云南	0.0401	0.0469	0.0387	0.0468	0.0452	0.0517	0.0443	0.0437	0.0488	0.0451
陕西	0.1937	0.1835	0.1774	0.1806	0.1772	0.1668	0.1790	0.1737	0.1717	0.1760
甘肃	0.0596	0.0534	0.0492	0.0613	0.0533	0.0528	0.0545	0.0574	0.0469	0.0594
青海	0.0493	0.0427	0.0413	0.0424	0.0564	0.0638	0.0702	0.0642	0.0485	0.0714
宁夏	0.0852	0.0902	0.1345	0.1304	0.1323	0.1456	0.1306	0.1315	0.1164	0.1124
新疆	0.0777	0.0755	0.0909	0.0916	0.0972	0.0990	0.0981	0.0960	0.0927	0.0954
全国	0.1985	0.2010	0.2035	0.2130	0.2172	0.2204	0.2218	0.2282	0.2272	0.2328

从时间维度看，我国区域经济发展方式转变总体上呈现上升趋势，各年度均值分别为 0.1985、0.2010、0.2035、0.2130、0.2172、0.2204、0.2218、0.2282、0.2272 和 0.2328，得分总体偏低。

从空间维度看，我国区域经济发展方式转变水平演变呈现东、中、西部分异现象。计算 10 年的平均得分，北京得分遥遥领先，得分为 0.7500；其次为上海，得分为 0.6383；江苏和广东紧随其后，得分分别为 0.5741 和 0.5316。全国平均得分仅为 0.2164，得分高于全国平均分的仅有 8 个省份，分别为北京、上海、江苏、广东、浙江、天津、山东和辽宁。可以看出，区域经济发展方式转变水平高的省份全部位于东部地区，其中长三角、珠三角和环渤海 3 大经济圈表现亮眼。

根据 2007 ~ 2016 年度区域经济发展方式转变综合得分，可以将我国区域经济发展方式转变的水平划分为 5 个层次（如表 4 - 11 所示）。得分大于0.5的区域经济发展方式转变水平高的省份有北京、上海、江苏和广东4个；得分在（0.3，0.5）区间、区域经济发展方式转变水平较高的省份有浙江和天津2个；得分在（0.2，0.3）区间、区域经济发展方式转变水平一般的省份有山东、辽宁和福建3个；得分在（0.1，0.2）区间、区域经济发展方式转变水平较弱的省份有湖北、陕西、重庆、黑龙江、内蒙古、吉林、安徽、四川、湖南、宁夏、河南、河北、山西和海南14个；得分小于0.1、区域经济发展方式转变水平弱的省份有新疆、江西、广西、青海、甘肃、云南和贵州7个。

表4-11 综合评价排序

综合评价值（S）	2007年	2008年	2009年	2010年	2011年	2012年	2013年	2014年	2015年	2016年
第一层次（S>0.5）	北京 上海 广东	北京 上海 广东	北京 上海 广东	北京 上海 江苏 广东	北京 上海 江苏 广东	北京 江苏 上海 广东	北京 上海 江苏 广东	北京 江苏 上海 广东	北京 江苏 上海 广东 天津 浙江	北京 江苏 上海 广东 天津
第二层次（0.3<S<0.5）	天津 浙江 江苏	浙江 江苏 天津	江苏 浙江 天津	浙江 天津 山东	浙江 天津 山东	浙江 天津 山东	浙江 天津 山东	浙江 天津 山东	山东	浙江 山东
第三层次（0.2<S<0.3）	辽宁 山东	山东 辽宁	山东 辽宁	辽宁	辽宁	辽宁 福建	辽宁 福建	辽宁 福建	福建 辽宁	福建 辽宁 湖北 重庆
第四层次（0.1<S<0.2）	陕西 湖北 黑龙江 福建 吉林 重庆 四川 山西 湖南 河南 河北	陕西 湖北 黑龙江 福建 重庆 吉林 四川 山西 湖南	湖北 陕西 黑龙江 福建 重庆 吉林 宁夏 湖南 四川 山西 内蒙古 河南 河北	陕西 湖北 福建 黑龙江 重庆 吉林 宁夏 湖南 内蒙古 四川 河北 安徽 山西 海南 河南	福建 陕西 湖北 重庆 黑龙江 吉林 内蒙古 安徽 宁夏 湖南 海南 四川 河北 山西 河南	重庆 湖北 陕西 内蒙古 黑龙江 安徽 宁夏 吉林 四川 湖南 海南 河北 山西 河南	湖北 重庆 陕西 内蒙古 安徽 黑龙江 宁夏 吉林 湖南 四川 海南 河南	重庆 湖北 内蒙古 安徽 陕西 黑龙江 吉林 四川 宁夏 海南 湖南 河南 山西 河北	湖北 重庆 内蒙古 安徽 陕西 黑龙江 吉林 四川 湖南 宁夏 河南 海南 江西	安徽 内蒙古 陕西 四川 吉林 湖南 河南 黑龙江 宁夏 江西 河北

续表

综合评价值（S）	2007年	2008年	2009年	2010年	2011年	2012年	2013年	2014年	2015年	2016年
第五层次（S<0.1）	内蒙古 安徽 宁夏 海南 新疆 江西 广西 甘肃 青海 云南 贵州	内蒙古 河北 安徽 河南 宁夏 新疆 江西 海南 广西 甘肃 云南 青海 贵州	安徽 新疆 江西 海南 广西 甘肃 青海 云南 贵州	新疆 江西 广西 甘肃 云南 贵州 青海	新疆 江西 广西 青海 甘肃 贵州 云南	新疆 江西 广西 青海 甘肃 云南 贵州	新疆 山西 河北 江西 青海 广西 甘肃 贵州 云南	新疆 江西 广西 青海 甘肃 云南 贵州	河北 新疆 山西 广西 云南 青海 甘肃 贵州	海南 新疆 广西 山西 青海 贵州 甘肃 云南

具体来看，区域经济发展方式转变水平高的省份由北京、上海和广东3个逐渐增加至北京、江苏、上海、广东和天津5个；区域经济发展方式转变水平较高的省份则呈下降趋势，2007年度有天津、浙江和江苏3个，2016年则仅有浙江和山东2省，2015年仅有山东1省；区域经济发展方式转变水平一般的省份呈上升趋势，由2个增加至4个；而区域经济发展方式转变水平较弱的省份波动较大，由2007年的11个增加至高峰时的15个，之后逐渐下降，又减少至11个；区域经济发展方式转变水平弱的省份呈下降趋势。

此外，我国区域经济发展方式转变水平得分差异较显著，东部地区优势明显，个别中部省份较强，广大中西部地区仍面临发展方式转变困境。

2. 经济发展方式转变子系统分析

根据区域经济发展方式转变评价指标体系，区域经济发展方式转变子系统由创新驱动发展、绿色发展和居民福祉3个部分组成。根据考察期内的平均得分，创新驱动发展、绿色发展和居民福祉总体呈现上升趋势（如图4－10所示）。从空间上看，长三角、珠三角和环渤海3大城市群区域发展方式转变各子系统均呈现较高的发展水平，广大中西部地区各子系统发展水平有待提高。

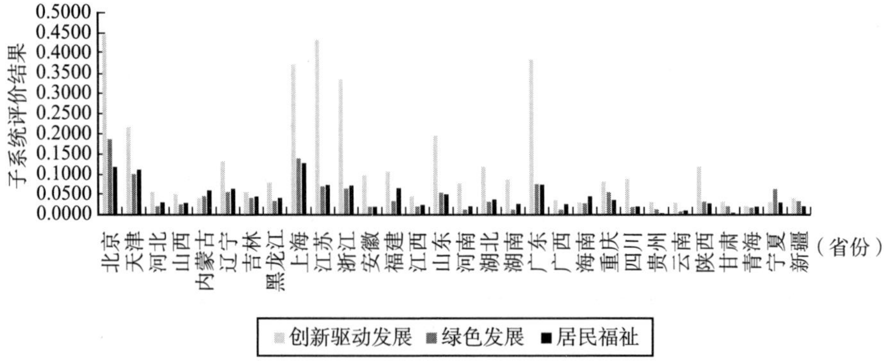

图 4 - 10　区域经济发展方式转变子系统竞争力

从创新驱动发展来看，创新驱动发展得分最高的是北京（0.4455），得分最低的是青海（0.0202），极差为 0.4253。根据得分可以将创新驱动发展子系统划分为五个层次，如图 4 - 11 和表 4 - 12 所示。创新驱动发展得分大于 0.4 的省份有北京和江苏 2 个；得分在（0.2，0.4）区间、创新驱动发展较强的省份有广东、上海、浙江和天津 4 个；得分在（0.1，0.2）区间、创新驱动发展一般的省份有山东、辽宁、陕西、湖北和福建 5 个；得分在（0.04，0.1）区间、创新驱动发展较弱的省份有安徽、四川、湖南、重庆、黑龙江、河南、吉林、河北、山西、江西和内蒙古 11 个；得分小于 0.04、创新驱动发展弱的省份有新疆、广西、甘肃、宁夏、贵州、海南、云南和青海 8 个。

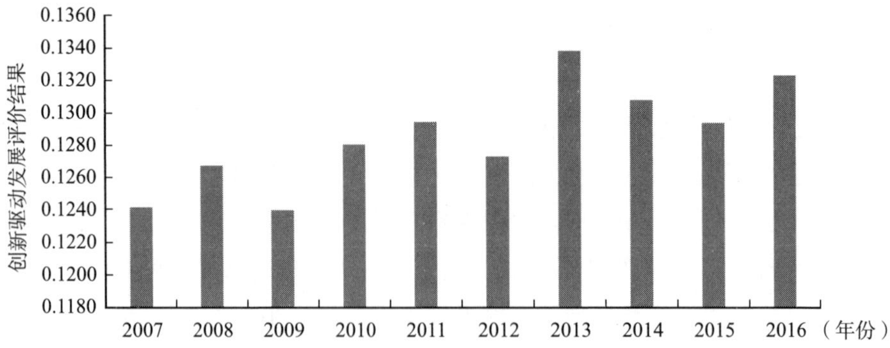

图 4 - 11　创新驱动发展历年指数

表 4 – 12　　　　创新驱动发展评价排序

综合评价值（S）	2007年	2008年	2009年	2010年	2011年	2012年	2013年	2014年	2015年	2016年
第一层次（S>0.4）	北京 上海	北京 上海	北京 上海	北京 江苏	江苏 北京	江苏 北京	北京 江苏	江苏 北京	江苏 北京	江苏 广东
第二层次（0.2<S<0.4）	广东 浙江 江苏	广东 江苏 浙江 天津	江苏 广东 浙江	广东 上海 浙江	广东 上海 浙江 山东 天津	广东 上海 浙江 天津	广东 上海 浙江 天津	广东 上海 浙江 天津 山东	广东 浙江 上海 天津 山东	北京 浙江 上海 天津 山东
第三层次（0.1<S<0.2）	天津 山东 辽宁 陕西 湖北	山东 辽宁 陕西 湖北	天津 山东 辽宁 陕西 湖北	天津 山东 辽宁 陕西 湖北	辽宁 陕西 湖北 福建	山东 辽宁 福建 湖北 安徽 陕西	山东 辽宁 福建 湖北 陕西 安徽	安徽 辽宁 福建 湖北 陕西	安徽 福建 辽宁 湖北 陕西	安徽 福建 湖北 陕西 辽宁
第四层次（0.04<S<0.1）	黑龙江 四川 重庆 福建 河南 湖南 吉林 安徽 河北 山西	黑龙江 重庆 四川 福建 湖南 吉林 河南 安徽 山西 河北	福建 黑龙江 四川 湖南 重庆 河南 吉林 安徽 山西 河北 江西	福建 湖南 黑龙江 四川 重庆 安徽 河南 吉林 河北 山西 江西 新疆	安徽 湖南 黑龙江 河南 四川 重庆 吉林 河北 山西 江西 新疆	湖南 四川 黑龙江 河南 重庆 河北 吉林 山西 内蒙古 江西	湖南 重庆 四川 河南 黑龙江 内蒙古 吉林 河北 山西 新疆	四川 湖南 重庆 河南 黑龙江 河北 吉林 山西 内蒙古 江西 新疆	四川 湖南 重庆 河南 黑龙江 江西 河北 吉林 内蒙古 山西 新疆	四川 湖南 重庆 河南 河北 江西 黑龙江 吉林 内蒙古 山西 新疆
第五层次（S<0.04）	江西 广西 甘肃 内蒙古 新疆 云南 海南 贵州 宁夏 青海	广西 江西 云南 内蒙古 新疆 甘肃 宁夏 贵州 海南 青海	宁夏 新疆 内蒙古 广西 云南 贵州 甘肃 海南 青海	甘肃 内蒙古 广西 贵州 宁夏 云南 海南 青海	内蒙古 宁夏 贵州 甘肃 广西 海南 青海 云南	新疆 广西 宁夏 贵州 海南 云南 甘肃 青海	江西 贵州 海南 宁夏 广西 甘肃 青海 云南	广西 海南 甘肃 云南 贵州 宁夏 青海	海南 广西 贵州 宁夏 云南 甘肃 青海	广西 海南 甘肃 贵州 云南 青海 宁夏

资料来源：笔者自制。

具体来看，创新驱动发展强的省份数量虽然仍为 2 个，但是省份变化较大，由早期的北京和上海，变化为江苏和北京，之后又变化为江苏和广东；创新驱动发展较强省份呈增加态势，由3个增加至5个；创新驱动发展一般的省份大致保持在5个，创新驱动发展较弱的省份则略有增加，由10个增加至11个，创新驱动发展弱的省份总体呈下降趋势，由高峰期的10个下降至7个。

此外，创新驱动发展强和较强的省份全部为东部地区省份，东部地区创新驱动发展优势明显，中部和广大西部地区创新驱动发展较弱。

从绿色发展来看，绿色发展得分最高的是北京（0.1866），得分最低的是青海（0.0071），极差为0.1795。根据得分可以将绿色发展子系统划分为五个层次，如图4－12和表4－13所示。绿色发展得分大于0.1的省份有北京、上海和天津3个；得分在（0.05，0.1）区间、绿色发展较强的省份有广东、江苏、浙江、宁夏、辽宁、重庆和山东7个；得分在（0.02，0.05）区间、绿色发展一般的省份有内蒙古、吉林、黑龙江、福建、新疆、陕西、湖北、海南和山西9个；得分在（0.01，0.02）区间、绿色发展较弱的省份有甘肃、河北、江西、安徽、四川、青海、贵州、广西、河南和湖南10个；得分小于0.01的绿色发展弱的省份有云南1个。

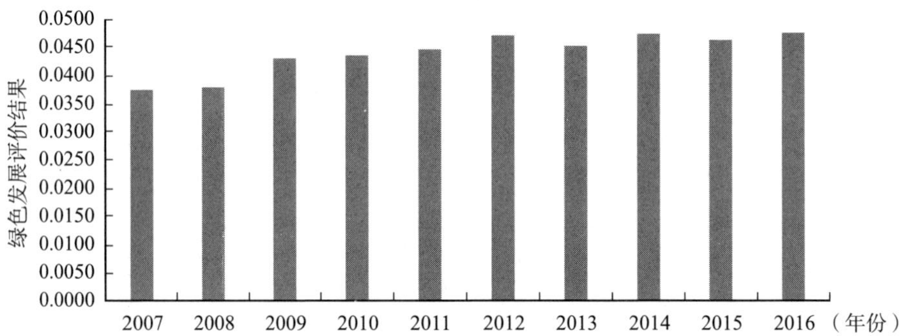

图4－12　绿色发展历年指数

表4－13　　绿色发展评价排序

综合评价值（S）	2007年	2008年	2009年	2010年	2011年	2012年	2013年	2014年	2015年	2016年
第一层次（S>0.1）	北京 天津 上海	北京 天津 上海	北京 上海	北京 上海	北京 上海	北京 上海	北京 上海	北京 上海	北京 上海 天津	北京 上海 天津

续表

综合评价值（S）	2007年	2008年	2009年	2010年	2011年	2012年	2013年	2014年	2015年	2016年
第二层次（0.05 < S < 0.1）	广东 辽宁 江苏	广东 江苏 浙江 辽宁	天津 宁夏 广东 江苏 浙江 辽宁 山东	天津 宁夏 广东 江苏 浙江 山东 辽宁 重庆	天津 广东 宁夏 重庆 江苏 浙江 辽宁 山东	广东 天津 宁夏 重庆 江苏 浙江 山东 辽宁 内蒙古	天津 广东 江苏 宁夏 浙江 重庆 山东 辽宁 内蒙古	天津 广东 江苏 浙江 宁夏 重庆 辽宁 山东 内蒙古	广东 江苏 浙江 宁夏 重庆 辽宁 山东 内蒙古	广东 江苏 浙江 重庆 宁夏 山东 内蒙古 辽宁
第三层次（0.02 < S < 0.05）	浙江 山东 宁夏 陕西 吉林 内蒙古 湖北 黑龙江 重庆 海南 新疆 福建 山西	山东 宁夏 吉林 湖北 重庆 陕西 黑龙江 福建 内蒙古 新疆 山西	吉林 重庆 黑龙江 湖北 内蒙古 新疆 陕西 福建 山西 河北 海南 江西	吉林 黑龙江 内蒙古 湖北 陕西 新疆 福建 河北 海南 山西 江西 甘肃	内蒙古 吉林 黑龙江 新疆 陕西 福建 湖北 海南 山西 河北 江西 四川	吉林 黑龙江 新疆 福建 海南 湖北 陕西 山西 河北 江西	吉林 福建 新疆 湖北 黑龙江 陕西 海南 青海 山西 甘肃 江西	吉林 福建 新疆 黑龙江 海南 陕西 湖北 山西 安徽 甘肃 青海 江西	吉林 福建 陕西 新疆 海南 黑龙江 湖北 山西 安徽 江西 甘肃	吉林 福建 新疆 湖北 黑龙江 陕西 海南 甘肃 安徽 四川 青海 山西 江西
第四层次（0.01 < S < 0.02）	河北 甘肃 广西 四川 青海 河南 湖南 安徽 江西	海南 河北 甘肃 四川 安徽 江西 广西 湖南 河南 青海	四川 甘肃 安徽 湖南 河南 广西 青海	安徽 四川 湖南 广西 河南 贵州 青海	安徽 甘肃 青海 广西 湖南 贵州 河南 云南	四川 安徽 甘肃 青海 贵州 广西 云南 河南	安徽 贵州 河北 四川 广西	四川 河北 贵州 河南	四川 青海 贵州 河北 湖南	贵州 河北 河南 湖南
第五层次（S < 0.01）	贵州 云南	贵州 云南	贵州 云南	云南		湖南	河南 湖南 云南	湖南 广西 云南	河南 广西 云南	广西 云南

资料来源：笔者自制。

具体来看，绿色发展强的省份有北京、上海和天津等3个；绿色发展较强的省份增加较快，由3个增加至8个；绿色发展一般的省份大致保持在13个；而绿色发展较弱的省份则明显下降，由9个减少至4个；绿色发展弱的省份大致保持在2个。

此外，除东部地区的8个省份外，中西部地区个别省份绿色发展表现较为突出，总体来看，东部地区绿色发展发展水平较高，中部和广大西部地区绿色发展亟待提升。

从居民福祉来看，居民福祉得分最高的是上海（0.1275），得分最低的是青海（0.0024），极差为0.1251。根据得分可以将居民福祉划分为五个层次，如图4－13和表4－14所示。居民福祉得分大于0.1的省份有上海、北京和天津3个；得分在（0.05，0.1）区间、居民福祉较强的省份有广东、江苏、浙江、福建、辽宁和内蒙古6个；得分在（0.03，0.05）区间、居民福祉一般的省份有山东、海南、吉林、黑龙江、湖北和重庆6个；得分在（0.01，0.03）区间、居民福祉较弱的省份有河北、宁夏、山西、陕西、湖南、广西、江西、新疆、河南、四川、安徽和青海12个；得分小于0.01的居民福祉弱的省份有云南、甘肃和贵州3个。

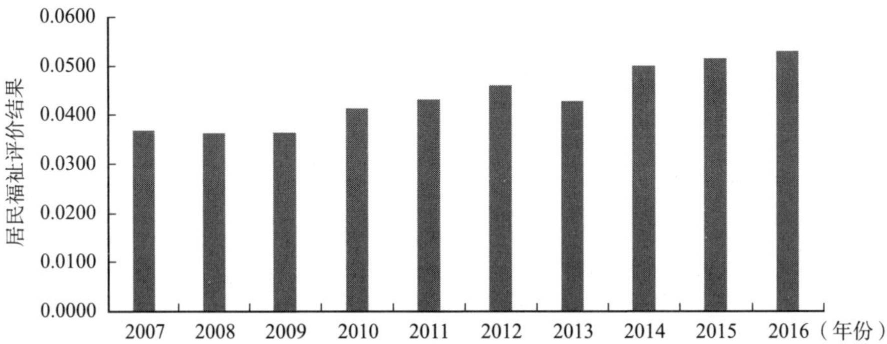

图4－13 居民福祉历年指数

表4－14 居民福祉评价排序

综合评价值（S）	2007年	2008年	2009年	2010年	2011年	2012年	2013年	2014年	2015年	2016年
第一层次（S>0.1）	上海 北京	上海 北京	上海 北京	上海 北京 天津	上海 北京 天津	上海 北京 天津	上海 天津 北京	上海 天津 北京	上海 天津 北京 福建	天津 上海 北京 福建 江苏

续表

综合评价值（S）	2007年	2008年	2009年	2010年	2011年	2012年	2013年	2014年	2015年	2016年
第二层次（0.05 < S < 0.1）	天津 广东 浙江 辽宁 江苏	天津 广东 浙江 江苏 辽宁	天津 广东 浙江 江苏 辽宁	广东 浙江 海南 江苏 辽宁 福建	广东 浙江 江苏 海南 辽宁 福建 内蒙古	广东 浙江 江苏 辽宁 内蒙古 福建 海南 山东	江苏 广东 浙江 辽宁 内蒙古 福建	江苏 广东 浙江 辽宁 内蒙古 福建 海南 山东	江苏 内蒙古 浙江 广东 辽宁 山东 湖北 吉林	浙江 内蒙古 广东 辽宁 山东 湖北
第三层次（0.03 < S < 0.05）	黑龙江 吉林 山东 福建 内蒙古 海南 重庆	山东 黑龙江 福建 吉林 内蒙古 海南 重庆	山东 福建 内蒙古 吉林 黑龙江 重庆 海南	内蒙古 山东 黑龙江 吉林 广西 山西 重庆	山东 黑龙江 吉林 重庆 河北 山西 湖北	吉林 黑龙江 重庆 湖北 山西 河北 宁夏	山东 海南 吉林 黑龙江 重庆 湖北 河北 山西 宁夏	吉林 重庆 黑龙江 湖北 宁夏 陕西 河北 山西	黑龙江 重庆 海南 广西 陕西 湖南	吉林 重庆 海南 黑龙江 陕西 广西 湖南
第四层次（0.01 < S < 0.03）	山西 湖北 河北 宁夏 湖南 新疆 陕西 安徽 青海 江西 广西 河南 四川	山西 湖北 河北 宁夏 陕西 湖南 新疆 安徽 江西 青海 河南 广西 四川	山西 河北 湖北 宁夏 陕西 湖南 新疆 安徽 江西 河南 青海 广西 四川	河北 宁夏 湖北 陕西 江西 湖南 河南 新疆 安徽 四川 青海	广西 宁夏 陕西 江西 湖南 河南 安徽 四川 新疆 青海	陕西 湖南 江西 广西 新疆 四川 安徽 河南 青海	陕西 湖南 江西 广西 新疆 四川 河南 青海 安徽 云南	湖南 江西 广西 青海 安徽 新疆 四川 河南	宁夏 河北 江西 青海 山西 河南 四川 新疆 云南 安徽	河北 宁夏 江西 青海 四川 河南 新疆 山西 安徽 云南 贵州
第五层次（S < 0.01）	甘肃 云南 贵州	甘肃 云南 贵州	甘肃 云南 贵州	云南 甘肃 贵州	云南 甘肃 贵州	云南 甘肃 贵州	甘肃 贵州	云南 甘肃 贵州	贵州 甘肃	甘肃

资料来源：笔者自制。

具体来看，居民福祉强的省份由2007年的上海和北京2个，增加全2016年的北京、上海、天津、福建和江苏5个；居民福祉较强省份呈现波动态势，由2007年的5个增加至8个，之后略有下降，降至6个；居民福祉一般的省份也呈波动态势，由7个增加至9个，之后降至7个；居民福祉较弱的省份呈波动趋势，由高峰时的 13 个减少至 8 个，之后又增至 11 个；居民福祉弱的省份呈下降趋势，由 3 个降至 1 个。可以看出，居民福祉得分差异较明显，呈现出东部地区居民福祉优势明显、中部和广大西部地区居民福祉较弱的态势。

此外，除东部地区的 9 个省份外，中西部地区仅个别省份居民福祉表现较为突出，总体来看，东部地区居民福祉发展水平较高，中部和广大西部地区居民福祉亟待提升。

我国区域经济发展方式转变各子系统得分总体呈现上升态势，变化幅度较小（如图 4－14 所示）。从创新驱动发展来看，北京、广东、上海和江苏 4 个省份列前 4 位，得分大于 0.1；海南、贵州、宁夏和青海 4 个省份得分小于 0.02。创新驱动发展平均得分为 0.1286，高于全国平均水平的仅有 8 个省份。从绿色发展来看，北京、上海和天津分列前 3 位，得分大于 0.1；云南得分小于 0.01。绿色发展平均得分为 0.0441，高于全国平均水平的仅有 11 个省份。从居民福祉来看，上海、北京和天津分列前 3 位，得分大于 0.1；云南、甘肃和贵州 3 个省份得分小于 0.01。居民福祉平均得分为 0.0437，高于全国平均水平的仅有 12 个省份。

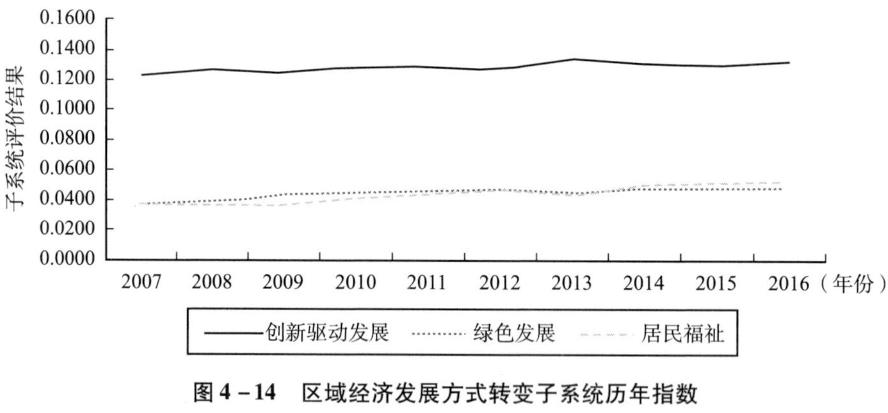

图 4－14　区域经济发展方式转变子系统历年指数

资料来源：笔者自绘。

综上所述，如图 4－14 所示，我国区域经济发展方式转变各子系统得分总体呈现上升态势，变化幅度相对较小，创新驱动发展子系统得分高于绿色发展和居民福祉子系统，而绿色发展和居民福祉子系统得分较为接近。

4.4　本章小结

本章在理论分析基础上，构建了数字经济和区域经济发展方式转变的评价指标体系，数字经济由技术基础力、经济支撑力、服务应用力、资源驱动力和产数融合力 5 个部分组成，区域经济发展方式转变由创新驱动发展、绿色发展和居民福祉 3 个部分组成，采用客观赋权方法（熵权法）进行综合评价。研究发现：

第一，根据考察期内的平均得分，数字经济的技术基础力、经济支撑力、服务应用力、资源驱动力和产数融合力总体呈现上升趋势；从空间上看，长三角、珠三角和环渤海三大城市群数字经济各子系统均呈现较高的发展水平，广大中西部地区各子系统发展水平有待提高。

第二，根据考察期内的平均得分，区域经济发展方式转变的创新驱动发展、绿色发展和居民福祉总体呈现上升趋势；从空间上看，长三角、珠三角和环渤海三大城市群区域发展方式转变各子系统均呈现较高的发展水平，广大中西部地区各子系统发展水平有待提高。

第 5 章　数字经济与区域经济发展方式转变关系分析

5.1　耦合协调模型

“耦合”是指两个或两个以上系统之间相互作用和相互影响的关系。耦合度主要度量系统间关联的程度，它只反映系统间相互作用程度的大小，而不反映系统的水平。耦合协调度则既能反映各系统的发展水平，又能反映系统间的相互作用关系。本书采用耦合协调模型分析数字经济和区域经济发展方式转变两个系统的耦合协调水平。

5.1.1　耦合度计算

本书根据数字经济和区域经济发展方式转变两个系统的实际，借鉴姜磊等（2018）的研究成果，测算数字经济和区域经济发展方式转变两个系统的耦合度，探究两个系统的关联程度大小。

耦合度函数定义如式（5－1）所示：

$$C_n = \left[\frac{U_1 \times U_2 \times \cdots \times U_n}{\left(\frac{U_1 + U_2 + \cdots + U_n}{n} \right)} \right]^{\frac{1}{n}} \tag{5-1}$$

式（5－1）中，C_n 表示耦合度；U 表示各个系统的综合得分，本书主要涉及两个系统，因此，根据耦合度公式可以简化为式（5－2）：

$$C_2=\left[\frac{U_1\times U_2}{\left(\frac{U_1+U_2}{2}\right)}\right]^{\frac{1}{2}} \tag{5-2}$$

式（5 -2）中，C_2 为耦合度，U_1、U_2 分别代表数字经济系统、区域经济发展方式转变系统的综合评价得分。

本书依据生命周期理论，参考相关研究，结合专家意见，将耦合度评价阶段划分为起步阶段、成长阶段、发展阶段和成熟阶段等四个等级，如表 5 -1 所示。

表 5 -1　耦合度评价等级

耦合度区间	耦合阶段
$0<C2\leqslant 0.3$	起步阶段
$0.3<C2\leqslant 0.5$	成长阶段
$0.5<C2\leqslant 0.8$	发展阶段
$0.8<C2\leqslant 1$	成熟阶段

5.1.2　协调度计算

同样参考姜磊等（2018）的做法，构建数字经济和区域经济发展方式转变的耦合协调度模型，如式（5 -3）和式（5 -4）所示：

$$D=\sqrt{C\cdot T} \tag{5-3}$$

$$T=\lambda_1 U_1+\lambda_2 U_2 \tag{5-4}$$

式（5 -3）和式（5 -4）中，D 为耦合协调度，取值介于［0，1］区间，C 为数字经济与区域经济发展方式转变的耦合度，T 为数字经济与区域经济发展方式转变的综合协调指数，λ_1 和 λ_2 为待定系数，本书借鉴相关研究，结合专家意见，待定系数取 $\lambda_1=0.5$，$\lambda_2=0.5$。耦合协调度的值趋近于 1 时，说明数字经济和区域经济发展方式转变两个系统协调水平更高，耦合协调度的值趋近于 0 时，说明数字经济和区域经济发展方式转变两个系统协调水平更低。借鉴相关研究成果，将耦合协调度的评价划分为 5 个等级，如表 5 -2 所示。

表 5－2　　协调度评价等级

协调度区间	等级	协调程度
0.00～0.19	1 级	严重失调
0.20～0.39	2 级	轻度失调
0.40～0.59	3 级	一般协调
0.60～0.79	4 级	良好协调
0.80～1.00	5 级	优质协调

5.1.3 指标体系的构建

数字经济和区域经济发展方式转变的评价指标体系请参见本书第 4 章的内容，评价方法为熵权法。此处不再赘述。

5.2 耦合协调度分析

根据第 4 章的测度结果，运用耦合协调度模型，进行全国 30 个省份耦合度和协调度的分析，具体耦合度和协调度水平如表 5－3 和表 5－4 所示。我国数字经济和区域经济发展方式转变的耦合度水平总体呈上升趋势，2007 年耦合度为 0.3945，2016 年耦合度为 0.4274，样本期平均耦合度为 0.4143。

表 5－3　　年度耦合度评价指数

地区	2007 年	2008 年	2009 年	2010 年	2011 年	2012 年	2013 年	2014 年	2015 年	2016 年
北京	0.8624	0.8663	0.8629	0.8530	0.8452	0.8381	0.8690	0.8429	0.8538	0.8433
广东	0.6952	0.7167	0.7456	0.7740	0.7949	0.8021	0.8027	0.8121	0.8052	0.8036
江苏	0.6990	0.7043	0.7130	0.7335	0.7406	0.7406	0.7515	0.7517	0.7484	0.7334
上海	0.7438	0.7160	0.7165	0.7085	0.7185	0.7171	0.7009	0.7024	0.7039	0.7174
浙江	0.6122	0.6030	0.5850	0.6020	0.6157	0.6494	0.6304	0.6477	0.6795	0.6725
山东	0.5524	0.5550	0.5638	0.5831	0.5929	0.5927	0.6370	0.6290	0.6159	0.6070

续表

地区	2007 年	2008 年	2009 年	2010 年	2011 年	2012 年	2013 年	2014 年	2015 年	2016 年
天津	0. 4947	0. 5045	0. 4998	0. 5203	0. 5296	0. 5341	0. 5324	0. 5503	0. 5556	0. 5510
辽宁	0. 4088	0. 4183	0. 4223	0. 4424	0. 4619	0. 4704	0. 4766	0. 4915	0. 5030	0. 4834
福建	0. 4772	0. 4680	0. 4830	0. 4935	0. 4951	0. 5006	0. 4896	0. 5042	0. 5134	0. 5116
四川	0. 4013	0. 4018	0. 4056	0. 4131	0. 4170	0. 4133	0. 4254	0. 4268	0. 4321	0. 4394
湖北	0. 3724	0. 3808	0. 3836	0. 3944	0. 3991	0. 4103	0. 4225	0. 4289	0. 4344	0. 4428
陕西	0. 3203	0. 3256	0. 3285	0. 3500	0. 3708	0. 3824	0. 3872	0. 4156	0. 4069	0. 4104
河南	0. 3293	0. 3270	0. 3413	0. 3587	0. 3707	0. 3864	0. 3953	0. 4073	0. 4063	0. 4128
河北	0. 3901	0. 3902	0. 3849	0. 3986	0. 4019	0. 3953	0. 4026	0. 3994	0. 3888	0. 3955
黑龙江	0. 3484	0. 3472	0. 3405	0. 3369	0. 3350	0. 3403	0. 3579	0. 3619	0. 3423	0. 3438
湖南	0. 3601	0. 3576	0. 3637	0. 3679	0. 3628	0. 3646	0. 3576	0. 3706	0. 3699	0. 3752
内蒙古	0. 3089	0. 3039	0. 3184	0. 3342	0. 3449	0. 3526	0. 3485	0. 3586	0. 3577	0. 3599
重庆	0. 3249	0. 3174	0. 3251	0. 3333	0. 3346	0. 3337	0. 3321	0. 3425	0. 3395	0. 3586
安徽	0. 3382	0. 3385	0. 3432	0. 3606	0. 3558	0. 3554	0. 3538	0. 3664	0. 3576	0. 3546
吉林	0. 3099	0. 3117	0. 3456	0. 3414	0. 3443	0. 3497	0. 3388	0. 3458	0. 3328	0. 3315
山西	0. 2814	0. 2836	0. 3001	0. 3075	0. 3105	0. 3036	0. 3026	0. 3111	0. 3103	0. 3062
海南	0. 2752	0. 2728	0. 2756	0. 3143	0. 3261	0. 3138	0. 3102	0. 3193	0. 2948	0. 2890
江西	0. 2917	0. 2707	0. 2809	0. 3143	0. 3211	0. 3156	0. 3111	0. 3304	0. 3173	0. 3135
广西	0. 2844	0. 2798	0. 2970	0. 3083	0. 3089	0. 3058	0. 3057	0. 3071	0. 3043	0. 3087
新疆	0. 2559	0. 2574	0. 2489	0. 2728	0. 2685	0. 2715	0. 2645	0. 2703	0. 2719	0. 2751
云南	0. 2795	0. 2762	0. 2745	0. 2866	0. 2864	0. 2862	0. 2827	0. 2817	0. 2744	0. 2761
宁夏	0. 2247	0. 2127	0. 2166	0. 2204	0. 2400	0. 2475	0. 2517	0. 2473	0. 2237	0. 2402
甘肃	0. 1901	0. 1869	0. 1913	0. 2124	0. 2134	0. 2137	0. 2251	0. 2090	0. 2072	0. 2194
贵州	0. 2156	0. 2136	0. 2149	0. 2304	0. 2236	0. 2192	0. 2248	0. 2241	0. 2140	0. 2351
青海	0. 1878	0. 1949	0. 1885	0. 2004	0. 2021	0. 2130	0. 2126	0. 2093	0. 2088	0. 2120

表 5－4　　　　　　　　年度协调度评价指数

地区	2007 年	2008 年	2009 年	2010 年	2011 年	2012 年	2013 年	2014 年	2015 年	2016 年
北京	0. 8009	0. 8066	0. 8021	0. 7880	0. 7771	0. 7675	0. 8119	0. 7743	0. 7897	0. 7746
广东	0. 5932	0. 6171	0. 6482	0. 6826	0. 7090	0. 7186	0. 7194	0. 7318	0. 7225	0. 7207

续表

地区	2007 年	2008 年	2009 年	2010 年	2011 年	2012 年	2013 年	2014 年	2015 年	2016 年
江苏	0. 6053	0. 6141	0. 6208	0. 6374	0. 6434	0. 6411	0. 6556	0. 6548	0. 6498	0. 6314
上海	0. 6428	0. 6059	0. 6065	0. 5971	0. 6095	0. 6081	0. 5884	0. 5918	0. 5912	0. 6113
浙江	0. 4826	0. 4736	0. 4479	0. 4674	0. 4833	0. 5238	0. 5024	0. 5232	0. 5626	0. 5540
山东	0. 4271	0. 4333	0. 4386	0. 4602	0. 4722	0. 4736	0. 5166	0. 5099	0. 4994	0. 4888
天津	0. 3479	0. 3594	0. 3543	0. 3771	0. 3871	0. 3916	0. 3892	0. 4097	0. 4146	0. 4102
辽宁	0. 2641	0. 2721	0. 2765	0. 2963	0. 3146	0. 3234	0. 3295	0. 3450	0. 3574	0. 3420
福建	0. 3315	0. 3224	0. 3378	0. 3469	0. 3483	0. 3544	0. 3426	0. 3584	0. 3685	0. 3684
四川	0. 2566	0. 2564	0. 2596	0. 2658	0. 2693	0. 2658	0. 2776	0. 2788	0. 2843	0. 2927
湖北	0. 2273	0. 2353	0. 2378	0. 2479	0. 2522	0. 2636	0. 2746	0. 2810	0. 2864	0. 2950
陕西	0. 1834	0. 1869	0. 1915	0. 2078	0. 2259	0. 2365	0. 2411	0. 2682	0. 2599	0. 2641
河南	0. 1898	0. 1881	0. 1998	0. 2150	0. 2258	0. 2414	0. 2489	0. 2610	0. 2597	0. 2661
河北	0. 2495	0. 2474	0. 2421	0. 2535	0. 2558	0. 2490	0. 2566	0. 2532	0. 2442	0. 2503
黑龙江	0. 2057	0. 2047	0. 1987	0. 1957	0. 1940	0. 1995	0. 2147	0. 2177	0. 2018	0. 2053
湖南	0. 2173	0. 2146	0. 2200	0. 2237	0. 2196	0. 2206	0. 2139	0. 2256	0. 2250	0. 2299
内蒙古	0. 1726	0. 1689	0. 1814	0. 1943	0. 2033	0. 2095	0. 2058	0. 2149	0. 2140	0. 2165
重庆	0. 1852	0. 1795	0. 1854	0. 1925	0. 1936	0. 1933	0. 1920	0. 2010	0. 1980	0. 2147
安徽	0. 2073	0. 2064	0. 2087	0. 2215	0. 2168	0. 2154	0. 2117	0. 2229	0. 2143	0. 2112
吉林	0. 1740	0. 1745	0. 2044	0. 2006	0. 2031	0. 2095	0. 1986	0. 2042	0. 1922	0. 1909
山西	0. 1506	0. 1527	0. 1648	0. 1706	0. 1731	0. 1676	0. 1672	0. 1738	0. 1731	0. 1710
海南	0. 1493	0. 1462	0. 1491	0. 1780	0. 1868	0. 1779	0. 1728	0. 1804	0. 1606	0. 1592
江西	0. 1575	0. 1410	0. 1493	0. 1773	0. 1837	0. 1796	0. 1740	0. 1920	0. 1788	0. 1755
广西	0. 1518	0. 1481	0. 1619	0. 1713	0. 1717	0. 1694	0. 1692	0. 1702	0. 1678	0. 1715
新疆	0. 1296	0. 1307	0. 1242	0. 1431	0. 1394	0. 1416	0. 1368	0. 1408	0. 1418	0. 1448
云南	0. 1537	0. 1522	0. 1516	0. 1594	0. 1597	0. 1580	0. 1530	0. 1539	0. 1451	0. 1455
宁夏	0. 1065	0. 0983	0. 1017	0. 1046	0. 1176	0. 1232	0. 1269	0. 1231	0. 1058	0. 1200
甘肃	0. 0837	0. 0811	0. 0838	0. 0979	0. 0987	0. 0992	0. 1069	0. 0958	0. 0945	0. 1052
贵州	0. 1026	0. 0998	0. 0998	0. 1116	0. 1059	0. 1030	0. 1069	0. 1069	0. 0990	0. 1142
青海	0. 0820	0. 0877	0. 0821	0. 0906	0. 0913	0. 0990	0. 0981	0. 0958	0. 0960	0. 0976

同理，我国数字经济和区域经济发展方式转变的协调度水平总体也呈上升趋势，2007年协调度为0.2677，2016年协调度为0.2981，样本期平均协调度为0.2853。

5.3 时空演变分析

5.3.1 时间演变特征

根据前述耦合度计算结果，2007～2016年度的耦合度总体呈上升趋势，耦合度由2007年度的0.3945上升到2016年度的0.4274，说明我国省域数字经济与区域经济发展方式转变的耦合水平不断提升。

2007～2016年度的协调度总体也呈上升趋势，协调度由2007年度的0.2677上升至2016年度的0.2981，说明我国省域数字经济与区域经济发展方式转变的协调水平不断提高。

如图5－1所示，我国省域耦合度水平要高于协调度水平。

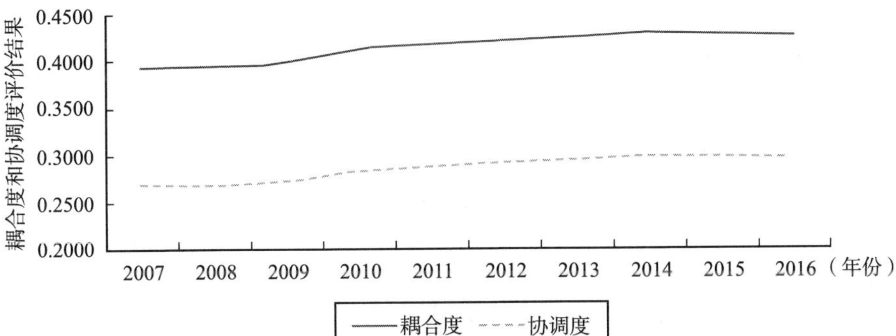

图5－1 历年耦合度和协调度水平

5.3.2 空间演变特征

根据前述计算结果，从耦合度来看，北京市耦合度水平最高，是唯一耦合水平达到成熟阶段的地区；广东、江苏、上海、浙江、山东和天津6

个省份处于耦合发展阶段；辽宁、福建、四川、湖北、陕西、河南、河北、黑龙江、湖南、内蒙古、重庆、安徽、吉林、山西、海南、江西和广西 17 个省份处于耦合成长阶段；新疆、云南、宁夏、甘肃、贵州和青海处于耦合起步阶段。如图 5－2 所示，处于耦合成熟阶段和耦合发展阶段的省份均来自东部沿海地区，而中部地区和西部地区处于耦合水平较低的起步和成长阶段。

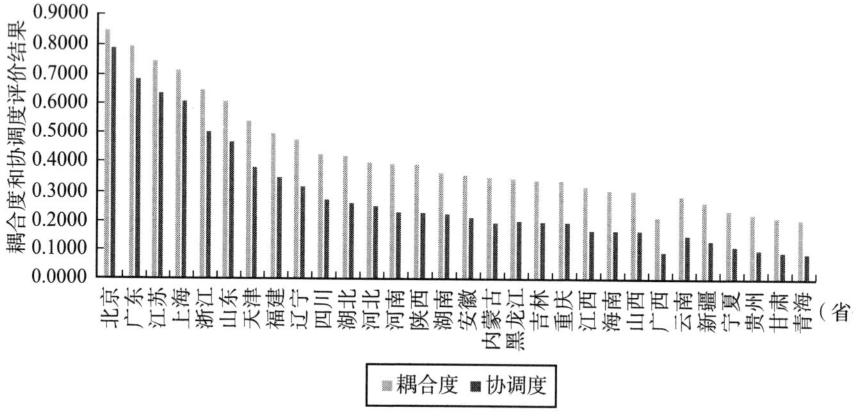

图 5－2　省域耦合度和协调度水平

从协调度来看，没有达到优质协调的地区，北京、广东、江苏和上海 4 个省份处于良好协调的阶段，浙江和山东 2 个省份处于一般协调的阶段，天津、福建、辽宁、四川、湖北、河北、河南、陕西、湖南、安徽和黑龙江 11 个省份处于轻度失调的阶段，内蒙古、吉林、重庆、江西、山西、海南、广西、云南、新疆、宁夏、贵州、甘肃和青海 13 个省份则处于严重失调的阶段。总体来看，我国数字经济和区域经济发展方式转变的协调水平不高，协调度较好的省份主要位于东部地区，广大中西部地区协调水平堪忧，如图 5－2 所示。

综上所述，我国省域数字经济和区域经济发展方式转变的耦合度和协调度总体呈上升趋势，但两系统的耦合度水平较高，而协调度水平较低。耦合度和协调度呈现典型的空间分布不均衡状态，东部地区的耦合度和协调度水平均高于中西部地区。

5.4　本章小结

本章采用耦合协调度模型，计算数字经济和区域经济发展方式转变的综合得分，进行耦合度和协调度分析。

从时间维度看，我国省域耦合度总体呈上升趋势，耦合度由 2007 年的 0.3945 上升到 2016 年的 0.4274，说明我国省域数字经济与区域经济发展方式转变的耦合度水平不断提升。我国省域的协调度总体也呈上升趋势，协调度由 2007 年的 0.2677 上升至 2016 年的 0.2981，说明我国省域数字经济与区域经济发展方式转变的协调度不断提高。

从空间维度看，我国省域耦合度和协调度均呈现空间分布不均衡现象，东部地区耦合度和协调度水平总体高于中西部地区，应重点关注数字经济和区域经济发展方式转变的协调发展和均衡发展问题。

第6章　数字经济驱动区域经济发展方式转变的直接效应

数字经济对区域经济发展方式转变的影响效应是本书关注的重点，本书从直接效应、间接效应、门槛效应和空间效应四个方面进行探究，为摸清数字经济对区域经济发展方式转变的规律提供一定借鉴。

6.1　直接效应分析

6.1.1　模型设定

根据前人研究和研究目标，本书的模型设定如式（6－1）所示：

$$\begin{aligned} dchange_{it} = \alpha &+ \beta_1 diec_{it} + \beta_2 finance_{it} + \beta_3 lnpgdp2_{it} + \beta_4 lnopen_{it} \\ &+ \beta_5 market_{it} + \beta_6 gov_{it} + \beta_7 upgrade_{it} + \beta_8 hcap_{it} \\ &+ \beta_9 lnpat_{it} + \mu_i + \omega_t + \varepsilon_{it} \end{aligned} \tag{6-1}$$

式（6－1）中，i 表示省份，t 表示时间，dchange 表示区域经济发展方式转变，diec 表示数字经济，finance 表示金融支持，upgrade 表示产业结构升级，gov 表示政府规制，pat 表示创新水平，market 表示市场化，open 表示对外开放，hcap 表示人力资本，pgdp2 表示经济发展水平，ε 表示随机扰动项。同时，为控制不可观测的个体和时间的影响，分别加入地区固定效应 i 和时间固定效应 t。

6.1.2　变量选择

1. 被解释变量

本书的被解释变量为区域经济发展方式转变，根据第 4 章构建的区域经济发展方式转变的评价指标体系，主要从创新驱动发展、绿色发展和居民福祉三个方面进行测度，采用综合评价指数来表示。

2. 核心解释变量

本书的核心解释变量为数字经济，根据第 4 章构建的数字经济评价指标体系，主要从技术基础力、经济支撑力、服务应用力、资源驱动力和产数融合力 5 个方面进行测度，采用综合评价结果来表示。

3. 控制变量

分析数字经济对区域经济发展方式转变的影响，还需要考虑除数字经济外其他因素的影响，才能使得研究结论具有可信性。根据相关文献，控制变量主要选择金融支持、产业结构升级、政府规制、创新水平、市场化、对外开放、人力资本和经济发展水平 8 个变量。具体说明如下。

（1）金融支持（finance）。金融发展能够改善创新型企业融资成本，促进创新要素优化配置。同时，金融发展对促进创新产出和产业转型升级都有积极作用，能对区域经济发展方式转变提供重要支持（易信和刘凤良，2015；李晓龙等，2017；惠玮和韩先锋，2016）。本书采用金融机构年末存贷款余额与 GDP 的比值来表示。

（2）产业结构升级（upgrade）。我国正从劳动密集型产业向资本密集、技术密集和知识密集型产业转型升级的进程中（张桂文和孙亚南，2014），产业结构转型升级对区域经济发展方式转变具有推动作用。产业结构高级化和合理化是衡量三次产业比例是否协调的重要参考，因此，产业结构升级常用产业结构的高级化和合理化来测量。本书采用第三产业和第二产业的产值之比来表示。

（3）政府规制（gov）。数字经济发展离不开市场，更需要政府的宏观调控，数字经济的基础设施建设离不开政府的支持。数字经济发展的初期，需要大规模的数字化基础设施建设，政府扮演更重要的角色。随着数字经济的发展和成熟，市场在资源配置中的作用越发重要，此时，政府的过多干预则会影响数字经济的健康发展（孙小礼，2000）。本书采用政府财政支出占 GDP 的比值来表示。

（4）创新水平（pat）。对区域经济来说，创新驱动发展是关键因素，常见的衡量创新水平的指标是专利申请和授权数量，也有很多学者采用综合评价指标，如寇宗来和刘学悦（2017）发布的《中国城市和产业创新力报告》的创新指数，中国科技发展战略研究小组和中国科学院大学中国创新创业管理研究中心编制的《中国区域创新能力评价报告》，都对我国创新水平进行了深入研究。考虑数据可得性，本书采用专利授权数来表示。

（5）市场化（market）。市场化对区域创新资源优化配置和区域经济发展等都具有促进作用。自 1992 年我国建立社会主义市场经济体制以来，我国的市场化改革取得了巨大成就。本书采用非国有企业员工占比来表示。

（6）对外开放（open）。改革开放初期，我国大多企业出口原材料和低端产品，被“锁定”在产业链的低端，片面追求贸易规模扩张，忽视技术创新和贸易技术提升，导致贸易开放与区域创新效率和质量不协调，多数企业停留在低成本技术路径和模仿生产阶段。随着我国经济发展和产业升级，创新驱动已经成为高质量发展的重要引擎，贸易开放将助力我国在全球价值链中不断攀升。本书采用人民币表示的进出口总额与 GDP 的比值来表示。

（7）人力资本（hcap）。通常采用平均受教育年限来表示，很多学者先将省域居民受教育程度划分为小学、初中、高中、大专及以上四个阶段，分别用不同受教育程度居民人数占 6 岁以上人口的比重乘以对应的平均受教育年限，其权重分别为 6、9、12 和 16，求和即可得到人力资本的指标（韩先锋等，2019）。本书也采用这种做法进行人力资本的测算。

（8）经济发展水平（pgdp2）。区域经济发展水平对数字经济的发展具有积极促进作用。由于我国区域经济发展差异较大，东中西部发展不平衡，经济发展水平高的东部地区数字化基础设施更加完善，居民数字消费水平更高，产业数字化和数字产业化水平更强，营商环境更优，这些都对数字经济发展有良好支持作用。中西部地区经济发展水平弱于东部地区，经济发展质量有待提高，数字化基础设施和数字经济发展水平均需“补短板”。本书采用地区生产总值与地区总人口的比值来表示。

6.1.3　描述性统计分析

本书对数字经济、区域经济发展方式转变、金融支持、产业结构升级、政府规制、创新水平、市场化、对外开放、人力资本、经济发展水平10个变量进行描述性统计，主要呈现了均值、标准差、25分位数、50分位数、75分位数、最小值和最大值，具体如表6-1所示。

表6-1　描述性统计

变量	均值	标准差	25分位	50分位	75分位	最小值	最大值
dchange	0.2164	0.1913	0.0957	0.1378	0.2508	0.0318	0.8099
diec	0.1928	0.1738	0.0863	0.1223	0.2389	0.0315	0.7373
finance	1.6546	0.7350	1.2719	1.4983	1.8075	0.1083	5.5866
lnpgdp2	10.4686	0.5432	10.1061	10.4800	10.8356	8.9718	11.6801
lnopen	3.1993	0.9754	2.8028	3.3737	3.8282	-0.5427	4.8504
market	0.7070	0.1035	0.6245	0.7227	0.7851	0.4401	0.8857
gov	0.2247	0.0964	0.1602	0.2076	0.2496	0.0874	0.6269
upgrade	0.9755	0.5466	0.6900	0.8300	0.9900	0.5000	4.1700
lnhcap	4.7995	0.7525	4.4166	4.6660	4.9408	3.9014	8.4016
lnpat	9.3339	1.5450	8.3548	9.3537	10.4360	5.4027	12.5060

资料来源：Stata统计输出。

为避免多重共线性对回归结果的影响，本书采用方差膨胀系数法进行多重共线性检验，检验结果如表6-2所示，所有变量的方差膨胀系数均低于10，最大为7.33，最小为1.40，说明多重共线性问题不严重，不会对估计结果产生较大影响。

表 6 – 2　　方差膨胀系数

变量	VIF	1/VIF
finance	7. 33	0. 136391
upgrade	5. 04	0. 198520
diec	4. 53	0. 220642
gov	3. 57	0. 280207
lnpat	3. 27	0. 305733
lnpgdp2	2. 54	0. 394294
market	2. 27	0. 439814
lnopen	2. 00	0. 500948
hcap	1. 40	0. 713345
Mean VIF	3. 55	

资料来源：Stata 统计输出。

本书的核心问题是数字经济对区域经济发展方式转变的影响效应，根据第 4 章构建的评价指标体系，汇总数字经济和区域经济发展方式转变的综合评价指数，进一步展示了数字经济和区域经济发展方式转变的演变趋势，如图 6 – 1 和图 6 – 2 所示。图 6 – 1 和图 6 – 2 中的数字分别代表各省份，具体如下：1 – 北京，2 – 天津，3 – 河北，4 – 山西，5 – 内蒙古，6 – 辽宁，7 – 吉林，8 – 黑龙江，9 – 上海，10 – 江苏，11 – 浙江，12 – 安徽，13 – 福建，14 – 江西，15 – 山东，16 – 河南，17 – 湖北，18 – 湖南，19 – 广东，20 – 广西，21 – 海南，22 – 重庆，23 – 四川，24 – 贵州，25 – 云南，26 – 陕西，27 – 甘肃，28 – 青海，29 – 宁夏，30 – 新疆。

6. 1. 4　结果分析

1. 基本回归结果

从核心解释变量来看，数字经济对区域经济发展方式转变产生显著正向影响，在 1% 水平显著为正。由表 6 – 3 可以看出，无论是混合 OLS 回归、固定个体效应、个体时间双固定效应，还是稳健标准误的双固定效应，均发现数字经济对区域经济发展方式转变产生积极促进作用。

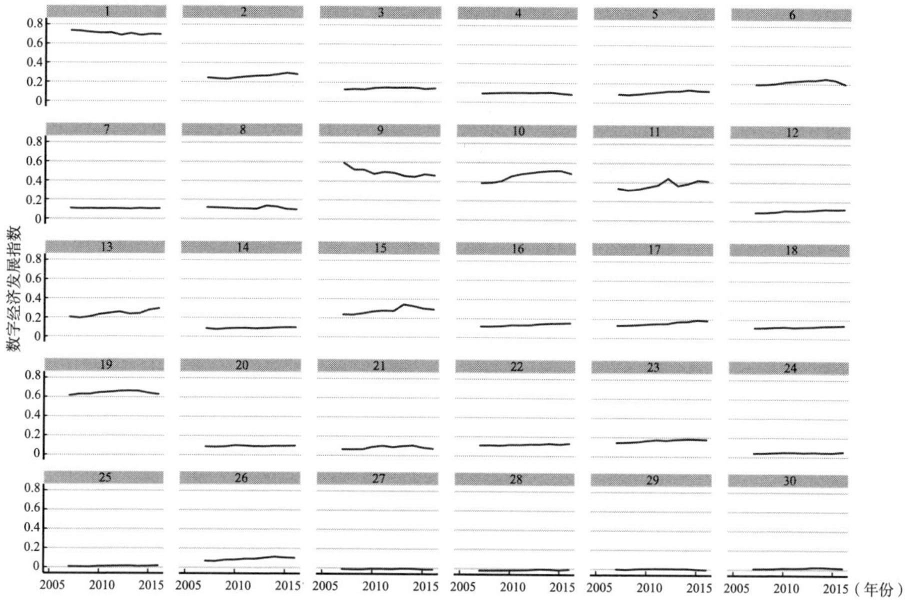

图6－1　省域数字经济发展趋势

资料来源：Stata统计输出。

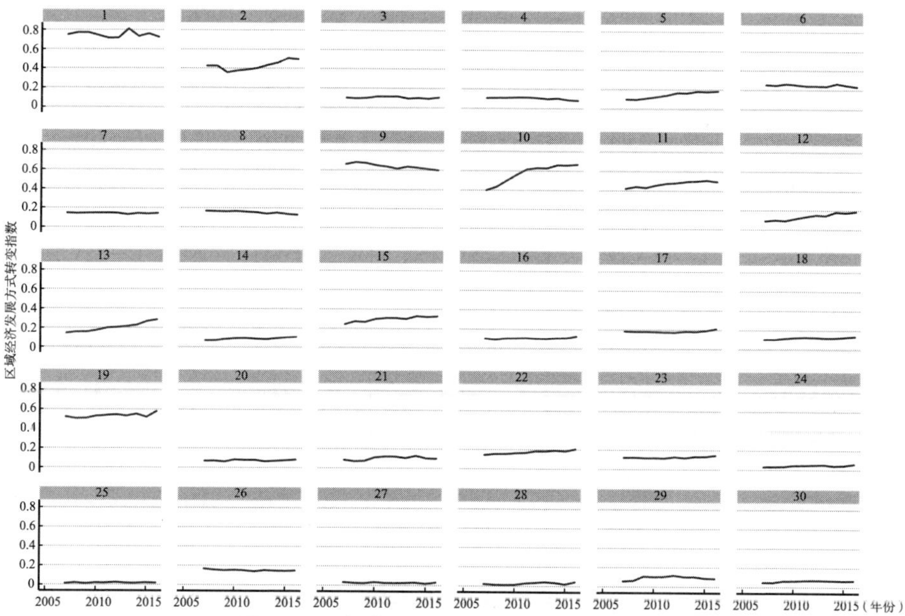

图6－2　省域区域经济发展方式转变趋势

资料来源：Stata统计输出。

表 6-3　　基本回归结果分析

变量	OLS	FE	FE	FE
	混合回归	固定个体	双固定	稳健标准误双固定
	dchange	dchange	dchange	dchange
diec	0. 868*** (26. 55)	0. 924*** (12. 21)	0. 972*** (12. 39)	0. 972*** (3. 50)
finance	0. 0103 (1. 05)	-0. 0174* (-1. 96)	-0. 0178* (-1. 80)	-0. 0178 (-1. 65)
lnpgdp2	0. 0701*** (8. 96)	-0. 0194* (-1. 69)	-0. 00588 (-0. 28)	-0. 00588 (-0. 22)
lnopen	0. 00848** (2. 19)	-0. 00891*** (-2. 88)	-0. 00789** (-2. 50)	-0. 00789* (-1. 85)
market	-0. 131*** (-3. 37)	-0. 0225 (-0. 68)	-0. 0262 (-0. 72)	-0. 0262 (-0. 36)
gov	-0. 147*** (-2. 82)	0. 0174 (0. 30)	0. 0498 (0. 82)	0. 0498 (0. 59)
upgrade	0. 000867 (0. 08)	0. 00420 (0. 49)	0. 00338 (0. 30)	0. 00338 (0. 18)
hcap	0. 0000212*** (4. 87)	0. 0000488*** (3. 21)	0. 0000627*** (3. 81)	0. 0000627** (2. 53)
lnpat	-0. 00807** (-2. 58)	0. 0159*** (2. 93)	0. 0194*** (3. 30)	0. 0194** (2. 13)
_cons	-0. 534*** (-8. 01)	0. 146** (2. 09)	-0. 0355 (-0. 17)	-0. 0355 (-0. 13)
个体效应		控制	控制	控制
时间效应			控制	控制
N	300	300	300	300
R^2	0. 9435	0. 5680	0. 5870	0. 5870
Adj R^2	0. 9418			
F	538. 50	38. 13	19. 90	17. 65

注：括号内是 t 值，* 表示 p<0. 1，** 表示 p<0. 05，*** 表示 p<0. 01。
资料来源：Stata 统计输出。

从控制变量的回归结果来看，以双固定效应为例，创新水平、人力资本的影响在1%水平显著为正，说明创新水平和人力资本对区域经济发展方式转变具有积极促进作用，而金融支持和对外开放则分别在10%和5%水平显著为负，说明金融支持、对外开放对区域经济发展方式转变起抑制作用。政府规制和产业结构升级对区域经济发展方式转变虽然有促进作用，但是不显著，而经济发展水平和市场化对区域经济发展方式转变起抑制作用，也不显著。

2. 异质性分析

我国幅员辽阔、资源禀赋差异较大，本书将30个省份划分成东中西部进行异质性检验。其中，东部地区包括北京、天津、辽宁、河北、山东、江苏、上海、浙江、福建、广东、海南11个省份；中部地区包括湖北、湖南、江西、安徽、河南、山西、黑龙江和吉林8个省份；西部地区包括广西、贵州、云南、重庆、四川、陕西、甘肃、青海、宁夏、内蒙古和新疆11个省份。

由表6-4可知，东部和西部地区的数字经济发展对区域经济发展方式转变具有显著的促进作用，至少在5%水平显著为正，东部地区系数为0.749，高于西部地区的0.493，而中部地区系数为负，且不显著。

表6-4　　东中西部异质性分析

变量	全国（1）	东（2）	中（3）	西（4）
	dchange	dchange	dchange	dchange
diec	0.972*** (12.39)	0.749*** (5.27)	-0.0405 (-0.28)	0.493** (2.24)
finance	-0.0178* (-1.80)	-0.0129 (-0.77)	0.0432 (1.57)	0.0000887 (0.01)
lnpgdp2	-0.00588 (-0.28)	0.0436 (0.88)	0.145*** (3.72)	0.0244 (0.93)
lnopen	-0.00789** (-2.50)	-0.0186** (-2.01)	0.0181*** (3.06)	-0.00762*** (-2.76)
market	-0.0262 (-0.72)	-0.0808 (-0.95)	-0.137*** (-3.01)	-0.0142 (-0.38)

续表

变量	全国（1）	东（2）	中（3）	西（4）
	dchange	dchange	dchange	dchange
gov	0.0498 (0.82)	-0.238 (-0.94)	-0.124 (-0.81)	0.0695 (1.08)
upgrade	0.00338 (0.30)	0.000281 (0.01)	0.00935 (0.68)	0.0211 (1.45)
hcap	0.0000627*** (3.81)	0.0000710*** (3.04)	0.00101*** (3.69)	0.00119*** (3.36)
lnpat	0.0194*** (3.30)	0.0764*** (5.04)	0.0167*** (3.24)	-0.0189*** (-2.64)
_cons	0.0268 (0.10)	-0.793 (-1.41)	-1.521*** (-3.81)	-0.134 (-0.49)
个体效应	控制	控制	控制	控制
时间效应	控制	控制	控制	控制
N	300	110	80	110
R^2	0.9920	0.9911	0.9631	0.9636
Adj R^2	0.9906	0.9880	0.9459	0.9510
F	668.28	320.95	56.30	76.52

注：括号内是 t 值，* 表示 $p<0.1$，** 表示 $p<0.05$，*** 表示 $p<0.01$。
资料来源：Stata 统计输出。

由于数字经济发展与信息化发展水平关系密切，本书选择国家信息中心编制的《中国信息社会测评报告 2014》的指数，按照社会信息化水平划分成高中低三类地区，高信息化地区包括：北京、上海、浙江、天津、江苏、广东、福建、辽宁、山东和陕西；中信息化地区包括：湖北、海南、山西、吉林、重庆、内蒙古、黑龙江、河北、安徽和湖南；低信息化地区包括：四川、宁夏、河南、青海、新疆、江西、广西、云南、甘肃和贵州。

由表 6-5 可知，高中低信息化地区的数字经济发展对区域经济发展方式转变均具有显著的促进作用，且在 1% 水平显著为正，高信息化地区系数为 0.903，中信息化地区系数为 0.743，低信息化地区系数为 0.703。由此可知，信息化水平高的地区，数字经济对区域经济发展方式转变的驱动作用高于中低信息化地区，中信息化地区数字经济对区域经济发展方式转变的影响高于低信息化地区，这说明信息化环境对数字经济驱动区域经济发展方式转变具有积极作用。

表 6-5　社会信息化异质性分析

变量	全国（1）	高（2）	中（3）	低（4）
	dchange	dchange	dchange	dchange
diec	0.972 *** (12.39)	0.903 *** (5.94)	0.743 *** (5.32)	0.703 *** (3.81)
finance	-0.0178 * (-1.80)	-0.0477 * (-1.92)	-0.00152 (-0.15)	-0.0299 ** (-2.49)
lnpgdp2	-0.00588 (-0.28)	-0.0423 (-0.70)	0.0782 *** (3.36)	0.0721 *** (3.86)
lnopen	-0.00789 ** (-2.50)	-0.0356 *** (-3.13)	-0.00157 (-0.30)	-0.00384 * (-1.93)
market	-0.0262 (-0.72)	-0.138 (-1.36)	-0.212 *** (-5.30)	0.0509 * (1.79)
gov	0.0498 (0.82)	0.616 (1.58)	-0.200 * (-1.67)	0.115 *** (2.68)
upgrade	0.00338 (0.30)	0.0312 (0.91)	0.0275 ** (2.45)	0.0304 *** (2.77)
hcap	0.0000627 *** (3.81)	0.0000895 *** (3.21)	0.00106 *** (3.47)	0.000209 (0.75)
lnpat	0.0194 *** (3.30)	0.0571 *** (3.65)	0.0161 *** (2.77)	0.000351 (0.07)
_cons	0.0268 (0.10)	0.236 (0.34)	-0.827 *** (-3.64)	-0.712 *** (-3.80)
个体效应	控制	控制	控制	控制
时间效应	控制	控制	控制	控制
N	300	100	100	100
R^2	0.9920	0.9867	0.9355	0.9582
Adj R^2	0.9906	0.9816	0.9113	0.9425
F	668.28	197.15	38.66	61.09

注：括号内是 t 值，* 表示 $p<0.1$，** 表示 $p<0.05$，*** 表示 $p<0.01$。
资料来源：Stata 统计输出。

6.1.5 内生性问题分析

常见的内生性问题主要有遗漏变量、双向因果关系和测量误差三个方面，本书已经在前述研究中对可能存在的内生性问题较为重视，并进行了相关处理。第一，关于数据质量问题，由于数字经济和区域经济发展方式转变涉及内容较为广泛和复杂，本书未选择单一指标方式进行测量，而是构建了数字经济和区域经济发展方式转变的评价指标体系，分别包括5个一级指标和3个一级指标，这对提高数据质量，弱化内生性问题有较大作用。第二，遗漏变量导致的内生性问题也是常见的问题之一，本书主要采用控制变量方式进行处理，尽可能在前人研究基础上加入控制变量，选择了8个控制变量，并采用双固定模型进行估计，尽可能处理出现的内生性问题。第三，关于互为因果关系引致的内生性问题，本书采用两阶段最小二乘法和系统GMM的方法进行动态面板估计，估计结果仍然较为稳健。

如果存在内生性问题，采用传统的混合OLS回归、固定效应等模型可能会导致估计结果产生有偏性和不一致，进而影响结论的可信性。鉴于此，为尽量避免数字经济与区域经济发展方式转变存在内生性问题，本书借鉴韩先锋（2019）、郭家堂和骆品亮等（2016）的做法，采用两阶段最小二乘法进行估计，即先选择diec滞后一期作为被解释变量进行回归，之后选择diec的滞后一期作为当期的diec工具变量，运用固定效应的两阶段最小二乘法进行估计，回归结果见表6－6，可以看出两种结果不存在明显差异。

表6－6　　滞后1～2期和两阶段最小二乘法估计结果

变量	滞后1期（1）	滞后2期（2）	2SLS（3）
	dchange	dchange	dchange
diec			1.278*** (9.24)
L. diec	0.748*** (9.40)		

续表

变量	滞后1期（1）	滞后2期（2）	2SLS（3）
	dchange	dchange	dchange
L2. diec		0.545*** (7.17)	
lnpgdp2	-0.0178 (-1.39)	-0.00344 (-0.26)	-0.0333** (-2.44)
finance	-0.0133 (-1.23)	-0.0184 (-1.61)	-0.00801 (-0.72)
market	-0.00246 (-0.07)	0.0315 (0.86)	0.0399 (1.09)
upgrade	-0.0150 (-1.57)	-0.0160 (-1.50)	-0.00302 (-0.31)
hcap	0.0000446** (2.03)	0.0000536 (1.31)	0.0000202 (0.93)
lnpat	0.0167*** (2.89)	0.0130** (2.04)	0.0104* (1.75)
gov	0.0566 (0.88)	0.0151 (0.18)	0.111* (1.66)
open	-0.000283** (-2.44)	-0.000193 (-1.53)	-0.000361*** (-3.12)
_cons	0.129* (1.66)	0.0431 (0.52)	0.193** (2.38)
N	270	240	270
R^2	0.5248	0.4227	0.5084
F	49.95	49.95	47.74

注：括号内是t值，*表示 $p<0.1$，**表示 $p<0.05$，***表示 $p<0.01$。
资料来源：Stata统计输出。

如果面板数据误差项存在自相关和异方差问题，则2SLS的估计结果虽然是一致性估计量，但却不是有效估计量，两阶段最小二乘法的估计结果仍然有偏。林伯强和杜之利（2018）认为GMM方法比2SLS方法更加有效，因此，本书采用系统GMM进行动态面板分析。常见的动态面板分析主要包括：差分GMM和系统GMM，差分GMM模型最早是由阿雷拉诺和邦德（Arellano and Bond，1991）提出的，具体做法如下：首先是对估计模型进行一阶差分，消除固定效应的影响；其次是基于安德森和萧（Anderson and Hsiao，1981）的方法，将所有可能的滞后变量作为工具变量，保证获得差分GMM的一致性估计结果。差分GMM方法相较传统方法具有更高的效率，能够有效解决内生性问题，得到了广泛应用。但在小样本情况下，差分GMM方法会损失部分样本信息，进而减弱工具变量的有效性，布隆代尔和邦德（Blundell and Bond，1998）在此基础上，将差分GMM和水平GMM结合在一起，提出了系统GMM方法。一方面，该方法将差分GMM的变量滞后项作为水平GMM的工具变量，使得可用工具变量增加；另一方面，系统GMM将差分方程和水平方程作为一个方程进行估计，能够控制模型中可能存在的内生性问题，进而提高模型估计的有效性。系统GMM的一致性估计需要具备两个基本条件：第一，模型的随机扰动项不存在序列相关；第二，工具变量不存在过度识别问题（马微和惠宁，2018）。本书采用残差序列相关性检验AR（n）和Hansen J检验进行分析和检验。

由表6－7可以看出，首先，工具变量的有效性检验Hansen Test在10%的显著性水平上不能拒绝过度识别的原假设，表明本书选取的工具变量不存在过度识别问题。其次，一阶序列相关性检验的结果AR（1）显著，表明存在一阶序列相关，即存在内生性问题，二阶序列相关性检验的结果AR（2）不显著，表明不存在二阶序列相关，即内生性问题得以克服。因此，系统GMM估计结果是有效的。

为进一步验证估计结果的有效性，本书在前述系统GMM基础上，同时采用混合OLS回归和固定效应模型进行估计。由于混合OLS回归通常会高估滞后项系数，固定效应模型通常会低估滞后项系数，因此，如果系统GMM的估计系数介于混合OLS模型和固定效应模型估计值之间，则说明估计结果是有效的（马微，2019）。

表 6－7　　系统 GMM 估计结果

变量	(1)	(2)	(3)	(4)	(5)	(6)	(7)	(8)	(9)
	dchange	dchange	dchange	dchange	dchange	dchange	dchange	dchange	dchange
L. dchange	0.856*** (17.91)	0.883*** (16.80)	0.871*** (17.65)	0.871*** (17.85)	0.877*** (17.38)	0.876*** (18.58)	0.878*** (17.19)	0.867*** (17.88)	0.894*** (17.73)
diec	0.154*** (3.00)	0.135*** (2.63)	0.114*** (3.17)	0.113*** (3.22)	0.115*** (3.19)	0.116*** (3.42)	0.114*** (3.17)	0.133*** (3.75)	0.0821** (2.37)
finance		−0.00352 (−1.64)	−0.000969 (−0.42)	−0.000766 (−0.33)	−0.00243 (−0.98)	−0.00321 (−0.83)	−0.00320 (−0.90)	−0.00488 (−1.28)	−0.00591* (−1.81)
lnpgdp2			0.0146** (2.15)	0.0142** (2.04)	0.0138** (1.98)	0.0142** (2.20)	0.0139** (2.08)	0.0149** (2.08)	0.0164** (2.02)
lnopen				0.000374 (0.35)	0.00129 (1.14)	0.00128 (1.13)	0.00132 (1.15)	0.00162 (1.19)	0.00138 (1.17)
market					−0.0193* (−1.83)	−0.0204* (−1.80)	−0.0206* (−1.81)	−0.0140 (−1.25)	−0.00845 (−0.80)
upgrade						0.00121 (0.41)	0.00106 (0.37)	0.00116 (0.38)	0.00433 (1.25)
hcap							−1.38e−08 (−0.01)	0.000000397 (0.44)	−0.000000598 (−0.57)

续表

变量	(1)	(2)	(3)	(4)	(5)	(6)	(7)	(8)	(9)
	dchange	dchange	dchange	dchange	dchange	dchange	dchange	dchange	dchange
gov								0.0237 (1.00)	0.0496** (2.14)
lnpat									0.00424** (2.27)
_cons	0.00820*** (4.44)	0.0125*** (5.87)	−0.135* (−1.93)	−0.132* (−1.86)	−0.133* (−1.73)	−0.136* (−1.89)	−0.133* (−1.80)	−0.154** (−2.04)	−0.221** (−2.26)
N	270	270	270	270	270	270	270	270	270
AR(1)	0.0514	0.0480	0.0500	0.0501	0.0526	0.0531	0.0525	0.0501	0.0542
AR(2)	0.107	0.0985	0.107	0.108	0.112	0.113	0.113	0.107	0.116
Sargan	33.39 (0.000)	31.40 (0.000)	32.11 (0.000)	32.24 (0.000)	32.03 (0.000)	32.02 (0.000)	32.03 (0.000)	32.06 (0.000)	33.30 (0.000)
Hansen	7.25 (0.510)	7.03 (0.534)	7.18 (0.518)	7.14 (0.521)	6.95 (0.542)	6.95 (0.542)	6.94 (0.544)	7.14 (0.522)	6.84 (0.554)

注：括号内是 t 值，* 表示 $p<0.1$，** 表示 $p<0.05$，*** 表示 $p<0.01$。
资料来源：Stata 统计输出。

具体估计结果如表 6-8 所示，可以看出，系统 GMM 的估计系数为 0.894，混合 OLS 回归的估计系数为 0.957，固定效应模型的估计系数为 0.548，系统 GMM 估计结果介于混合 OLS 回归和固定效应模型估计结果之间，说明估计结果具有稳健性。

表 6-8　　　　　系统 GMM、混合 OLS 和 FE 估计结果

变量	OLS (1)	GMM (2)	FE (3)
	dchange	dchange	dchange
L. dchange	0.957*** (43.06)	0.894*** (17.73)	0.548*** (12.03)
diec	0.0652*** (2.91)	0.0821** (2.37)	0.429*** (5.95)
finance	-0.00612* (-1.67)	-0.00591* (-1.81)	-0.00854 (-1.05)
lnpgdp2	0.00425 (1.23)	0.0164** (2.02)	-0.0153 (-1.58)
lnopen	0.00183 (1.27)	0.00138 (1.17)	-0.00285 (-1.10)
market	-0.00505 (-0.35)	-0.00845 (-0.80)	0.0319 (1.18)
upgrade	-0.00150 (-0.37)	0.00433 (1.25)	-0.00597 (-0.83)
hcap	-0.00000177 (-1.05)	-0.000000598 (-0.57)	-0.00000878 (-0.54)
gov	0.0246 (1.26)	0.0496** (2.14)	0.0414 (0.84)
lnpat	0.000506 (0.42)	0.00424** (2.27)	0.00954** (2.14)
_cons	-0.0449 (-1.46)	-0.221** (-2.26)	0.0876 (1.45)
N	270	270	270

续表

变量	OLS（1）	GMM（2）	FE（3）
	dchange	dchange	dchange
AR（1）		0.054	
AR（2）		0.116	
Sargan		33.30 (0.000)	
Hansen		6.84 (0.554)	

注：括号内是t值，* 表示 $p<0.1$，** 表示 $p<0.05$，*** 表示 $p<0.01$。
资料来源：Stata 统计输出。

6.1.6 稳健性检验

常见的稳健性检验包括动态面板检验、删除部分年度数据重新估计、变化被解释变量重新估计、变化解释变量重新估计等多种方式。为保障研究结论的可信性，借鉴其他学者的研究，本书主要尝试以下三种方法进行稳健性检验。

1. 删除部分年度样本重新估计

根据韩先锋等（2019）的做法，本书去掉2007年和2016年样本，对2008~2015年30个省级面板数据进行重新估计，结果如表6-9所示。与基准模型比较可知，核心解释变量数字经济对区域经济发展方式转变的影响方向和显著性都一致，说明基准回归结果是比较可信的。此外，控制变量也与原模型基本一致，这说明估计结果具有较好的稳健性。

表6-9　　剔除2007年和2016年样本后估计结果

变量	（1）全国	（2）东	（3）中	（4）西
	dchange	dchange	dchange	dchange
diec	0.890*** (10.78)	0.782*** (5.02)	-0.0264 (-0.15)	0.612** (2.56)
finance	-0.0270** (-2.08)	-0.0269 (-1.13)	0.0267 (0.77)	0.00437 (0.22)

续表

变量	(1) 全国	(2) 东	(3) 中	(4) 西
	dchange	dchange	dchange	dchange
lnpgdp2	-0.0117 (-0.43)	0.0360 (0.49)	0.110** (2.22)	-0.00415 (-0.13)
lnopen	-0.00669* (-1.67)	-0.00740 (-0.50)	0.0160** (2.30)	-0.00598* (-1.76)
market	-0.0209 (-0.44)	-0.0115 (-0.10)	-0.139* (-1.97)	-0.0662 (-1.30)
gov	0.130* (1.87)	-0.00545 (-0.01)	-0.310 (-1.67)	0.0862 (1.37)
upgrade	0.00471 (0.34)	0.0135 (0.46)	0.00957 (0.54)	0.0274 (1.58)
hcap	0.0000277 (1.21)	0.0000382 (1.08)	0.00142*** (3.65)	0.00113*** (2.66)
lnpat	0.0189*** (2.88)	0.0640*** (3.53)	0.0215*** (3.40)	-0.0104 (-1.40)
_cons	0.183 (0.55)	-0.719 (-0.83)	-1.203** (-2.34)	0.113 (0.32)
个体效应	控制	控制	控制	控制
时间效应	控制	控制	控制	控制
N	240	88	64	88
R^2	0.9938	0.9925	0.9628	0.9734
Adj R^2	0.9923	0.9892	0.9415	0.9620
F	689.78	308.90	45.07	85.80

注：括号内是t值，*表示 $p<0.1$，**表示 $p<0.05$，***表示 $p<0.01$。
资料来源：Stata 统计输出。

2. 解释变量滞后一期分析

本书采用两阶段最小二乘法进行估计，如表6-10所示，结合前述内生性分析中的表6-6，可以看出，解释变量滞后一期和二期，估计结果都显著为正。这也说明研究结论具有较好的稳健性。

表 6-10 滞后 1~2 期估计结果

变量	(1) 滞后 1 期	(2) 滞后 2 期
	dchange	dchange
L. diec	0.748*** (9.40)	
L2. diec		0.545*** (7.17)
lnpgdp2	-0.0178 (-1.39)	-0.00344 (-0.26)
finance	-0.0133 (-1.23)	-0.0184 (-1.61)
market	-0.00246 (-0.07)	0.0315 (0.86)
upgrade	-0.0150 (-1.57)	-0.0160 (-1.50)
hcap	0.0000446** (2.03)	0.0000536 (1.31)
lnpat	0.0167*** (2.89)	0.0130** (2.04)
gov	0.0566 (0.88)	0.0151 (0.18)
open	-0.000283** (-2.44)	-0.000193 (-1.53)
_cons	0.129* (1.66)	0.0431 (0.52)
N	270	240
R^2	0.5248	0.4227
F	49.95	49.95

注：括号内是 t 值，* 表示 p<0.1，** 表示 p<0.05，*** 表示 p<0.01。
资料来源：Stata 统计输出。

3. 改变解释变量或被解释变量重新估计

本书还采用各省网民数作为数字经济的替换变量，估计结果如表 6-11 所示，可以看出，除系数大小外，系数方向和显著性均未发生变化，这也说明研究结论具有良好的稳健性。

表6-11　替换解释变量估计结果

变量	(1)	(2)
	dchange	dchange
diec	0.972*** (12.39)	
wms		0.0000166*** (3.81)
finance	-0.0178* (-1.80)	-0.0492*** (-4.12)
lnpgdp2	-0.00588 (-0.28)	0.0152 (0.55)
lnopen	-0.00789** (-2.50)	-0.0125*** (-3.16)
market	-0.0262 (-0.72)	-0.0742* (-1.67)
gov	0.0498 (0.82)	-0.0121 (-0.15)
upgrade	0.00338 (0.30)	0.0107 (0.75)
hcap	0.0000627*** (3.81)	0.00000621 (0.32)
lnpat	0.0194*** (3.30)	0.0251*** (3.47)
_cons	-0.0355 (-0.17)	-0.0229 (-0.08)
个体效应	控制	控制
时间效应	控制	控制
N	300	300
R^2 (within)	0.5870	0.3717
F	19.90	8.28

注：括号内是t值，*表示 $p<0.1$，**表示 $p<0.05$，***表示 $p<0.01$。
资料来源：Stata统计输出。

6.2 分位数回归

6.2.1 分位数回归模型构建

传统的最小二乘法是均值回归，如果数字经济对区域经济发展方式转变的条件分布不对称，就无法描述整体条件分布的全貌。因此，肯克和巴塞特（Koenker and Bassett，1978）提出了分位数回归，运用残差绝对值加权平均作为最小化目标函数，能够有效解决该问题（孙海波和林秀梅，2018）。相较于传统 OLS，分位数回归无须事先假定被解释变量的分布函数，能克服异方差和极端值等的影响，是一种比较好的稳健回归方法。

分位数回归一般形式如式（6－2）所示：

$$quant_{\tau}(Y_{it}|X_{it}) = X'_{it}\beta_{\tau};\ i=1,\ 2,\ 3,\ \cdots,\ t \tag{6-2}$$

式（6－2）中，X 是自变量，τ 是分位点，β_{τ} 是 τ 分位数回归系数，X 和 β_{τ} 都是 $K\times 1$ 的向量，且 $X_{i1}=1$，$quant_{\tau}(Y_{it}|X_{it})$ 是在给定 X 的条件下分位点为 τ 的条件分位数函数。

回归系数的估计值 β 由式（6－3）的最小化方法来实现：

$$\beta_{\tau} = \operatorname{argmin}\{\sum_{Y_{it}>X'_{it}\beta_{\tau}}^{n}\tau|Y_{it} - X'_{it}\beta_{\tau}| + \sum_{Y_{it}>X'_{it}\beta_{\tau}}^{n}(1-\tau)|Y_{it} - X'_{it}\beta_{\tau}|\} \tag{6-3}$$

式（6－3）是对回归线上方残差为正值的点赋权重为 τ，回归线下方残差为负值的点赋权重为 1－τ，通过使误差权和最小，获得分位数回归系数的估计值。可以看出，回归系数的估计值 β_{τ} 随着分位点 τ 的变化而变化，即给定分位点就对应相应的回归方程，这与普通最小二乘法相比，可以全面分析变量之间的关系（孙海波，2018）。

基于上述分析，本书分位数模型如式（6－4）所示：

$$dchange_{it} = \alpha + \beta_1 diec_{it} + \sum_{j=2}^{9}\beta_j CX_{it} + \varepsilon_{it} \tag{6-4}$$

式（6－4）中，dchange 为被解释变量，diec 为核心解释变量，CX 为一组控制变量，β 为回归系数，i 代表省份，t 代表年份，ε 为随机扰动项。

6.2.2　分位数回归结果

根据前述分析可知，传统面板 OLS 模型是均值回归模型，该模型无法反应不同条件分布下数字经济对区域经济发展方式转变的影响变化。因此，本书采用面板分位数模型探究数字经济对区域经济发展方式转变的不同影响，选择 10 分位数到 90 分位数共 5 个代表性的分位点，对区域经济发展方式转变进行回归，如表 6 - 12 所示，在 10 分位点到 90 分位点上，数字经济系数均在 1% 水平显著为正，这说明数字经济对区域经济发展方式转变起到积极推动作用。具体来看，从 10 分位点到 50 分位点，数字经济系数由 0.858 提升至 0.865，从 50 分位点到 90 分位点，数字经济系数由 0.865 提升至 0.871，可以看出，从低分位点到较高分位点回归中，数字经济系数呈现逐渐增大的变化规律，即数字经济系数由 0.858 提升至 0.871，这说明随着数字经济发展水平提高对区域经济发展方式转变的促进作用逐渐增强。

表 6 - 12　　分位数回归结果

变量	(1)	(2)	(3)	(4)	(5)
	10%	25%	50%	75%	90%
diec	0.858 *** (4.03)	0.861 *** (5.91)	0.865 *** (8.55)	0.869 *** (7.04)	0.871 *** (5.44)
lnpgdp2	-0.0234 (-0.90)	-0.0210 (-1.18)	-0.0185 (-1.50)	-0.0159 (-1.05)	-0.0144 (-0.73)
finance	-0.0278 (-1.46)	-0.0233 * (-1.78)	-0.0184 ** (-2.02)	-0.0132 (-1.20)	-0.0103 (-0.72)
market	-0.0551 (-0.77)	-0.0445 (-0.91)	-0.0332 (-0.98)	-0.0212 (-0.51)	-0.0144 (-0.27)
upgrade	0.000398 (0.02)	0.000196 (0.02)	-0.0000216 (-0.00)	-0.000251 (-0.03)	-0.000382 (-0.03)
hcap	0.0000700 (1.41)	0.0000595 * (1.74)	0.0000481 ** (2.02)	0.0000361 (1.25)	0.0000293 (0.78)

续表

变量	(1)	(2)	(3)	(4)	(5)
	10%	25%	50%	75%	90%
lnpat	0.0211* (1.67)	0.0191** (2.20)	0.0169*** (2.79)	0.0145** (1.98)	0.0132 (1.38)
gov	0.0861 (0.85)	0.0583 (0.84)	0.0286 (0.59)	-0.00285 (-0.05)	-0.0207 (-0.27)
open	-0.000411 (-1.36)	-0.000448** (-2.17)	-0.000489*** (-3.40)	-0.000532*** (-3.04)	-0.000556** (-2.45)
N	300	300	300	300	300

注：括号内是 t 值，* 表示 $p<0.1$，** 表示 $p<0.05$，*** 表示 $p<0.01$。
资料来源：Stata 统计输出。

从控制变量来看，在 25 分位点和 50 分位点，人力资本在 10% 和 5% 水平显著为正，这说明人力资本对促进区域经济发展方式转变起到促进作用，但随着分位数水平提升，人力资本的作用逐渐减弱，由显著变得不显著。在 10 分位点、25 分位点、50 分位点和 75 分位点，创新水平在 10%、5% 和 1% 水平显著为正，说明创新水平对驱动区域经济发展方式转变具有积极作用。但是，由表 6-12 可以看出，创新驱动对区域经济发展方式转变显著性逐渐增加，而影响系数则呈现下降趋势，直至 90 分位点时变得不显著。

6.3 本章小结

本章采用面板双固定效应模型和分位数模型进行数字经济对区域经济发展方式转变的直接效应分析，研究发现：数字经济对区域经济发展方式转变产生显著正向影响，在 1% 水平显著为正。无论是混合 OLS 回归、固定个体效应、个体时间双固定效应，还是稳健标准误的双固定效应，均发现数字经济对区域经济发展方式转变产生积极促进作用。内生性检验和稳健性检验也说明模型具有很好的解释力。

此外，克服面板模型是均值回归模型，为克服该模型的缺点，本书还采用面板分位数模型探究数字经济对区域经济发展方式转变的不同影响。选择10分位点到90分位点共5个代表性的分位点，对区域经济发展方式转变进行回归，研究发现：在10分位点到90分位点上，数字经济的系数均在1%水平显著为正，这说明数字经济对区域经济发展方式转变起到积极推动作用。具体来看，从10分位点到50分位点，数字经济系数由0.858提升至0.865，从50分位点到90分位点，数字经济系数由0.865提升至0.871，可以看出，从低分位点到较高分位点回归中，数字经济系数呈现逐渐增大的变化规律，这说明随着数字经济发展水平提高对区域经济发展方式转变的促进作用逐渐增强。

综上可知，假设1得到验证。

第 7 章　数字经济驱动区域经济发展方式转变的间接效应

由第 6 章的分析可知，数字经济对区域经济发展方式转变具有直接影响效应，为进一步探究数字经济对区域经济发展方式转变的间接影响效应，本书拟采用中介效应模型进行间接效应分析。

7.1　中介效应原理

中介效应是研究变量 X 是否会通过变量 M 影响 Y，通常用来进行机制检验，即检验是否存在 X→M→Y 这样的关系，如果存在这样的关系，则说明具有中介效应（Baron and Kenny，1986；温忠麟等，2004）。中介效应的基本原理如图 7－1 所示。

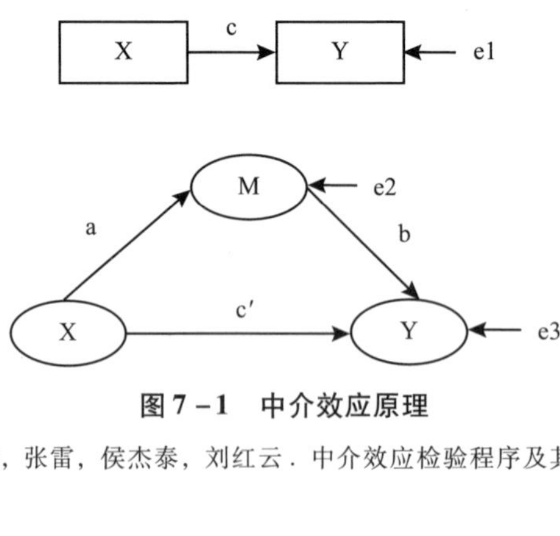

图 7－1　中介效应原理

资料来源：温忠麟，张雷，侯杰泰，刘红云．中介效应检验程序及其应用［J］．心理学报，2004（5）：614－620.

在图7-1中，X表示核心解释变量，Y表示被解释变量，M表示中介变量，c表示解释变量X对被解释变量Y的总效应，$a \times b$表示间接效应，也就是中介效应，c'表示解释变量X对被解释变量Y的直接效应，存在$c \approx c' + a \times b$，即总效应可以分解为直接效应和中介效应之和。中介效应检验也就可以简化为检验X到M，M到Y的路径是否同时具有显著性意义。

根据上述分析可知，中介效应检验通常采用三步法，具体步骤如下：

第一步，建立$Y = cX + \varepsilon_1$的方程。检验核心解释变量X对被解释变量Y的回归结果，如果核心解释变量X的系数显著，则进行第二步；如果核心解释变量X的系数不显著，则说明不存在中介效应，停止中介效应分析。

第二步，建立$M = aX + \varepsilon_2$的方程。检验核心解释变量X对中介变量M的回归结果，如果核心解释变量X的系数显著，则进行第三步；如果核心解释变量X的系数不显著，说明不存在中介效应，停止中介效应。

第三步，建立$Y = c'X + bM + \varepsilon_3$的方程。同时检验核心解释变量X和中介变量M的回归结果，如果核心解释变量X和中介变量M都显著，且核心解释变量X对被解释变量Y的系数也显著，此时，总效应可以分解为直接效应和中介效应之和，这说明存在部分中介效应；如果核心解释变量X的系数不显著，而中介变量M的系数显著，则说明存在完全中介效应，即核心解释变量X对被解释变量Y的影响仅通过间接方式产生，不产生直接影响。

7.2　模型设定、数据来源及变量选择

7.2.1　模型设定

根据上述中介效应的理论分析，中介效应的检验步骤分为三步，本书也采用经典三步法进行分析，构建数字经济对区域经济发展方式转变影响的间接效应模型。具体模型如式（7-1）、式（7-2）和式（7-3）所示：

$$Y_{it} = \alpha + \beta X_{it} + \gamma Z_{it} + \varepsilon_{it} \quad (7-1)$$

$$M_{it} = \alpha + \beta X_{it} + \gamma Z_{it} + \varepsilon_{it} \quad (7-2)$$

$$Y_{it} = \alpha + \beta X_{it} + \phi M_{it} + \gamma Z_{it} + \varepsilon_{it} \quad (7-3)$$

式（7－1）、式（7－2）和式（7－3）中，i 代表省份，t 代表时间，X 为数字经济指数，Y 为区域经济发展方式转变指数，Z 为系列控制变量，α 为常数项，β、γ 和 ϕ 为待估计系数，ε 为随机扰动项。

7.2.2 数据来源及变量选择

1. 数据来源

本部分数据与前述分析数据来源一致，不再重复介绍。

2. 变量选择

（1）被解释变量。

被解释变量区域经济发展方式转变采用第 4 章测度结果表示。

（2）核心解释变量。

核心解释变量数字经济采用第 4 章测度结果表示。

（3）中介变量。

本书主要考虑城镇化和研发强度两个中介变量。

城镇化（citilization），城镇化发展能够形成产业集聚、人力资本集聚等，城镇化能带动经济发展的基础设施不断完善，城镇化还能带动物流、资金流和信息流等加快周转，使得生产要素流动速度加快，进而促进区域经济发展水平不断提高。本书采用年末城镇人口与总人口之比来表示。

研发强度（rd），区域经济高质量发展依靠创新驱动，研发投入强度对区域创新水平和创新效率具有积极影响，创新型国家建设需要研发投入作为支撑，创新驱动正成为区域经济发展的新动能。我国研发投入和创新水平取得了巨大进步，但与发达国家比较，仍有差距，随着创新成为我国新发展理念，未来创新型国家建设的脚步会更快。本书采用研发经费投入占 GDP 比重来表示。

（4）控制变量。

控制变量与第 6 章相同，依然选择金融支持、产业结构升级、政府规制、创新水平、市场化、对外开放、人力资本、经济发展水平 8 个变量。

7.3　间接效应分析

7.3.1　基于城镇化的中介效应检验过程

1. 中介效应基准回归

城镇化能够形成产业集聚和人力资本集聚，数字经济发展能够通过城镇化发展促进区域经济发展方式转变，本书考虑城镇化为中介变量，采用传统三步法进行中介效应检验。构建模型如式（7－4）、式（7－5）和式（7－6）所示：

$$\begin{aligned} dchange_{it} = {} & \alpha + \beta_0 diec_{it} + \beta_1 finance_{it} + \beta_2 lnopen_{it} + \beta_3 market_{it} \\ & + \beta_4 gov_{it} + \beta_5 upgrade_{it} + \beta_6 hcap_{it} + \beta_7 lnpat_{it} \\ & + \beta_8 lnpgdp2_{it} + \mu_i + \omega_t + \varepsilon_{it} \end{aligned} \quad (7-4)$$

$$\begin{aligned} citilization_{it} = {} & \alpha + \beta_0 diec_{it} + \beta_1 finance_{it} + \beta_2 lnopen_{it} + \beta_3 market_{it} \\ & + \beta_4 gov_{it} + \beta_5 upgrade_{it} + \beta_6 hcap_{it} + \beta_7 lnpat_{it} \\ & + \beta_8 lnpgdp2_{it} + \mu_i + \omega_t + \varepsilon_{it} \end{aligned} \quad (7-5)$$

$$\begin{aligned} dchange_{it} = {} & \alpha + \beta_0 diec_{it} + \beta_1 finance_{it} + \beta_2 lnopen_{it} + \beta_3 market_{it} \\ & + \beta_4 gov_{it} + \beta_5 upgrade_{it} + \beta_6 hcap_{it} + \beta_7 lnpat_{it} \\ & + \beta_8 lnpgdp2_{it} + \beta_9 citilization_{it} + \mu_i + \omega_t + \varepsilon_{it} \end{aligned} \quad (7-6)$$

式（7－4）、式（7－5）和式（7－6）中，式（7－4）检验了数字经济对区域经济发展方式转变的总体效应，本书采用双向固定效应进行回归，并同时给出了稳健标准误的估计结果。由表 7－1 和表 7－2 可以看出，数字经济的回归系数为 0.972，在 1% 的水平显著为正，这说明数字经济对区域经济发展方式转变具有积极促进作用，与直接效应结果一致。

表 7－1　　城镇化中介双固定检验结果

变量	(1)	(2)	(3)
	dchange	citilization	dchange
diec	0.972*** (12.39)	0.330*** (7.92)	0.725*** (8.99)

续表

变量	(1)	(2)	(3)
	dchange	citilization	dchange
finance	-0.0178* (-1.80)	-0.00566 (-1.08)	-0.0135 (-1.49)
lnpgdp2	-0.00588 (-0.28)	-0.00471 (-0.42)	-0.00235 (-0.12)
lnopen	-0.00789** (-2.50)	-0.00428** (-2.56)	-0.00468 (-1.60)
market	-0.0262 (-0.72)	0.0265 (1.38)	-0.0461 (-1.38)
upgrade	0.00338 (0.30)	-0.00428 (-0.72)	0.00659 (0.64)
lnpat	0.0194*** (3.30)	-0.00695** (-2.23)	0.0246*** (4.50)
hcap	0.0000627*** (3.81)	0.0000201** (2.31)	0.0000476*** (3.11)
gov	0.0498 (0.82)	-0.0261 (-0.81)	0.0694 (1.25)
citilization			0.749*** (6.87)
_cons	0.0268 (0.10)	0.240* (1.72)	-0.153 (-0.63)
个体效应	控制	控制	控制
时间效应	控制	控制	控制
N	300	300	300
R^2	0.9920	0.9716	0.9933
Adj R^2	0.9906	0.9663	0.9920
F	668.28	183.62	775.18

注：括号内是t值，* 表示 $p<0.1$，** 表示 $p<0.05$，*** 表示 $p<0.01$。
资料来源：Stata 统计输出。

表7-2 城镇化中介双固定稳健标准误检验结果

变量	(1)	(2)	(3)
	dchange	citilization	dchange
diec	0.972 *** (6.31)	0.330 *** (5.22)	0.725 *** (4.74)
finance	-0.0178 * (-1.81)	-0.00566 (-0.90)	-0.0135 (-1.58)
lnpgdp2	-0.00588 (-0.28)	-0.00471 (-0.39)	-0.00235 (-0.12)
lnopen	-0.00789 *** (-2.78)	-0.00428 *** (-2.74)	-0.00468 * (-1.90)
market	-0.0262 (-0.64)	0.0265 (0.99)	-0.0461 (-1.35)
upgrade	0.00338 (0.30)	-0.00428 (-0.56)	0.00659 (0.57)
lnpat	0.0194 *** (2.72)	-0.00695 ** (-2.39)	0.0246 *** (3.65)
hcap	0.0000627 ** (2.49)	0.0000201 * (1.87)	0.0000476 ** (2.30)
gov	0.0498 (0.89)	-0.0261 (-0.92)	0.0694 (1.50)
citilization			0.749 *** (5.77)
_cons	0.0268 (0.09)	0.240 (1.58)	-0.153 (-0.53)
个体效应	控制	控制	控制
时间效应	控制	控制	控制
N	300	300	300
R^2	0.992	0.972	0.993
F	568.87	282.52	771.96

注：括号内是t值，* 表示 $p<0.1$，** 表示 $p<0.05$，*** 表示 $p<0.01$。
资料来源：Stata 统计输出。

式（7-5）中的数字经济回归系数为0.330，在1%水平显著为正，说明数字经济对城镇化发展具有积极促进作用。式（7-6）同时检验了数字经济和城镇化对区域经济发展方式转变的影响，数字经济回归系数为0.725，在1%水平显著为正，城镇化回归系数为0.749，在1%水平显著为正，且数字经济回归系数由0.972减小至0.725，这说明数字经济发展会通过城镇化水平促进区域经济发展方式转变。可能的原因是城镇化能够形成各类要素集聚，如产业集聚和人力资本集聚等，而数字经济发展需要和城市产业深度融合，加快改造传统产业，深化产业数字化趋势，数字经济加快了新技术的应用，促使新业态不断涌现，并逐渐形成良性循环。

2. 中介效应分析

由前述分析可知，数字经济通过城镇化可以促进区域经济发展方式转变，在1%水平显著为正。

从控制变量看，创新水平和人力资本回归系数均为正值，至少在5%水平显著为正，说明创新水平和人力资本对区域经济发展方式转变具有积极促进作用；产业结构升级和政府规制回归系数均为正值，但不显著，说明它们对区域经济发展方式转变具有一定的积极作用；金融支持、对外开放、经济发展水平和市场化回归系数均为负值，不显著，说明它们对区域经济发展方式转变具有抑制作用，可能的原因是存在挤出效应。

研究中介效应的目的是探究X是如何影响Y的，中介变量的解释力到底有多大？本书根据温忠麟等（2012）的做法，结合前述分析结果，数字经济对区域经济发展方式转变产生显著的促进作用，呈现部分中介效应。为更好掌握城镇化中介效应的解释力，本书计算了中介比例，可以看出城镇化中介比例高达25.43%，具有较高的解释力，如图7-2所示。

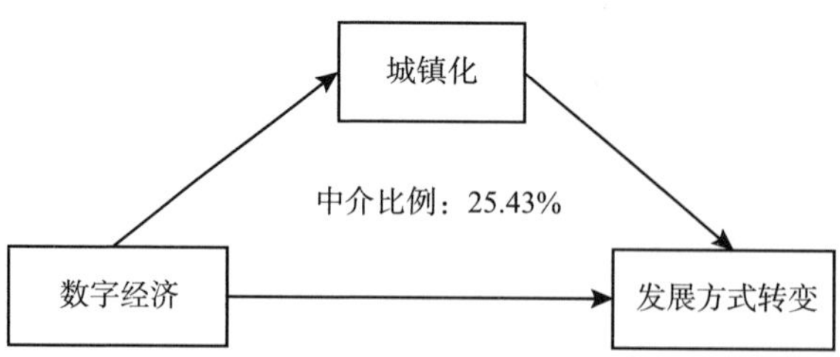

图7-2 城镇化中介效应分析

具体计算步骤如下：

第一步，计算间接效应，即间接效应 = 0.330 × 0.749 = 0.24717

第二步，提取总效应，即总效应 = 0.972

第三步，计算中介比例，即中介比例 = 间接效应 ÷ 总效应 = 0.24717 ÷ 0.972 = 0.2543

3. 中介效应异质性分析

我国幅员辽阔、资源禀赋差异大，且区域经济发展不平衡，导致我国省域城镇化发展也存在较大差异，这可能会影响数字经济对区域经济发展方式转变的估计效果。因此，根据相关研究，将我国划分成东部、中部和西部地区，分别探究数字经济通过城镇化这个中介变量对不同区域经济发展方式转变的影响效果。

从东部地区来看，由表 7－3 可知，数字经济对东部地区经济发展方式转变具有显著正向影响，数字经济的回归系数为 0.749，在 1% 水平显著；数字经济对城镇化发展具有积极促进作用，回归系数为 0.225，在 1% 水平显著；数字经济和城镇化对区域经济发展方式转变均有正向影响，数字经济回归系数为 0.610，在 1% 水平显著，城镇化回归系数为 0.617，在 1% 水平显著，且数字经济回归系数由 0.972 减小至 0.610。可能的原因是东部地区经济发达，城镇化水平高，数字经济和城镇化融合能力强，形成良性互动。

表 7－3　　东部地区城镇化中介异质性

变量	(1)	(2)	(3)
	dchange	citilization	dchange
diec	0.749*** (5.27)	0.225*** (3.03)	0.610*** (4.27)
finance	−0.0129 (−0.77)	−0.00528 (−0.60)	−0.00967 (−0.61)
lnopen	−0.0186** (−2.01)	−0.00930* (−1.91)	−0.0129 (−1.43)

续表

变量	(1)	(2)	(3)
	dchange	citilization	dchange
market	-0.0808 (-0.95)	0.0827* (1.85)	-0.132 (-1.59)
gov	-0.238 (-0.94)	-0.0400 (-0.30)	-0.213 (-0.88)
upgrade	0.000281 (0.01)	0.000497 (0.04)	-0.0000253 (-0.00)
hcap	0.0000710*** (3.04)	0.0000157 (1.28)	0.0000613*** (2.73)
lnpat	0.0764*** (5.04)	0.00883 (1.11)	0.0709*** (4.88)
lnpgdp2	0.0436 (0.88)	0.0277 (1.07)	0.0265 (0.56)
citilization			0.617*** (3.05)
_cons	-0.793 (-1.41)	-0.229 (-0.78)	-0.652 (-1.22)
个体效应	控制	控制	控制
时间效应	控制	控制	控制
N	110	110	110
R^2	0.991	0.963	0.992
Adj R^2	0.9880	0.9506	0.9891
F	320.95	75.91	342.08

注：括号内是 t 值，* 表示 $p<0.1$，** 表示 $p<0.05$，*** 表示 $p<0.01$。
资料来源：Stata 统计输出。

从中部地区来看，由表 7-4 可知，数字经济对中部地区经济发展方式转变具有负向影响，数字经济的回归系数为 -0.0405，不显著；数字经济对城镇化发展具有积极促进作用，回归系数为 0.488，在 1% 水平显著；数字经济和城镇化对区域经济发展方式转变的影响方向不同，数字经济对中部地区经济发展方式转变有抑制作用，数字经济回归系数为 -0.0443，不显著，而城镇化对中部地区经济发展方式转变有正向影响，城镇化回归系数为0.00774，但不显著。这说明数字经济并没有通过城镇化对中部地区经济发展方式转变产生促进作用，可能的原因是中部经济发展水平有待提高，存在挤出效应。

表7-4　中部地区城镇化中介异质性

变量	(1)	(2)	(3)
	dchange	citilization	dchange
diec	-0.0405 (-0.28)	0.488*** (6.57)	-0.0443 (-0.23)
finance	0.0432 (1.57)	-0.0320** (-2.25)	0.0435 (1.50)
lnopen	0.0181*** (3.06)	-0.00240 (-0.78)	0.0182*** (3.01)
market	-0.137*** (-3.01)	-0.0429* (-1.83)	-0.137*** (-2.88)
gov	-0.124 (-0.81)	0.468*** (5.97)	-0.127 (-0.64)
upgrade	0.00935 (0.68)	-0.0193*** (-2.72)	0.00950 (0.64)
hcap	0.00101*** (3.69)	-0.000332** (-2.36)	0.00101*** (3.49)
lnpat	0.0167*** (3.24)	-0.0105*** (-3.95)	0.0168*** (2.84)
lnpgdp2	0.145*** (3.72)	0.0161 (0.80)	0.145*** (3.66)
citilization			0.00774 (0.03)
_cons	-1.521*** (-3.81)	0.113 (0.55)	-1.522*** (-3.77)
个体效应	控制	控制	控制
时间效应	控制	控制	控制
N	80	80	80

续表

变量	(1)	(2)	(3)
	dchange	citilization	dchange
R^2	0.9631	0.9813	0.9631
Adj R^2	0.9459	0.9727	0.9449
F	56.30	113.56	53.13

注：括号内是 t 值，* 表示 p<0.1，** 表示 p<0.05，*** 表示 p<0.01。
资料来源：Stata 统计输出。

从西部地区来看，由表 7－5 可知，数字经济对西部地区经济发展方式转变具有显著正向影响，数字经济的回归系数为 0.493，在 5% 水平显著；数字经济对城镇化发展具有积极促进作用，回归系数为 0.467，在 1% 水平显著；数字经济和城镇化对西部地区区域经济发展方式转变的影响方向不同，数字经济回归系数为 －0.0100，不显著，而城镇化回归系数为 1.077，在 1% 水平显著。可能的原因是西部地区经济发展水平较低，存在挤出效应。

表 7－5　西部地区城镇化中介异质性

变量	(1)	(2)	(3)
	dchange	citilization	dchange
diec	0.493** (2.24)	0.467*** (4.42)	－0.0100 (－0.05)
finance	0.0000887 (0.01)	－0.0139* (－1.79)	0.0151 (1.06)
lnopen	－0.00762*** (－2.76)	－0.00258* (－1.95)	－0.00484** (－1.99)
market	－0.0142 (－0.38)	0.00129 (0.07)	－0.0156 (－0.49)
gov	0.0695 (1.08)	0.00992 (0.32)	0.0588 (1.06)

续表

变量	(1)	(2)	(3)
	dchange	citilization	dchange
upgrade	0.0211 (1.45)	-0.0190 *** (-2.70)	0.0416 *** (3.16)
hcap	0.00119 *** (3.36)	0.000546 *** (3.21)	0.000603 * (1.86)
lnpat	-0.0189 *** (-2.64)	-0.00706 ** (-2.06)	-0.0113 * (-1.78)
lnpgdp2	0.0244 (0.93)	-0.0282 ** (-2.24)	0.0548 ** (2.35)
citilization			1.077 *** (5.40)
_cons	-0.134 (-0.49)	0.498 *** (3.81)	-0.669 ** (-2.63)
个体效应	控制	控制	控制
时间效应	控制	控制	控制
N	110	110	110
R^2	0.9636	0.9783	0.9733
Adj R^2	0.9510	0.9708	0.9636
F	76.52	130.34	100.56

注：括号内是t值，* 表示 $p<0.1$，** 表示 $p<0.05$，*** 表示 $p<0.01$。
资料来源：Stata统计输出。

4. 中介效应稳健性检验

本书已经尽量考虑了稳健性，如面板数据可能存在的异方差和序列相关，本书采用固定效应模型进行回归分析，还更换了回归命令（reghdfe），并采用稳健标准误进行回归估计。由表7-6可以看出，数字经济通过城镇化对区域经济发展方式转变影响的系数方向和显著性均未发生较大变化，城镇化中介效应依然显著为正，这说明研究结论较稳健。

表 7-6　　中介效应稳健性检验结果

变量	(1)	(2)	(3)
	dchange	citilization	dchange
diec	0.972 *** (3.50)	0.330 *** (3.20)	0.725 *** (2.81)
finance	-0.0178 (-1.65)	-0.00566 (-0.61)	-0.0135 (-1.48)
lnpat	0.0194 ** (2.13)	-0.00695 (-1.45)	0.0246 ** (2.73)
lnopen	-0.00789 * (-1.85)	-0.00428 * (-1.78)	-0.00468 (-1.45)
market	-0.0262 (-0.36)	0.0265 (0.59)	-0.0461 (-0.88)
gov	0.0498 (0.59)	-0.0261 (-0.59)	0.0694 (1.02)
upgrade	0.00338 (0.18)	-0.00428 (-0.32)	0.00659 (0.38)
hcap	0.0000627 ** (2.53)	0.0000201 (1.51)	0.0000476 ** (2.21)
lnpgdp2	-0.00588 (-0.22)	-0.00471 (-0.26)	-0.00235 (-0.11)
citilization			0.749 *** (5.47)
_cons	-0.0472 (-0.16)	0.281 * (1.75)	-0.258 (-0.93)
N	300	300	300
R^2	0.9920	0.9716	0.9933
Adj R^2	0.9905	0.9662	0.9920
Within R^2	0.4925	0.2855	0.5728
F	15.79	3.5	46.53

注：括号内是 t 值，* 表示 $p<0.1$，** 表示 $p<0.05$，*** 表示 $p<0.01$。
资料来源：Stata 统计输出。

7.3.2 基于研发强度的中介效应检验过程

1. 中介效应基准回归

研发强度能够驱动创新水平不断提升，数字经济核心是创新经济，数字经济发展能够通过研发强度促进区域经济发展方式转变，本书考虑研发强度为中介变量，采用传统三步法进行中介效应检验。构建模型如式（7-7）、式（7-8）和式（7-9）所示：

$$\begin{aligned} dchange_{it} = \alpha &+ \beta_0 diec_{it} + \beta_1 finance_{it} + \beta_2 lnopen_{it} + \beta_3 market_{it} \\ &+ \beta_4 gov_{it} + \beta_5 upgrade_{it} + \beta_6 hcap_{it} + \beta_7 lnpat_{it} \\ &+ \beta_8 lnpgdp2_{it} + \mu_i + \omega_t + \varepsilon_{it} \end{aligned} \tag{7-7}$$

$$\begin{aligned} rd_{it} = \alpha &+ \beta_0 diec_{it} + \beta_1 finance_{it} + \beta_2 lnopen_{it} + \beta_3 market_{it} \\ &+ \beta_4 gov_{it} + \beta_5 upgrade_{it} + \beta_6 hcap_{it} + \beta_7 lnpat_{it} \\ &+ \beta_8 lnpgdp2_{it} + \mu_i + \omega_t + \varepsilon_{it} \end{aligned} \tag{7-8}$$

$$\begin{aligned} dchange_{it} = \alpha &+ \beta_0 diec_{it} + \beta_1 finance_{it} + \beta_2 lnopen_{it} + \beta_3 market_{it} \\ &+ \beta_4 gov_{it} + \beta_5 upgrade_{it} + \beta_6 hcap_{it} + \beta_7 lnpat_{it} \\ &+ \beta_8 lnpgdp2_{it} + \beta_9 rd_{it} + \mu_i + \omega_t + \varepsilon_{it} \end{aligned} \tag{7-9}$$

式（7-7）、式（7-8）和式（7-9）中，式（7-7）检验了数字经济对区域经济发展方式转变的总体效应，由表7-7和表7-8可以看出，数字经济的回归系数为0.972，在1%水平显著为正，这说明数字经济对区域经济发展方式转变具有积极促进作用，与直接效应结果一致。

表7-7　　　研发强度中介双固定检验结果

变量	(1)	(2)	(3)
	dchange	rd	dchange
diec	0.972*** (12.39)	0.337*** (6.19)	0.811*** (10.19)
finance	-0.0178* (-1.80)	0.0183*** (2.67)	-0.0265*** (-2.80)
lnpgdp2	-0.00588 (-0.28)	-0.0817*** (-5.51)	0.0329 (1.54)

续表

变量	(1)	(2)	(3)
	dchange	rd	dchange
lnopen	-0.00789** (-2.50)	0.00376* (1.72)	-0.00967*** (-3.23)
market	-0.0262 (-0.72)	0.0437* (1.74)	-0.0470 (-1.37)
upgrade	0.00338 (0.30)	-0.0198** (-2.55)	0.0128 (1.20)
lnpat	0.0194*** (3.30)	0.00221 (0.54)	0.0183*** (3.29)
hcap	0.0000627*** (3.81)	0.0000526*** (4.60)	0.0000377** (2.33)
gov	0.0498 (0.82)	-0.0499 (-1.19)	0.0735 (1.28)
rd			0.475*** (5.54)
_cons	0.0268 (0.10)	1.103*** (6.02)	-0.497* (-1.86)
个体效应	控制	控制	控制
时间效应	控制	控制	控制
N	300	300	300
R^2	0.992	0.988	0.993
Adj R^2	0.9906	0.9853	0.9916
F	668.28	427.54	732.10

注：括号内是 t 值，* 表示 $p<0.1$，** 表示 $p<0.05$，*** 表示 $p<0.01$。
资料来源：Stata 统计输出。

表 7-8　　研发强度中介双固定稳健标准误检验结果

变量	(1)	(2)	(3)
	dchange	rd	dchange
diec	0.972*** (6.31)	0.337*** (6.16)	0.811*** (5.37)

续表

变量	(1)	(2)	(3)
	dchange	rd	dchange
finance	-0.0178 * (-1.81)	0.0183 * (1.69)	-0.0265 ** (-2.32)
lnpgdp2	-0.00588 (-0.28)	-0.0817 *** (-4.92)	0.0329 (1.53)
lnopen	-0.00789 *** (-2.78)	0.00376 (1.37)	-0.00967 *** (-3.81)
market	-0.0262 (-0.64)	0.0437 * (1.66)	-0.0470 (-1.11)
upgrade	0.00338 (0.30)	-0.0198 ** (-2.14)	0.0128 (1.13)
lnpat	0.0194 *** (2.72)	0.00221 (0.42)	0.0183 *** (2.80)
hcap	0.0000627 ** (2.49)	0.0000526 *** (3.82)	0.0000377 (1.50)
gov	0.0498 (0.89)	-0.0499 (-1.04)	0.0735 (1.39)
rd			0.475 *** (4.86)
_cons	0.0268 (0.09)	1.103 *** (5.22)	-0.497 * (-1.70)
个体效应	控制	控制	控制
时间效应	控制	控制	控制
N	300	300	300
R^2	0.992	0.988	0.993
F	568.87	625.17	589.45

注：括号内是t值，*表示p<0.1，**表示p<0.05，***表示p<0.01。
资料来源：Stata统计输出。

式（7-8）中的数字经济回归系数为0.337，在1%水平显著为正，说明数字经济对研发强度具有积极促进作用。式（7-9）同时检验了数字经济和研发强度对区域经济发展方式转变的影响，数字经济回归系数为

0.811，在1%水平显著为正，研发强度回归系数为0.475，在1%水平显著为正，且数字经济回归系数由0.972减小至0.725，这说明数字经济发展会通过研发强度促进区域经济发展方式转变。可能的原因是研发强度表示区域创新的投入水平，越高的创新投入强度，越能够带来更多的创新产出，如专利和新产品等，这些都是数字经济的核心内容。因此，数字经济通过研发强度对区域经济发展方式转变具有积极作用。

2. 中介效应分析

由前述分析可知，数字经济通过研发强度可以促进区域经济发展方式转变，在1%水平显著为正。

从控制变量看，创新水平和人力资本回归系数均为正值，在1%水平显著，说明创新水平和人力资本对区域经济发展方式转变具有积极促进作用；产业结构升级、经济发展水平和政府规制回归系数均为正值，但不显著，说明它们对区域经济发展方式转变具有一定的积极作用；金融支持、对外开放和市场化回归系数均为负值，在1%的水平显著，说明它们对区域经济发展方式转变具有显著抑制作用；市场化的回归系数为负，但不显著。

结合前述分析结果，数字经济对区域经济发展方式转变产生显著的促进作用，呈现部分中介效应。为更好掌握研发强度中介效应情况，本书计算研发强度的中介比例，可以看出研发强度中介比例达16.47%，具有较高的解释力，如图7-3所示。

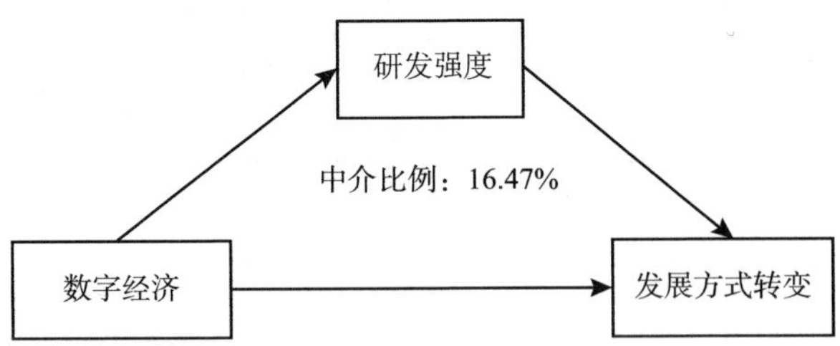

图7-3 研发强度中介效应分析

具体计算步骤如下：

第一步，计算间接效应，即间接效应 = 0.337 × 0.475 = 0.1601

第二步，提取总效应，即总效应 = 0.972

第三步，计算中介比例，即中介比例 = 间接效应 ÷ 总效应 = 0.1601 ÷ 0.972 = 0.1647

3. 中介效应异质性分析

与前相同，本部分也分别探究数字经济通过研发强度这个中介变量对东中西部地区区域经济发展方式转变的影响效果。

从东部地区来看，由表7-9可知，数字经济对东部地区区域经济发展方式转变具有显著正向影响，数字经济的回归系数为0.749，在1%水平显著；数字经济对研发强度具有积极促进作用，回归系数为0.188，在1%水平显著；数字经济和研发强度对东部地区区域经济发展方式转变的影响方向相同，数字经济回归系数为0.625，在1%水平显著，研发强度回归系数为0.656，在1%水平显著。可能的原因是数字经济是以智力密集型产业为主，东部地区经济发达，更加重视创新驱动发展，注重研发投入。

表7-9　东部地区研发强度中介异质性

变量	(1)	(2)	(3)
	dchange	rd	dchange
diec	0.749*** (5.27)	0.188** (2.29)	0.625*** (4.58)
finance	-0.0129 (-0.77)	-0.00289 (-0.30)	-0.0110 (-0.71)
lnopen	-0.0186** (-2.01)	0.0156*** (2.90)	-0.0288*** (-3.18)
market	-0.0808 (-0.95)	0.0385 (0.78)	-0.106 (-1.33)
gov	-0.238 (-0.94)	0.0890 (0.61)	-0.296 (-1.25)
upgrade	0.000281 (0.01)	-0.0121 (-0.96)	0.00821 (0.40)
hcap	0.0000710*** (3.04)	0.0000248* (1.84)	0.0000547** (2.46)

续表

变量	(1)	(2)	(3)
	dchange	rd	dchange
lnpat	0.0764*** (5.04)	-0.00330 (-0.38)	0.0786*** (5.56)
lnpgdp2	0.0436 (0.88)	-0.110*** (-3.84)	0.116** (2.31)
rd			0.656*** (3.67)
_cons	-0.793 (-1.41)	1.566*** (4.83)	-1.821*** (-3.07)
个体效应	控制	控制	控制
时间效应	控制	控制	控制
N	110	110	110
R^2	0.991	0.993	0.992
Adj R^2	0.9880	0.9906	0.9896
F	320.95	412.38	358.01

注：括号内是 t 值，* 表示 $p<0.1$，** 表示 $p<0.05$，*** 表示 $p<0.01$。
资料来源：Stata 统计输出。

从中部地区来看，由表 7-10 可知，数字经济对中部地区区域经济发展方式转变具有负向影响，数字经济的回归系数为 -0.0405，不显著；数字经济对研发强度具有积极促进作用，回归系数为 0.363，在 5% 水平显著；数字经济和研发强度对中部地区区域经济发展方式转变的影响方向不同，数字经济对中部地区区域经济发展方式转变有抑制作用，数字经济回归系数为 -0.159，不显著；而研发强度对中部地区区域经济发展方式转变有显著正向影响，研发强度回归系数为 0.327，在 1% 水平显著。这说明数字经济并没有通过研发强度对中部地区经济发展方式转变产生促进作用，可能的原因是中部地区经济发展水平不高，研发投入有待加强。

表 7－10　中部地区研发强度中介异质性

变量	(1)	(2)	(3)
	dchange	rd	dchange
diec	-0. 0405 (-0. 28)	0. 363 ** (2. 20)	-0. 159 (-1. 13)
finance	0. 0432 (1. 57)	0. 0149 (0. 47)	0. 0383 (1. 48)
lnopen	0. 0181 *** (3. 06)	0. 0190 *** (2. 80)	0. 0119 ** (2. 01)
market	-0. 137 *** (-3. 01)	-0. 0191 (-0. 37)	-0. 131 *** (-3. 06)
gov	-0. 124 (-0. 81)	-0. 526 *** (-3. 02)	0. 0483 (0. 31)
upgrade	0. 00935 (0. 68)	-0. 00697 (-0. 44)	0. 0116 (0. 90)
hcap	0. 00101 *** (3. 69)	0. 000338 (1. 08)	0. 000897 *** (3. 47)
lnpat	0. 0167 *** (3. 24)	0. 0162 *** (2. 75)	0. 0114 ** (2. 22)
lnpgdp2	0. 145 *** (3. 72)	0. 0127 (0. 29)	0. 140 *** (3. 85)
rd			0. 327 *** (2. 93)
_cons	-1. 521 *** (-3. 81)	-0. 189 (-0. 41)	-1. 460 *** (-3. 90)
个体效应	控制	控制	控制
时间效应	控制	控制	控制
N	80	80	80
R^2	0. 9631	0. 9482	0. 9682
Adj R^2	0. 9459	0. 9243	0. 9526
F	56. 30	39. 57	62. 08

注：括号内是 t 值，* 表示 p < 0. 1，** 表示 p < 0. 05，*** 表示 p < 0. 01。
资料来源：Stata 统计输出。

从西部地区来看，由表7－11可知，数字经济对西部地区区域经济发展方式转变具有显著正向影响，数字经济的回归系数为0.493，在5%水平显著；数字经济对研发强度具有负向影响，回归系数为－0.127，不显著；数字经济和研发强度对中部地区区域经济发展方式转变均有正向影响，至少在10%水平显著。这表明数字经济并没有通过研发强度对西部地区区域经济发展方式转变产生促进作用，可能的原因是西部地区经济发展水平较低，研发投入严重不足。

表7－11　西部地区研发强度中介异质性

变量	(1)	(2)	(3)
	dchange	rd	dchange
diec	0.493** (2.24)	－0.127 (－0.78)	0.525** (2.41)
finance	0.0000887 (0.01)	0.0105 (0.87)	－0.00260 (－0.16)
lnopen	－0.00762*** (－2.76)	－0.0000523 (－0.03)	－0.00761*** (－2.79)
market	－0.0142 (－0.38)	0.0322 (1.17)	－0.0224 (－0.61)
gov	0.0695 (1.08)	0.0152 (0.32)	0.0656 (1.03)
upgrade	0.0211 (1.45)	0.00582 (0.54)	0.0196 (1.36)
hcap	0.00119*** (3.36)	0.000671** (2.56)	0.00102*** (2.80)
lnpat	－0.0189*** (－2.64)	－0.0122** (－2.31)	－0.0157** (－2.16)
lnpgdp2	0.0244 (0.93)	－0.0221 (－1.14)	0.0301 (1.15)
rd			0.257* (1.73)
_cons	－0.134 (－0.49)	0.276 (1.37)	－0.205 (－0.75)

续表

变量	(1)	(2)	(3)
	dchange	rd	dchange
个体效应	控制	控制	控制
时间效应	控制	控制	控制
N	110	110	110
R^2	0.9636	0.9803	0.9649
Adj R^2	0.9510	0.9734	0.9522
F	76.52	143.63	75.82

注：括号内是 t 值，* 表示 p<0.1，** 表示 p<0.05，*** 表示 p<0.01。
资料来源：Stata 统计输出。

4. 中介效应稳健性检验

本书已经尽量考虑了稳健性，如面板数据可能存在的异方差和序列相关，本书采用固定效应模型进行回归分析，还更换了回归命令（reghdfe），并采用稳健标准误进行回归估计。由表 7-12 可以看出，数字经济通过研发强度对区域经济发展方式转变影响的方向和显著性均未发生较大变化，研发强度中介效应依然显著为正，这说明研究结论较稳健。

表 7-12　　中介效应稳健性检验结果

变量	(1)	(2)	(3)
	dchange	rd	dchange
diec	0.972*** (3.50)	0.337*** (4.76)	0.811*** (3.14)
finance	-0.0178 (-1.65)	0.0183 (1.38)	-0.0265** (-2.30)
lnpat	0.0194** (2.13)	0.00221 (0.22)	0.0183** (2.52)
lnopen	-0.00789* (-1.85)	0.00376 (0.91)	-0.00967** (-2.55)

续表

变量	(1)	(2)	(3)
	dchange	rd	dchange
market	-0.0262 (-0.36)	0.0437 (1.19)	-0.0470 (-0.63)
gov	0.0498 (0.59)	-0.0499 (-0.68)	0.0735 (0.95)
upgrade	0.00338 (0.18)	-0.0198 (-1.29)	0.0128 (0.72)
hcap	0.0000627** (2.53)	0.0000526** (2.61)	0.0000377* (1.82)
lnpgdp2	-0.00588 (-0.22)	-0.0817*** (-3.04)	0.0329 (1.22)
rd			0.475*** (4.46)
_cons	-0.0472 (-0.16)	0.859** (2.67)	-0.456 (-1.54)
N	300	300	300
R^2	0.9920	0.9876	0.9929
Adj R^2	0.9905	0.9852	0.9915
Within R^2	0.4925	0.3419	0.5478
F	15.79	70.83	27.89

注：括号内是 t 值，* 表示 $p<0.1$，** 表示 $p<0.05$，*** 表示 $p<0.01$。
资料来源：Stata 统计输出。

7.3.3　平行中介效应检验过程

1. 平行中介基准回归

根据前述中介分析结果，数字经济能够通过城镇化和研发强度促进区域经济发展方式转变，本书认为中介变量不仅能够单独起作用，而且能够同时通过城镇化和研发强度促进区域经济发展方式转变，具有平行中介效应。因此，本书同时将城镇化和研发强度作为中介变量，采用传统三步法进行中介效应检验。构建模型如式（7-10）、式（7-11）、式（7-12）和式（7-13）所示：

$$
\begin{aligned}
\text{dchange}_{it} = \alpha &+ \beta_0 \text{diec}_{it} + \beta_1 \text{finance}_{it} + \beta_2 \text{lnopen}_{it} + \beta_3 \text{market}_{it} \\
&+ \beta_4 \text{gov}_{it} + \beta_5 \text{upgrade}_{it} + \beta_6 \text{hcap}_{it} + \beta_7 \text{lnpat}_{it} \\
&+ \beta_8 \text{lnpgdp2}_{it} + \mu_i + \omega_t + \varepsilon_{it}
\end{aligned} \tag{7-10}
$$

$$
\begin{aligned}
\text{citilization}_{it} = \alpha &+ \beta_0 \text{diec}_{it} + \beta_1 \text{finance}_{it} + \beta_2 \text{lnopen}_{it} + \beta_3 \text{market}_{it} \\
&+ \beta_4 \text{gov}_{it} + \beta_5 \text{upgrade}_{it} + \beta_6 \text{hcap}_{it} + \beta_7 \text{lnpat}_{it} \\
&+ \beta_8 \text{lnpgdp2}_{it} + \mu_i + \omega_t + \varepsilon_{it}
\end{aligned} \tag{7-11}
$$

$$
\begin{aligned}
\text{rd}_{it} = \alpha &+ \beta_0 \text{diec}_{it} + \beta_1 \text{finance}_{it} + \beta_2 \text{lnopen}_{it} + \beta_3 \text{market}_{it} \\
&+ \beta_4 \text{gov}_{it} + \beta_5 \text{upgrade}_{it} + \beta_6 \text{hcap}_{it} + \beta_7 \text{lnpat}_{it} \\
&+ \beta_8 \text{lnpgdp2}_{it} + \mu_i + \omega_t + \varepsilon_{it}
\end{aligned} \tag{7-12}
$$

$$
\begin{aligned}
\text{dchange}_{it} = \alpha &+ \beta_0 \text{diec}_{it} + \beta_1 \text{finance}_{it} + \beta_2 \text{lnopen}_{it} + \beta_3 \text{market}_{it} + \beta_4 \text{gov}_{it} \\
&+ \beta_5 \text{upgrade}_{it} + \beta_6 \text{hcap}_{it} + \beta_7 \text{lnpat}_{it} + \beta_8 \text{lnpgdp2}_{it} + \beta_9 \text{rd}_{it} \\
&+ \beta_{10} \text{citilization}_{it} + \mu_i + \omega_t + \varepsilon_{it}
\end{aligned} \tag{7-13}
$$

式（7－10）、式（7－11）、式（7－12）和式（7－13）中，式（7－10）检验了数字经济对区域经济发展方式转变的总体效应，由表 7－13 和表 7－14 可以看出，数字经济的回归系数为 0.972，在 1% 的水平显著为正，这说明数字经济对区域经济发展方式转变具有积极促进作用，与直接效应结果一致。

表 7－13　　平行中介双固定检验结果

变量	(1)	(2)	(3)	(4)
	dchange	rd	citilization	dchange
diec	0.972*** (12.39)	0.337*** (6.19)	0.330*** (7.92)	0.610*** (7.62)
finance	-0.0178* (-1.80)	0.0183*** (2.67)	-0.00566 (-1.08)	-0.0214** (-2.43)
lnopen	-0.00789** (-2.50)	0.00376* (1.72)	-0.00428** (-2.56)	-0.00651** (-2.31)
market	-0.0262 (-0.72)	0.0437* (1.74)	0.0265 (1.38)	-0.0620* (-1.94)

续表

变量	(1)	(2)	(3)	(4)
	dchange	rd	citilization	dchange
gov	0.0498 (0.82)	-0.0499 (-1.19)	-0.0261 (-0.81)	0.0879 * (1.65)
upgrade	0.00338 (0.30)	-0.0198 ** (-2.55)	-0.00428 (-0.72)	0.0144 (1.45)
hcap	0.0000627 *** (3.81)	0.0000526 *** (4.60)	0.0000201 ** (2.31)	0.0000276 * (1.83)
lnpat	0.0194 *** (3.30)	0.00221 (0.54)	-0.00695 ** (-2.23)	0.0232 *** (4.45)
lnpgdp2	-0.00588 (-0.28)	-0.0817 *** (-5.51)	-0.00471 (-0.42)	0.0306 (1.54)
rd				0.407 *** (5.08)
citilization				0.680 *** (6.47)
_cons	-0.0355 (-0.17)	0.795 *** (5.34)	0.259 ** (2.28)	-0.535 *** (-2.69)
个体效应	控制	控制	控制	控制
时间效应	控制	控制	控制	控制
N	300	300	300	300
R^2 (within)	0.587	0.700	0.876	0.685
F	19.90	32.67	98.45	27.16

注：括号内是 t 值，* 表示 p<0.1，** 表示 p<0.05，*** 表示 p<0.01。
资料来源：Stata 统计输出。

表 7-14　　平行中介双固定和稳健标准误检验结果

变量	(1)	(2)	(3)	(4)
	dchange	rd	citilization	dchange
diec	0.972 *** (3.50)	0.337 *** (4.76)	0.330 *** (3.20)	0.610 ** (2.47)

续表

变量	(1)	(2)	(3)	(4)
	dchange	rd	citilization	dchange
finance	-0.0178 (-1.65)	0.0183 (1.38)	-0.00566 (-0.61)	-0.0214* (-2.00)
lnopen	-0.00789* (-1.85)	0.00376 (0.91)	-0.00428* (-1.78)	-0.00651** (-2.35)
market	-0.0262 (-0.36)	0.0437 (1.19)	0.0265 (0.59)	-0.0620 (-1.09)
gov	0.0498 (0.59)	-0.0499 (-0.68)	-0.0261 (-0.59)	0.0879 (1.43)
upgrade	0.00338 (0.18)	-0.0198 (-1.29)	-0.00428 (-0.32)	0.0144 (0.84)
hcap	0.0000627** (2.53)	0.0000526** (2.61)	0.0000201 (1.51)	0.0000276 (1.33)
lnpat	0.0194** (2.13)	0.00221 (0.22)	-0.00695 (-1.45)	0.0232*** (2.92)
lnpgdp2	-0.00588 (-0.22)	-0.0817*** (-3.04)	-0.00471 (-0.26)	0.0306 (1.28)
rd				0.407*** (3.40)
citilization				0.680*** (5.55)
_cons	-0.0355 (-0.13)	0.795** (2.66)	0.259* (1.71)	-0.535* (-1.97)
个体效应	控制	控制	控制	控制
时间效应	控制	控制	控制	控制
N	300	300	300	300
R^2 (within)	0.587	0.700	0.876	0.685
F	17.65	290.48	120.07	1411.26

注：括号内是t值，* 表示 $p<0.1$，** 表示 $p<0.05$，*** 表示 $p<0.01$。
资料来源：Stata 统计输出。

式（7－11）中的数字经济回归系数为0.337，在1%水平显著为正，说明数字经济对研发强度发展具有积极促进作用。式（7－12）中数字经济的回归系数为0.330，在1%水平显著为正，说明数字经济对城镇化具有积极促进作用。式（7－13）同时检验了数字经济和研发强度及城镇化对区域经济发展方式转变的影响，数字经济回归系数为0.610，在1%水平显著为正；研发强度回归系数为0.407，在1%水平显著为正；城镇化回归系数为0.680，在1%水平显著为正；数字经济回归系数由0.972减小至0.610，这说明数字经济发展会通过研发强度和城镇化促进区域经济发展方式转变，其主要原因是城镇化形成了产业集聚、人力资本集聚等，为数字经济发展奠定了良好的产业基础、人才储备和资本积累。创新可以从研发投入和创新产出两个维度进行衡量，对于数字经济发展来说，研发强度恰恰反映了各省份对数字经济发展基础的重视，这些都是数字经济发展的核心内容。因此，数字经济能够通过研发强度和城镇化驱动区域经济发展方式转变。

2. 平行中介效应分析

由前述分析可知，数字经济通过城镇化和研发强度可以促进区域经济发展方式转变，在1%水平显著为正。

从控制变量看，创新水平和人力资本回归系数均为正值，在1%水平显著，说明创新水平和人力资本对区域经济发展方式转变具有积极促进作用；产业结构升级、经济发展水平和政府规制回归系数均为正值，但不显著，说明它们对区域经济发展方式转变具有一定的积极作用；金融支持、对外开放和市场化回归系数均为负值，在1%的水平显著，说明它们对区域经济发展方式转变具有显著抑制作用；市场化的回归系数为负，但不显著。

结合前述分析结果，数字经济对区域经济发展方式转变产生显著的促进作用，呈现平行中介效应的特征。为更好掌握城镇化和研发强度的中介效应情况，本书计算平行中介效应的比例，可以看出城镇化中介比例高达23.09%，研发强度中介比例高达16.47%，具有较高的解释力，如图7－4所示。

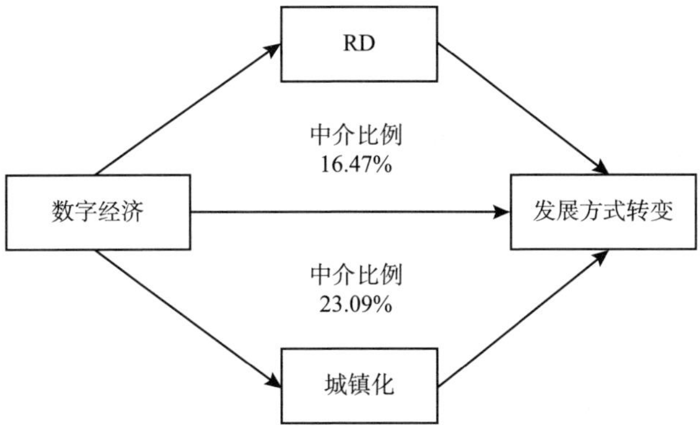

图 7－4　平行中介效应分析

具体计算步骤如下。

第一步，计算总间接效应：

$$总间接效应 = 0.337 \times 0.407 + 0.330 \times 0.680 = 0.3177$$

第二步，计算城镇化间接效应：

$$城镇化间接效应 = 0.330 \times 0.680 = 0.2244$$

第三步，计算研发强度间接效应：

$$研发强度间接效应 = 0.337 \times 0.407 = 0.1372$$

第四步，提取总效应：

$$总效应 = 0.972$$

第五步，计算总中介比例：

$$总中介比例 = 总间接效应 \div 总效应 = 0.3177 \div 0.972 = 0.3269$$

第六步，计算城镇化中介比例：

$$城镇化中介比例 = 间接效应 \div 总效应 = 0.1601 \div 0.972 = 0.2309$$

第七步，计算研发强度中介比例：

$$研发强度中介比例 = 间接效应 \div 总效应 = 0.1601 \div 0.972 = 0.1647$$

3. 平行中介异质性分析

从东部地区来看，由表 7－15 可知，数字经济对东部地区区域经济发展方式转变具有显著正向影响，数字经济的回归系数为 0.749，在 1% 的水平显著；数字经济对城镇化发展具有积极促进作用，回归系数为 0.225，在 1% 水平显著为正；数字经济对研发强度具有积极促进作用，回归系数为 0.188，在 5% 水平显著；数字经济和城镇化及研发强度对东部地区区域经济发展方式转变均有正向影响，且在1%水平显著。

表7-15　　东部地区平行中介异质性

变量	(1)	(2)	(3)	(4)
	dchange	rd	citilization	dchange
diec	0.749*** (5.27)	0.188** (2.29)	0.225*** (3.03)	0.506*** (3.71)
finance	-0.0129 (-0.77)	-0.00289 (-0.30)	-0.00528 (-0.60)	-0.00818 (-0.55)
lnopen	-0.0186** (-2.01)	0.0156*** (2.90)	-0.00930* (-1.91)	-0.0230** (-2.59)
market	-0.0808 (-0.95)	0.0385 (0.78)	0.0827* (1.85)	-0.151* (-1.95)
gov	-0.238 (-0.94)	0.0890 (0.61)	-0.0400 (-0.30)	-0.270 (-1.20)
upgrade	0.000281 (0.01)	-0.0121 (-0.96)	0.000497 (0.04)	0.00744 (0.38)
hcap	0.0000710*** (3.04)	0.0000248* (1.84)	0.0000157 (1.28)	0.0000468** (2.19)
lnpat	0.0764*** (5.04)	-0.00330 (-0.38)	0.00883 (1.11)	0.0734*** (5.41)
lnpgdp2	0.0436 (0.88)	-0.110*** (-3.84)	0.0277 (1.07)	0.0957* (1.98)
rd				0.616*** (3.60)
citilization				0.564*** (2.98)
_cons	-0.793 (-1.41)	1.566*** (4.83)	-0.229 (-0.78)	-1.629*** (-2.86)
个体效应	控制	控制	控制	控制
时间效应	控制	控制	控制	控制
N	110	110	110	110

续表

变量	(1)	(2)	(3)	(4)
	dchange	rd	citilization	dchange
R^2	0.991	0.993	0.963	0.993
Adj R^2	0.9880	0.9906	0.9506	0.9905
F	320.95	412.38	75.91	380.54

注：括号内是t值，* 表示 $p<0.1$，** 表示 $p<0.05$，*** 表示 $p<0.01$。
资料来源：Stata统计输出。

从中部地区来看，由表7-16可知，数字经济对中部地区区域经济发展方式转变具有负向影响，数字经济的回归系数为-0.0405，不显著；数字经济对城镇化和研发强度均有积极促进作用，至少在5%水平显著；数字经济和城镇化及研发强度对中部地区区域经济发展方式转变的影响方向不同，数字经济回归系数为-0.210，不显著，城镇化和研发强度系数则为正值，分别为0.100和0.333，研发强度在1%水平显著，城镇化不显著。

表7-16　　中部地区平行中介异质性

变量	(1)	(2)	(3)	(4)
	dchange	rd	citilization	dchange
diec	-0.0405 (-0.28)	0.363** (2.20)	0.488*** (6.57)	-0.210 (-1.10)
finance	0.0432 (1.57)	0.0149 (0.47)	-0.0320** (-2.25)	0.0415 (1.53)
lnopen	0.0181*** (3.06)	0.0190*** (2.80)	-0.00240 (-0.78)	0.0121** (2.01)
market	-0.137*** (-3.01)	-0.0191 (-0.37)	-0.0429* (-1.83)	-0.126*** (-2.84)
gov	-0.124 (-0.81)	-0.526*** (-3.02)	0.468*** (5.97)	0.00428 (0.02)
upgrade	0.00935 (0.68)	-0.00697 (-0.44)	-0.0193*** (-2.72)	0.0136 (0.98)

续表

变量	(1)	(2)	(3)	(4)
	dchange	rd	citilization	dchange
hcap	0.00101*** (3.69)	0.000338 (1.08)	-0.000332** (-2.36)	0.000928*** (3.41)
lnpat	0.0167*** (3.24)	0.0162*** (2.75)	-0.0105*** (-3.95)	0.0124** (2.16)
lnpgdp2	0.145*** (3.72)	0.0127 (0.29)	0.0161 (0.80)	0.139*** (3.75)
rd				0.333*** (2.94)
citilization				0.100 (0.40)
_cons	-1.521*** (-3.81)	-0.189 (-0.41)	0.113 (0.55)	-1.470*** (-3.88)
个体效应	控制	控制	控制	控制
时间效应	控制	控制	控制	控制
N	80	80	80	80
R^2	0.9631	0.9482	0.9813	0.9683
Adj R^2	0.9459	0.9243	0.9727	0.9519
F	56.30	39.57	113.56	58.84

注：括号内是t值，*表示 $p<0.1$，**表示 $p<0.05$，***表示 $p<0.01$。
资料来源：Stata统计输出。

从西部地区来看，由表7-17可知，数字经济对西部地区区域经济发展方式转变具有显著正向影响，数字经济的回归系数为0.493，在1%的水平显著为正；数字经济对城镇化发展具有积极促进作用，回归系数为0.467，在1%水平显著；数字经济对研发强度有负向影响，回归系数为-0.127，不显著；数字经济和城镇化及研发强度对西部地区经济发展方式转变均有正向影响，数字经济回归系数为0.0181，不显著，城镇化回归系数为1.094，在1%水平显著，研发强度回归系数为0.285，在1%水平显著。

表7-17　　西部地区平行中介异质性

变量	(1)	(2)	(3)	(4)
	dchange	rd	citilization	dchange
diec	0.493** (2.24)	-0.127 (-0.78)	0.467*** (4.42)	0.0181 (0.09)
finance	0.0000887 (0.01)	0.0105 (0.87)	-0.0139* (-1.79)	0.0123 (0.88)
lnopen	-0.00762*** (-2.76)	-0.0000523 (-0.03)	-0.00258* (-1.95)	-0.00478** (-2.02)
market	-0.0142 (-0.38)	0.0322 (1.17)	0.00129 (0.07)	-0.0247 (-0.79)
gov	0.0695 (1.08)	0.0152 (0.32)	0.00992 (0.32)	0.0543 (1.00)
upgrade	0.0211 (1.45)	0.00582 (0.54)	-0.0190*** (-2.70)	0.0402*** (3.13)
hcap	0.00119*** (3.36)	0.000671** (2.56)	0.000546*** (3.21)	0.000403 (1.23)
lnpat	-0.0189*** (-2.64)	-0.0122** (-2.31)	-0.00706** (-2.06)	-0.00766 (-1.20)
lnpgdp2	0.0244 (0.93)	-0.0221 (-1.14)	-0.0282** (-2.24)	0.0615*** (2.69)
rd				0.285** (2.25)
citilization				1.094*** (5.62)
_cons	-0.134 (-0.49)	0.276 (1.37)	0.498*** (3.81)	-0.756*** (-3.01)
个体效应	控制	控制	控制	控制
时间效应	控制	控制	控制	控制
N	110	110	110	110
R^2	0.9636	0.9803	0.9783	0.9749
Adj R^2	0.9510	0.9734	0.9708	0.9654
F	76.52	143.63	130.34	102.35

注：括号内是t值，*表示p<0.1，**表示p<0.05，***表示p<0.01。
资料来源：Stata统计输出。

4. 平行中介稳健性检验

本书已经尽量考虑了稳健性，如面板数据可能存在的异方差和序列相关，本书采用固定效应模型进行回归分析，还更换了回归命令（reghdfe），并采用稳健标准误进行回归估计。由表7-18可以看出，数字经济通过城镇化和研发强度对区域经济发展方式转变影响的方向和显著性均未发生较大变化，城镇化和研发强度中介效应依然显著为正。这说明研究结论可信。

表7-18 平行中介稳健性检验

变量	(1)	(2)	(3)	(4)
	dchange	citilization	rd	dchange
diec	0.972*** (3.50)	0.330*** (3.20)	0.337*** (4.76)	0.610** (2.47)
finance	-0.0178 (-1.65)	-0.00566 (-0.61)	0.0183 (1.38)	-0.0214* (-2.00)
lnpat	0.0194** (2.13)	-0.00695 (-1.45)	0.00221 (0.22)	0.0232*** (2.92)
lnopen	-0.00789* (-1.85)	-0.00428* (-1.78)	0.00376 (0.91)	-0.00651** (-2.35)
market	-0.0262 (-0.36)	0.0265 (0.59)	0.0437 (1.19)	-0.0620 (-1.09)
gov	0.0498 (0.59)	-0.0261 (-0.59)	-0.0499 (-0.68)	0.0879 (1.43)
upgrade	0.00338 (0.18)	-0.00428 (-0.32)	-0.0198 (-1.29)	0.0144 (0.84)
hcap	0.0000627** (2.53)	0.0000201 (1.51)	0.0000526** (2.61)	0.0000276 (1.33)
lnpgdp2	-0.00588 (-0.22)	-0.00471 (-0.26)	-0.0817*** (-3.04)	0.0306 (1.28)
rd				0.407*** (3.40)

续表

变量	(1)	(2)	(3)	(4)
	dchange	citilization	rd	dchange
citilization				0.680 *** (5.55)
_cons	-0.0472 (-0.16)	0.281 * (1.75)	0.859 ** (2.67)	-0.588 * (-2.04)
个体效应	控制	控制	控制	控制
时间效应	控制	控制	控制	控制
N	300	300	300	300
R^2	0.9920	0.9716	0.9876	0.9939
Adj R^2	0.9905	0.9662	0.9852	0.9927
Within R^2	0.4925	0.2855	0.3419	0.6127
F	15.79	3.5	70.83	60.04

注：括号内是 t 值，* 表示 $p<0.1$，** 表示 $p<0.05$，*** 表示 $p<0.01$。
资料来源：Stata 统计输出。

7.4　本章小结

本章重点讨论数字经济对区域经济发展方式转变的间接效应，先选择城镇化和研发强度作为中介变量，经检验，数字经济会通过研发强度和城镇化水平促进区域经济发展方式转变，在 1% 水平显著为正，城镇化的中介比例为 25.43%，研发强度的中介比例为 16.47%。之后，又将城镇化和研发强度作平行中介检验，发现存在平行中介效应，城镇化中介比例为 23.09%，与前面相比有所下降，研发强度中介比例 16.47%，保持不变。综上可知，假设 2 和假设 3 得到验证。

第8章　数字经济驱动区域经济发展方式转变的门槛效应

根据前述分析，数字经济对区域经济发展方式转变可能存在非线性关系。常见的非线性关系处理方式主要有三种。第一，采用交叉项模型来构建含有需要研究变量交叉项的线性模型，以此模型的回归结果分析所研究变量之间的内在关系。此种方法虽然能够得出具体的门槛值，但是不能对门槛效应进行显著性分析，且要找到最佳的交叉项形式比较困难。第二，进行先验的分组检验，事先人为地把研究样本进行分组，但是这种人为的主观分组得到的研究结果很难完全符合客观事实。第三，基于汉森（Hansen，1999）提出的门槛回归模型研究变量之间的非线性关系，其最大优点是基于变量的样本数据采用“自抽样法”，根据变量自身的变化规律内生地决定门槛值及门槛区间，且能够进行显著性检验，所得研究结果客观可信（姚旭兵等，2017）。

8.1　门槛模型简介

本书采用汉森（1999）的面板门槛模型分析数字经济对区域经济发展方式转变的非线性关系。汉森（1999）最先提出的面板门槛模型的基本方程如式（8－1）所示：

$$Y_{it} = \alpha + \beta_1 X_{it} I(q_{it} \leq \gamma) + \beta_2 X_{it} I(q_{it} > \gamma) + \eta Z_{it} + \varepsilon_{it} \qquad (8-1)$$

式（8－1）中，下标 i 代表省份，下标 t 代表时间，Y_{it}表示被解释变量，X_{it}为核心解释变量，Z_{it}为除核心解释变量外的其他控制变量，β_1、β_2为核心解释变量的系数，η 为各控制变量的系数，ε_{it}为随机扰动项，q_{it}为门槛变量，γ 为特定的门槛值，I(·) 为指标函数。

式（8 – 1）中，假设存在 1 个门槛，如果出现 2 个门槛，可以在单一门槛模型基础上拓展为式（8 – 2）：

$$Y_{it}=\alpha+\beta_1X_{it}I(q_{it}\leqslant\gamma_1)+\beta_2X_{it}I(\gamma_1<q_{it}\leqslant\gamma_2)+\beta_3X_{it}I(q_{it}>\gamma_2)+\eta Z_{it}+\varepsilon_{it} \tag{8-2}$$

式（8 – 2）中，γ_1 为第一个门槛值，γ_2 为第二个门槛值，Y_{it}表示被解释变量区域经济发展方式转变，X_{it}为核心解释变量数字经济，Z_{it}为除核心解释变量数字经济外的其他控制变量（在本书中主要包括等金融支持、对外开放、市场化、政府规制、人力资本、产业结构升级、创新水平和经济发展水平 8 个控制变量），η 为各控制变量的系数。其他符号与单一门槛模型式中含义一样。

8.2　门槛效应分析

8.2.1　数字经济的门槛效应分析

在前述研究基础上，可以看出数字经济对区域经济发展方式转变产生显著正向影响。考虑到我国不同省份数字经济、研发强度和城镇化等对区域经济发展方式转变的影响可能会存在差异，本书拟采用汉森的面板门槛模型进行分析，探究数字经济对区域经济发展方式转变可能存在的非线性关系。

1. 计量模型

本书参考汉森（1999）的做法，根据后续分析可知，数字经济作为门槛变量存在单一门槛值。因此，本书构建数字经济对区域经济发展方式转变的单一门槛计量模型，分析数字经济对区域经济发展方式转变的非线性关系，具体模型如式（8 – 3）所示：

$$\begin{aligned}dchange_{it}=&\alpha+\beta_1diec_{it}+\beta_2finance_{it}+\beta_3lnopen_{it}+\beta_4market_{it}+\beta_5gov_{it}\\&+\beta_6hcap_{it}+\beta_7upgrade_{it}+\beta_8lnpat_{it}+\beta_9lnpgdp2_{it}\\&+\beta_{10}diec_{it}\cdot I(q_{it}\leqslant\lambda_1)+\beta_{11}diec_{it}\cdot I(q_{it}>\lambda_1)+\varepsilon_{it}\end{aligned} \tag{8-3}$$

式（8 – 3）中，下标 i 代表省份，下标 t 代表时间，β_1、β_2 为核心解释变量数字经济的系数，ε_{it} 为随机扰动项，q_{it} 为门槛变量，λ 为特定的门槛值，I(·) 为指标函数。

2. 变量选择

本部分被解释变量依然采用第 4 章区域经济发展方式转变的综合评价结果来表示，符号记为 dchange，核心解释变量也同样采用第 4 章数字经济的综合评价结果来表示，符号记为 diec。

为准确估计数字经济对区域经济发展方式转变的非线性影响，本书考虑加入金融支持（用 finance 表示）、对外开放（用 open 表示）、市场化（用 market 表示）、政府规制（用 gov 表示）、人力资本（用 hcap 表示）、产业结构升级（用 upgrade 表示）、创新水平（用 pat 表示）和经济发展水平（用 pgdp2 表示）8 个控制变量。各控制变量的含义与第 6 章相同，具体含义参见第 6 章的变量选择部分。

3. 门槛模型检验过程及估计结果分析

本部分将数字经济作为门槛变量，检验数字经济对区域经济发展方式转变的非线性影响，主要检验步骤如下：首先，确认是否存在数字经济的门槛效应；其次，如果存在门槛效应，再确认存在门槛个数，并找出门槛值。具体步骤如下：

（1）抽样检验及门槛估计。

对模型门槛值进行搜索，确定门槛个数，本书设定抽样 1000 次，然后按照无门槛、单一门槛、双重门槛和三重门槛的假设进行估计，得到模型的 F 值及 P 值，由表 8 -1 可以看出，单一门槛的 F 值为 36.11，P 值为 0.0020，在 1% 水平显著，可以确定数字经济存在单一门槛。

表 8 -1　　数字经济门槛抽样检验

模型	F 值	P 值	BS 次数	10%	5%	1%
单一门槛	36.11***	0.0020	1000	19.5851	22.4000	30.3528
双重门槛	23.33	0.1500	1000	33.3844	43.9727	66.9096
三重门槛	19.01	0.3390	1000	39.7498	47.7735	62.6389

注：*** 表示 $p<0.01$。

资料来源：Stata 统计输出。

（2）置信区间。

为检验上述门槛值的真实值，通常构造门槛值的置信区间，并进行门槛值估计。数字经济的单一门槛估计值及 95% 的置信区间如表 8－2 所示。

表 8－2　　数字经济门槛估计结果

模型	门槛估计值	95% 置信区间
单一门槛	0.4475	[0.4127，0.4634]
双重门槛	0.4475	[0.4127，0.4634]
	0.2671	[0.1525，0.2788]
三重门槛	0.1349	[0.1304，0.1375]

资料来源：Stata 统计输出。

（3）LR 图。

最后，为进一步验证门槛值的真实性，本书还呈现了似然比函数图，能够更加清晰地呈现数字经济门槛值的估计过程和置信区间的分布情况。具体来看，如图 8－1 所示，数字经济门槛变量的估计值是似然比检验统计量 LR 等于 0 时 λ 的值，本书中数字经济单一门槛值为 0.4475。

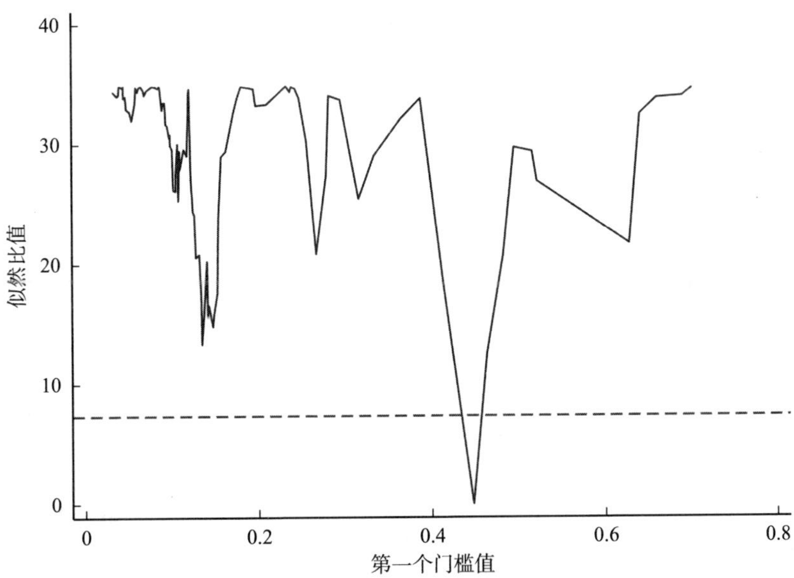

图 8－1　数字经济似然比函数

资料来源：Stata 统计输出。

（4）估计结果。

为探究数字经济对区域经济发展方式转变的非线性影响，本书采用双向固定效应模型进行回归分析，并同时呈现了稳健标准误的估计结果，如表8－3所示。

表8－3　　　　数字经济门槛估计结果

变量	(1)	(2)
	dchange	dchange
finance	−0.0173 * (−2.16)	−0.0173 (−1.72)
lnpgdp2	−0.0122 (−1.17)	−0.0122 (−0.58)
lnopen	−0.00749 ** (−2.67)	−0.00749 (−2.00)
market	0.00306 (0.10)	0.00306 (0.04)
gov	0.0361 (0.69)	0.0361 (0.48)
upgrade	−0.00179 (−0.23)	−0.00179 (−0.17)
hcap	0.0000431 ** (3.12)	0.0000431 ** (3.64)
lnpat	0.0138 ** (2.81)	0.0138 (1.73)
diec≤0.4475	0.639 *** (8.20)	0.639 *** (4.42)
diec >0.4475	0.852 *** (12.33)	0.852 *** (6.80)
_cons	0.110 (1.73)	0.110 (0.98)
N	300	300

注：括号内是t值，* 表示 $p<0.1$，** 表示 $p<0.05$，*** 表示 $p<0.01$。
资料来源：Stata统计输出。

门槛效应检验的结果表明，数字经济存在门槛效应，根据前述面板门槛回归模型进行回归分析，得到门槛检验结果，如表8-3所示。

由表8-3可知，当门槛变量为数字经济时，存在单一门槛，数字经济指数小于0.4475时，数字经济对区域经济发展方式转变的影响为0.639，在1%的水平显著；当数字经济指数大于0.4475时，数字经济对区域经济发展方式转变的影响为0.852，在1%的水平显著。这说明，当数字经济越过门槛值时，数字经济对区域经济发展方式转变的影响会显著增强，系数由0.639增加至0.852。

由表8-4可知，2007~2009年仅有3个省份越过0.4475的门槛，仅占10%，而90%的省份仍未迈过门槛。从2010年开始，已经有4个省份越过0.4475的门槛，呈现增长趋势。从越过门槛的省份来看，北京、广东、上海和江苏全部是东部地区的省份，分别位于长三角、珠三角及环渤海，这也反映了我国三大经济带数字经济发展对促进区域经济发展方式转变具有引领作用。数字经济对区域经济发展方式转变的促进作用呈现“梯度式”特点。

表8-4　　数字经济门槛区间的省份

年份	区间	
	数字经济≤0.4475	数字经济>0.4475
2007	江苏、浙江、天津、山东、福建、辽宁、四川、湖北、河北、黑龙江、陕西、河南、湖南、吉林、重庆、山西、安徽、江西、内蒙古、广西、新疆、云南、海南、宁夏、甘肃、贵州、青海	北京、广东、上海
2008	江苏、浙江、山东、天津、福建、辽宁、四川、湖北、河北、河南、陕西、黑龙江、湖南、重庆、吉林、山西、安徽、内蒙古、广西、江西、新疆、海南、云南、宁夏、贵州、甘肃、青海	北京、广东、上海
2009	江苏、浙江、山东、天津、福建、辽宁、四川、湖北、陕西、河北、河南、湖南、黑龙江、吉林、重庆、山西、安徽、内蒙古、江西、广西、新疆、海南、云南、宁夏、贵州、甘肃、青海	北京、广东、上海
2010	浙江、山东、天津、福建、辽宁、四川、湖北、河北、陕西、河南、湖南、重庆、黑龙江、安徽、吉林、内蒙古、广西、山西、江西、海南、新疆、云南、宁夏、贵州、甘肃、青海	北京、广东、上海、江苏

续表

年份	区间	
	数字经济≤0.4475	数字经济>0.4475
2011	浙江、山东、天津、福建、辽宁、四川、湖北、河北、陕西、河南、湖南、重庆、内蒙古、黑龙江、吉林、安徽、山西、海南、广西、江西、新疆、云南、宁夏、贵州、甘肃、青海	北京、广东、上海、江苏
2012	浙江、山东、天津、福建、辽宁、四川、湖北、河北、陕西、河南、湖南、内蒙古、重庆、安徽、吉林、黑龙江、山西、广西、江西、海南、新疆、云南、宁夏、贵州、甘肃、青海	北京、广东、江苏、上海
2013	浙江、山东、天津、辽宁、福建、四川、湖北、陕西、河南、河北、黑龙江、湖南、内蒙古、重庆、安徽、吉林、山西、海南、江西、广西、新疆、云南、宁夏、甘肃、贵州、青海	北京、广东、江苏、上海
2014	浙江、山东、天津、辽宁、福建、四川、湖北、陕西、河南、河北、湖南、内蒙古、黑龙江、重庆、安徽、吉林、海南、山西、江西、广西、新疆、云南、宁夏、甘肃、贵州、青海	北京、广东、江苏、上海
2015	浙江、山东、天津、福建、辽宁、湖北、四川、陕西、河南、湖南、河北、内蒙古、重庆、安徽、吉林、黑龙江、江西、广西、山西、海南、新疆、云南、宁夏、贵州、甘肃、青海	北京、广东、江苏、上海
2016	浙江、福建、山东、天津、辽宁、湖北、四川、河南、陕西、湖南、河北、重庆、安徽、内蒙古、吉林、黑龙江、江西、广西、山西、云南、新疆、海南、贵州、宁夏、青海、甘肃	北京、广东、江苏、上海

8.2.2 城镇化的门槛效应分析

1. 计量模型

与前述门槛计量模型构建类似，本部分选择城镇化变量作为门槛变量，根据后续分析可知，城镇化存在双重门槛值，因此，构建双重门槛计量模型如式（8-4）所示：

$$
\begin{aligned}
dchange_{it} = {} & \alpha + \beta_1 diec_{it} + \beta_2 finance_{it} + \beta_3 lnopen_{it} + \beta_4 market_{it} + \beta_5 gov_{it} \\
& + \beta_6 hcap_{it} + \beta_7 upgrade_{it} + \beta_8 lnpat_{it} + \beta_9 lnpgdp2_{it} \\
& + \beta_{10} diec_{it} \cdot I(q_{it} \leqslant \lambda_1) + \beta_{11} diec_{it} \cdot I(q_{it} > \lambda_2) \\
& + \beta_{12} diec_{it} \cdot I(\lambda_1 < q_{it} \leqslant \lambda_2) + \varepsilon_{it} \qquad (8-4)
\end{aligned}
$$

式（8-4）中，λ_1 表示第一个门槛值、λ_2 表示第二个门槛值，q_{it}用citilization来代替。其余变量含义与前述一样。

2. 变量选择

本部分的门槛变量为城镇化，用符号 citilization 表示。其余被解释变量、核心解释变量及控制变量含义与前述一样。

3. 门槛模型检验过程及估计结果分析

本部分将城镇化作为门槛变量，检验数字经济对区域经济发展方式转变的非线性影响。

（1）抽样检验及门槛估计。

由表 8－5 可以看出，城镇化存在双重门槛，双重门槛的 F 值为 24.55，P 值为 0.0960，在 10% 水平显著。

表 8－5　城镇化门槛抽样检验结果

模型	F 值	P 值	BS 次数	10%	5%	1%
单一门槛	33.58***	0.0000	1000	11.6943	14.4116	20.4708
双重门槛	24.55*	0.0960	1000	23.3847	34.6665	56.2159
三重门槛	7.35	0.5430	1000	24.8584	33.4284	49.8080

注：*** 表示 $p<0.01$。
资料来源：Stata 统计输出。

（2）置信区间。

同理，城镇化的双重门槛估计值及 95% 的置信区间如表 8－6 所示。

表 8－6　城镇化门槛估计结果

模型	门槛估计值	95% 置信区间
单一门槛	3.3702	[3.1464，3.3948]
双重门槛	3.3702	[3.1740，3.3948]
	2.7264	[2.6469，2.7852]
三重门槛	2.3946	[2.3754，2.4072]

资料来源：Stata 统计输出。

（3）LR 图。

为进一步验证城镇化门槛值的真实性，本书依然呈现了似然比函数（如图 8 -2 所示）。城镇化双重门槛值分别为 2. 7264 和 3. 3702。

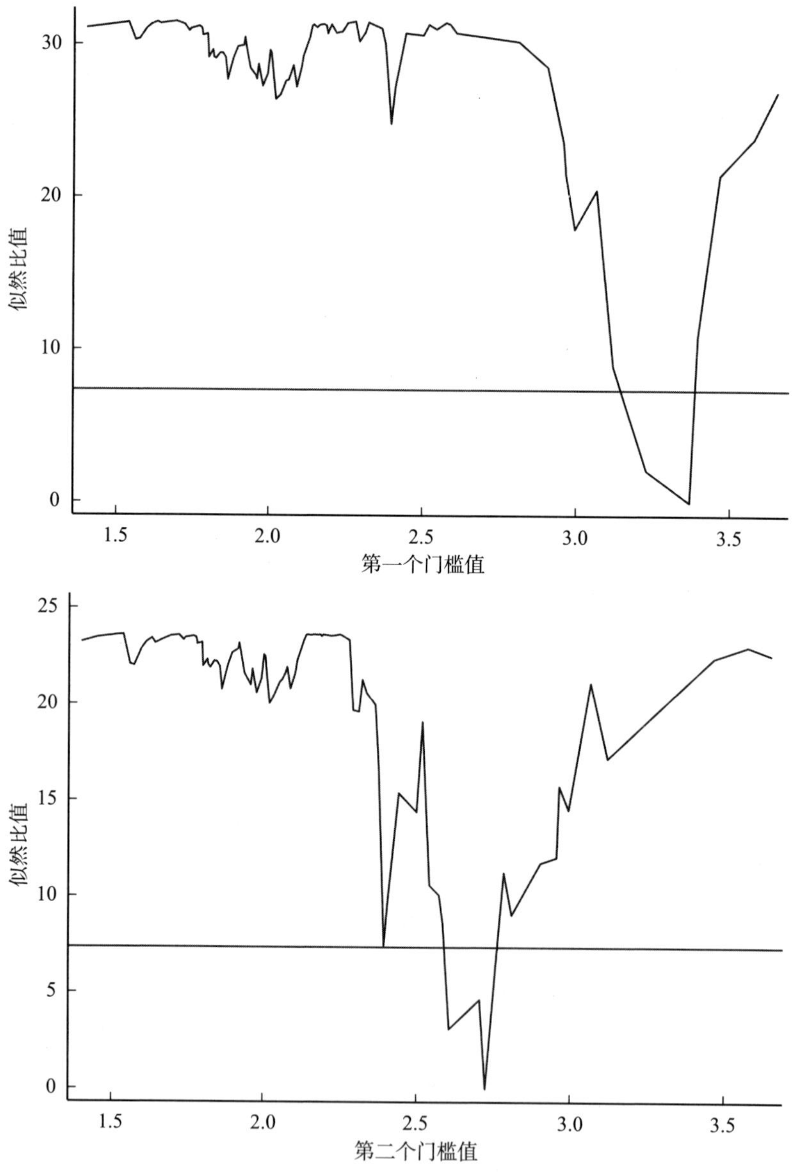

图 8 -2 城镇化似然比函数

资料来源：Stata 统计输出。

(4) 估计结果。

门槛效应检验的结果表明，城镇化存在门槛效应，根据前述面板门槛回归模型进行回归分析，得到门槛检验结果，如表 8－7 所示。

表 8－7　　城镇化门槛估计结果

变量	(1)	(2)
	dchange	dchange
finance	－0.0203* (－2.50)	－0.0203** (－2.87)
lnpgdp2	－0.0226* (－2.16)	－0.0226 (－1.21)
lnopen	－0.00672* (－2.34)	－0.00672* (－2.11)
market	－0.0332 (－1.10)	－0.0332 (－0.64)
gov	0.0527 (0.99)	0.0527 (0.83)
upgrade	－0.0135 (－1.64)	－0.0135 (－1.45)
hcap	0.0000697*** (4.78)	0.0000697*** (3.79)
lnpat	0.0174*** (3.48)	0.0174* (2.24)
citilizatiion≤2.7264	0.811*** (11.01)	0.811** (3.58)
2.7264 < citilizatiion≤3.3702	0.872*** (12.42)	0.872*** (3.80)
citilizatiion > 3.3702	0.942*** (13.13)	0.942*** (4.06)
_cons	0.191** (2.99)	0.191 (1.73)
N	300	300

注：括号内是 t 值，* 表示 $p<0.1$，** 表示 $p<0.05$，*** 表示 $p<0.01$。
资料来源：Stata 统计输出。

由表8-7可知，门槛变量为城镇化时，存在双重门槛，当城镇化水平小于2.7264时，数字经济对区域经济发展方式转变的影响系数为0.811，在1%的水平显著；当城镇化水平大于2.7264，而小于3.3702时，数字经济对区域经济发展方式转变的影响系数为0.872，在1%的水平显著；当城镇化水平大于3.3702时，数字经济对区域经济发展方式转变的影响系数为0.942。这说明，当城镇化水平越过第一重门槛和第二重门槛时，数字经济对区域经济发展方式转变的影响会逐渐增强，系数由0.811提升至0.872，再增加至0.942。

根据表8-8列出的不同年份落入不同城镇化水平区间的省份来看，2007~2008年仅有1个省份越过3.3702的门槛，占3.33%；仅有2个省份越过2.7264的门槛，占6.67%，而其他省份仍未迈过第一道门槛。2009年，越过第二道门槛的省份增加1个，越过第一道门槛的省份减少1个。2010~2012年，越过第二道门槛的省份全军覆没，越过第一道门槛的省份则呈增加态势，由2个增加至3个。2013~2016年，越过第二道门槛的省份由3个逐渐增加至5个，越过第一道门槛的省份波动较大，由2013年的1个增加至高峰时期的6个，之后略有下降，减至5个。总体来看，随着时间推移，越过第二道门槛和第一道门槛的省份呈增加态势。从越过第二道门槛的省份来看，上海、北京、天津、福建和江苏全部是东部地区的省份，而越过第一道门槛的省份主要是浙江、内蒙古、广东、辽宁和山东，除内蒙古外，也都位于东部地区。这也说明我国三大经济带的城镇化发展水平较高，城镇化带来资本集聚、产业集聚、人力资本集聚等，集聚效应对形成完备的数字经济产业链具有积极作用，这也为促进区域经济发展方式转变起到推动作用。

表8-8　城镇化门槛区间的省份

年份	区间		
	城镇化≤2.7264	2.7264<城镇化≤3.3702	城镇化>3.3702
2007	广东、浙江、辽宁、江苏、黑龙江、吉林、山东、福建、内蒙古、海南、重庆、山西、湖北、河北、宁夏、湖南、新疆、陕西、安徽、青海、江西、广西、河南、四川、甘肃、云南、贵州	北京、天津	上海

续表

年份	区间		
	城镇化≤2.7264	2.7264 < 城镇化≤3.3702	城镇化 > 3.3702
2008	广东、浙江、江苏、辽宁、山东、黑龙江、福建、吉林、内蒙古、海南、重庆、山西、湖北、河北、宁夏、陕西、湖南、新疆、安徽、江西、青海、河南、广西、四川、甘肃、云南、贵州	北京、天津	上海
2009	广东、浙江、江苏、辽宁、山东、福建、内蒙古、吉林、黑龙江、重庆、海南、山西、河北、湖北、宁夏、陕西、湖南、新疆、安徽、江西、河南、青海、广西、四川、甘肃、云南、贵州	天津	上海、北京
2010	天津、广东、浙江、海南、江苏、辽宁、福建、内蒙古、山东、黑龙江、吉林、广西、山西、重庆、河北、宁夏、湖北、陕西、江西、湖南、河南、新疆、安徽、四川、青海、云南、甘肃、贵州	上海、北京	
2011	广东、浙江、江苏、海南、辽宁、福建、内蒙古、山东、吉林、黑龙江、重庆、河北、山西、湖北、广西、宁夏、陕西、江西、湖南、河南、安徽、四川、新疆、青海、云南、甘肃、贵州	上海、北京、天津	
2012	广东、浙江、江苏、辽宁、内蒙古、福建、海南、山东、吉林、黑龙江、重庆、湖北、山西、河北、宁夏、陕西、湖南、江西、广西、新疆、四川、安徽、河南、青海、云南、甘肃、贵州	上海、北京、天津	
2013	广东、浙江、内蒙古、辽宁、福建、山东、海南、吉林、黑龙江、重庆、湖北、河北、山西、宁夏、陕西、湖南、江西、广西、新疆、四川、河南、青海、安徽、云南、甘肃、贵州	江苏	上海、天津、北京
2014	海南、山东、吉林、重庆、黑龙江、湖北、宁夏、陕西、河北、山西、湖南、江西、广西、青海、安徽、新疆、四川、河南、云南、甘肃、贵州	江苏、广东、浙江、内蒙古、辽宁、福建	上海、天津、北京
2015	山东、湖北、吉林、黑龙江、重庆、海南、广西、陕西、湖南、宁夏、河北、江西、青海、山西、河南、四川、新疆、云南、安徽、贵州、甘肃	江苏、内蒙古、浙江、广东、辽宁	上海、天津、北京、福建
2016	湖北、吉林、重庆、海南、黑龙江、陕西、广西、湖南、河北、宁夏、江西、青海、四川、河南、新疆、山西、安徽、云南、贵州、甘肃	浙江、内蒙古、广东、辽宁、山东	天津、上海、北京、福建、江苏

资料来源：笔者自制。

8.2.3 研发强度的门槛效应分析

1. 计量模型

与前述门槛计量模型构建类似，本部分选择研发强度变量作为门槛变量，根据后续分析可知，研发强度存在单一门槛值，因此，构建单一门槛计量模型如式（8-5）所示：

$$\begin{aligned} dchange_{it} = {} & \alpha + \beta_1 diec_{it} + \beta_2 finance_{it} + \beta_3 lnopen_{it} + \beta_4 market_{it} + \beta_5 gov_{it} \\ & + \beta_6 hcap_{it} + \beta_7 upgrade_{it} + \beta_8 lnpat_{it} + \beta_9 lnpgdp2_{it} \\ & + \beta_{10} diec_{it} \cdot I(q_{it} \leq \lambda_1) + \beta_{11} diec_{it} \cdot I(q_{it} > \lambda_1) + \varepsilon_{it} \end{aligned} \quad (8-5)$$

式（8-5）中，λ_1 表示单一门槛值，q_{it}用 rd 来代替。其余变量含义与前述一样。

2. 变量选择

本部分的门槛变量为研发强度，用符号 rd 表示。其余被解释变量、核心解释变量及控制变量与前述一样。

3. 门槛模型检验过程及估计结果分析

本部分将研发强度作为门槛变量，检验数字经济对区域经济发展方式转变的非线性影响。

（1）抽样检验及门槛估计。

由表 8-9 可以看出，研发强度存在单一门槛，单一门槛的 F 值为 41.14，P 值为 0.0140，在 10% 水平显著。

表 8-9　研发强度门槛抽样检验结果

模型	F 值	P 值	BS 次数	10%	5%	1%
单一门槛	41.14*	0.0140	1000	23.2873	29.4539	42.4351
双重门槛	8.13	0.6640	1000	23.3938	29.3280	40.6052
三重门槛	7.04	0.6960	1000	19.8058	24.1426	31.6629

注：* 表示 $p < 0.1$。
资料来源：Stata 统计输出。

（2）置信区间。

同理，研发强度的双重门槛估计值及 95% 的置信区间如表 8-10

所示。

表 8 – 10　　研发强度门槛估计结果

模型	门槛估计值	95% 置信区间
单一门槛	0. 0249	[0. 0245，0. 0256]
双重门槛	0. 0249	[0. 0245，0. 0256]
	0. 0216	[0. 0200，0. 0218]
三重门槛	0. 0127	[0. 0122，0. 0128]

资料来源：Stata 统计输出。

（3）LR 图。

最后，为进一步验证研发强度门槛值的真实性，本书依然呈现了似然比函数（如图 8 – 3 所示），研发强度单一门槛值为 0. 0249。

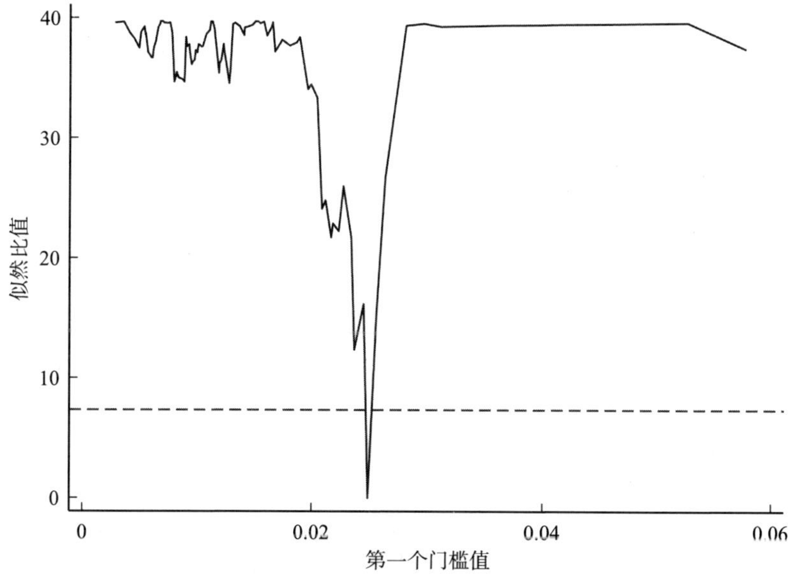

图 8 – 3　研发强度似然比函数

资料来源：Stata 统计输出。

（4）估计结果。

门槛效应检验的结果表明，研发强度存在门槛效应，根据前述面板门槛回归模型进行回归分析，得到门槛检验结果，如表 8 - 11 所示。

表 8 - 11　　研发强度门槛估计结果

变量	(1)	(2)
	dchange	dchange
finance	-0.0152 (-1.80)	-0.0152 (-1.97)
lnpgdp2	-0.0238* (-2.19)	-0.0238 (-1.19)
lnopen	-0.00712* (-2.41)	-0.00712 (-1.98)
market	-0.0240 (-0.76)	-0.0240 (-0.37)
gov	0.0281 (0.51)	0.0281 (0.45)
upgrade	-0.00176 (-0.22)	-0.00176 (-0.17)
hcap	0.0000497*** (3.45)	0.0000497** (3.24)
lnpat	0.0180*** (3.49)	0.0180* (2.26)
rd≤0.0249	0.846*** (11.59)	0.846*** (3.98)
rd>0.0249	0.948*** (13.20)	0.948*** (4.51)
_cons	0.177** (2.67)	0.177 (1.57)
N	300	300

注：括号内是 t 值，* 表示 $p<0.1$，** 表示 $p<0.05$，*** 表示 $p<0.01$。
资料来源：Stata 统计输出。

由表8-11可知，当门槛变量为研发强度时，存在单一门槛，研发强度小于0.0249时，数字经济对区域经济发展方式转变的影响系数为0.846，在1%的水平显著；当研发强度大于0.0249时，数字经济对区域经济发展方式转变的影响系数为0.948，在1%的水平显著。这说明，当研发强度越过门槛时，数字经济对区域经济发展方式转变的影响会逐渐增强，系数由0.846增加至0.948。

根据表8-12列出的不同年份落入不同研发强度区间的省份来看，2007~2009年仅有2个省份越过0.0249的门槛，占6.67%，93.33%的省份仍未迈过门槛。2010~2012年有3个省份越过0.0249的门槛，占比提升至10%。2013~2015年有4个省份越过0.0249的门槛，占比提升至13.33%。2016年则有5个省份越过0.0249的门槛，占比进一步提升至16.67%，达到观察期的顶峰。由此可见，随着时间推移，从2010年开始，越过0.0249的门槛的省份呈现逐渐增加的趋势。从越过门槛的省份来看，北京、上海、天津、江苏和广东全部是东部经济发达地区的省份，分别是位于环渤海、长三角及珠三角。这也反映了我国三大经济带研发投入强度不断增加，使数字经济发展对促进区域经济发展方式转变的创新引领趋势不断得到增强。这说明随着我国经济发展水平提高，特别是创新驱动发展战略的推进，经济发达地区研发投入水平不断提高，对当地数字经济发展及产业集聚产生重要影响，能够促进产业结构优化升级，培育新动能和新业态等，这些都对促进区域经济发展方式转变有积极作用。

表8-12　研发强度门槛区间的省份

年份	区间	
	研发强度≤0.0249	研发强度>0.0249
2007	天津、陕西、江苏、辽宁、浙江、四川、广东、湖北、山东、重庆、安徽、吉林、甘肃、黑龙江、福建、江西、山西、宁夏、湖南、河南、河北、云南、贵州、青海、内蒙古、广西、新疆、海南	北京、上海
2008	天津、陕西、江苏、浙江、辽宁、广东、山东、湖北、四川、重庆、安徽、黑龙江、湖南、甘肃、江西、福建、山西、吉林、宁夏、河北、河南、贵州、云南、广西、内蒙古、青海、新疆、海南	北京、上海

续表

年份	区间	
	研发强度≤0.0249	研发强度>0.0249
2009	天津、陕西、江苏、浙江、湖北、广东、辽宁、山东、四川、安徽、黑龙江、重庆、湖南、吉林、福建、山西、甘肃、江西、河南、河北、宁夏、青海、贵州、广西、云南、内蒙古、新疆、海南	北京、上海
2010	陕西、江苏、浙江、广东、山东、湖北、辽宁、四川、安徽、重庆、黑龙江、福建、湖南、甘肃、山西、江西、河南、吉林、河北、青海、宁夏、广西、贵州、云南、内蒙古、新疆、海南	北京、上海、天津
2011	江苏、陕西、广东、山东、浙江、湖北、辽宁、安徽、四川、重庆、福建、湖南、黑龙江、山西、河南、甘肃、吉林、江西、河北、青海、宁夏、广西、贵州、云南、内蒙古、新疆、海南	北京、上海、天津
2012	江苏、广东、浙江、山东、陕西、湖北、安徽、辽宁、四川、重庆、福建、湖南、山西、甘肃、黑龙江、河南、河北、吉林、江西、宁夏、广西、青海、云南、内蒙古、贵州、新疆、海南	北京、上海、天津
2013	广东、浙江、山东、陕西、安徽、湖北、辽宁、四川、福建、重庆、湖南、山西、黑龙江、河南、甘肃、河北、江西、吉林、宁夏、广西、内蒙古、云南、青海、贵州、新疆、海南	北京、上海、天津、江苏
2014	广东、浙江、山东、陕西、安徽、湖北、四川、辽宁、福建、重庆、湖南、山西、河南、甘肃、黑龙江、河北、江西、吉林、宁夏、广西、内蒙古、云南、青海、贵州、新疆、海南	北京、上海、天津、江苏
2015	广东、浙江、山东、陕西、安徽、湖北、四川、重庆、福建、湖南、辽宁、甘肃、河北、河南、黑龙江、山西、江西、吉林、宁夏、云南、内蒙古、广西、贵州、新疆、青海、海南	北京、上海、天津、江苏
2016	浙江、山东、陕西、安徽、湖北、重庆、四川、辽宁、福建、湖南、河南、甘肃、河北、江西、山西、黑龙江、宁夏、吉林、云南、内蒙古、广西、贵州、新疆、海南、青海	北京、上海、天津、江苏、广东

8.3 本章小结

本章主要讨论了数字经济对区域经济发展方式转变的门槛效应，选择数字经济、城镇化、研发强度3个变量进行门槛效应检验，研究发现：第一，数字经济和研发强度存在单一门槛，城镇化存在双重门槛；第二，面板门槛回归分析发现，无论是单一门槛，还是双重门槛，当越过门槛值时，数字经济对区域经济发展方式转变的促进作用会加强。

综上可知，假设 4 得到验证。

第9章　数字经济驱动区域经济发展方式转变的空间效应

我国省域资源禀赋差异较大，经济基础、科技水平和市场环境等均存在较大差异。因此，不能忽视数字经济与区域经济发展方式转变的空间效应。

9.1　空间计量分析

9.1.1　空间权重矩阵

空间计量研究中，空间相关性与空间异质性的检验是关键问题。构建空间权重矩阵对空间计量研究非常重要，空间权重矩阵的构造方法很多，本书构建了两种空间权重矩阵：

1. 空间邻接矩阵

空间邻接矩阵是根据观测点在地理空间上的相邻关系来构造的空间权重矩阵，较常用的空间邻接矩阵主要有 rook 邻接和 queen 邻接两种规则。rook 邻接是指两个区域间拥有共同的边，而 queen 邻接则表示两个区域有共同的点或共同的边，queen 邻接矩阵比 rook 邻接矩阵具有更加紧密的空间关联结构。当两个空间单元具有共同的点或边界时赋值为 1，否则赋值为 0。

该矩阵的形式如式（9－1）所示：

$$W_{ij} = W_{ji} = \begin{cases} 1, \text{当区域 } i \text{ 和区域 } j \text{ 相邻} \\ 0, \text{其他} \end{cases} \tag{9-1}$$

2. 地理权重矩阵

地理学第一定律认为任何事物之间都存在联系，但是距离近的事物总比距离较远的事物联系更加紧密。本书构建的地理权重矩阵是以两个省份省会城市之间距离平方的倒数来表示的，这克服了邻接矩阵的不足。

该矩阵的形式如式（9 - 2）所示：

$$W_{ij} = \begin{cases} \dfrac{1}{d_{ij}^2}, & i \neq j \\ 0, & i = j \end{cases} \tag{9-2}$$

9.1.2　空间相关性检验

只有存在空间相关性才能使用空间计量模型，因此，应该先对各变量进行全局空间相关性检验，确定变量是否存在空间依赖性。Moran's I 指数是最常用的检验空间相关性的检验方法，本书采用莫兰指数进行空间相关性检验。

Moran's I 指数的计算公式如式（9 - 3）所示：

$$I = \frac{\sum_{i=1}^{n}\sum_{j=1}^{n} W_{ij}(x_i - \bar{x})(x_j - \bar{x})}{S^2 \sum_{i=1}^{n}\sum_{j=1}^{n} W_{ij}} \tag{9-3}$$

式（9 - 3）中，I 为 Moran's I 指数，n 为研究对象个数，x_i、x_j 表示空间单元 i 和 j 的属性值，W_{ij} 为空间权重矩阵，S^2 为观测值方差，$\bar{x}$ 为观测值的平均值。I 的取值在（ - 1，1）区间，当 I > 0 时，表示存在正的空间相关性，在空间上呈集聚状态，值越大集聚程度越高；当 I < 0 时，表示存在空间负相关，值越小负相关程度越强；当 I = 0 时，表示不存在空间相关性。

本书采用两种权重矩阵分别对被解释变量、核心解释变量和控制变量进行了空间相关性检验，表 9 - 1 采用邻接矩阵进行空间相关性检验，可以看出，被解释变量区域经济发展方式转变的莫兰指数至少在 1% 水平显著，核心解释变量数字经济的莫兰指数至少在 10% 水平显著，控制变量除两个变量的莫兰指数在样本期内都不显著外，其余控制变量的莫兰指数均至少在10%水平显著。

表9－1　　2007～2016年莫兰统计值及其统计检验（邻接矩阵）

变量	2007年	2008年	2009年	2010年	2011年	2012年	2013年	2014年	2015年	2016年
	I（p）	I（p）	I（p）	I（p）	I（p）	I（p）	I（p）	I（p）	I（p）	I（p）
dchange	0.26 (0.006)	0.28 (0.004)	0.267 (0.005)	0.314 (0.002)	0.348 (0.001)	0.343 (0.001)	0.33 (0.001)	0.363 (0.000)	0.384 (0.000)	0.355 (0.001)
diec	0.169 (0.038)	0.144 (0.06)	0.148 (0.056)	0.178 (0.034)	0.2 (0.022)	0.21 (0.019)	0.171 (0.04)	0.184 (0.032)	0.218 (0.017)	0.217 (0.017)
finance	-0.082 (0.313)	0.048 (0.183)	0.075 (0.12)	0.072 (0.133)	0.038 (0.223)	0.038 (0.223)	0.038 (0.227)	0.029 (0.254)	0.01 (0.326)	-0.023 (0.454)
lnpgdp2	0.444 (0.000)	0.429 (0.000)	0.424 (0.000)	0.425 (0.000)	0.414 (0.000)	0.395 (0.000)	0.377 (0.000)	0.353 (0.001)	0.342 (0.001)	0.353 (0.001)
lnopen	0.403 (0.000)	0.4 (0.000)	0.322 (0.002)	0.327 (0.002)	0.329 (0.001)	0.341 (0.001)	0.386 (0.000)	0.427 (0.000)	0.476 (0.000)	0.502 (0.000)
market	0.349 (0.001)	0.358 (0.001)	0.379 (0.000)	0.448 (0.000)	0.475 (0.000)	0.474 (0.000)	0.556 (0.000)	0.59 (0.000)	0.592 (0.000)	0.556 (0.000)
gov	0.405 (0.000)	0.509 (0.000)	0.495 (0.000)	0.459 (0.000)	0.416 (0.000)	0.399 (0.000)	0.42 (0.000)	0.416 (0.000)	0.453 (0.000)	0.49 (0.000)
upgrade	-0.047 (0.435)	-0.058 (0.378)	-0.01 (0.384)	0.036 (0.197)	0.04 (0.182)	0.034 (0.203)	0.036 (0.201)	0.009 (0.313)	-0.026 (0.463)	-0.017 (0.43)
hcap	0.002 (0.04)	0.001 (0.041)	0.002 (0.04)	0.001 (0.042)	0.001 (0.042)	0.003 (0.038)	0.004 (0.036)	0.005 (0.034)	0.006 (0.031)	0.007 (0.031)
lnpat	0.153 (0.062)	0.161 (0.054)	0.223 (0.018)	0.222 (0.018)	0.261 (0.008)	0.258 (0.008)	0.237 (0.013)	0.261 (0.007)	0.259 (0.008)	0.259 (0.008)

注：I为莫兰指数，括号内为p值。
资料来源：Stata统计输出。

表9－2采用地理矩阵进行空间相关性检验，可以看出，被解释变量区域经济发展方式转变的莫兰指数至少在1%水平显著，核心解释变量数字经济的莫兰指数至少在5%水平显著，控制变量除两个变量的莫兰指数在

样本期内都不显著，一个变量的莫兰指数在部分年份不显著外，其余控制变量的莫兰指数均至少在 10% 水平显著。

表 9－2　　2007～2016 年莫兰统计值及其统计检验（地理矩阵）

变量	2007 年	2008 年	2009 年	2010 年	2011 年	2012 年	2013 年	2014 年	2015 年	2016 年
	I（p）	I（p）	I（p）	I（p）	I（p）	I（p）	I（p）	I（p）	I（p）	I（p）
dchange	0.442 (0.000)	0.448 (0.000)	0.358 (0.001)	0.381 (0.000)	0.4 (0.000)	0.417 (0.000)	0.439 (0.000)	0.471 (0.000)	0.525 (0.000)	0.486 (0.000)
diec	0.197 (0.025)	0.176 (0.037)	0.171 (0.041)	0.183 (0.034)	0.197 (0.026)	0.229 (0.015)	0.187 (0.032)	0.211 (0.021)	0.257 (0.008)	0.25 (0.009)
finance	-0.037 (0.491)	-0.001 (0.363)	0.053 (0.185)	0.018 (0.3)	-0.072 (0.355)	-0.072 (0.355)	-0.08 (0.326)	-0.098 (0.264)	-0.118 (0.208)	-0.162 (0.11)
lnpgdp2	0.555 (0.000)	0.544 (0.000)	0.53 (0.000)	0.524 (0.000)	0.509 (0.000)	0.501 (0.000)	0.495 (0.000)	0.474 (0.000)	0.463 (0.000)	0.478 (0.000)
lnopen	0.228 (0.018)	0.258 (0.01)	0.247 (0.012)	0.257 (0.01)	0.274 (0.005)	0.295 (0.003)	0.372 (0.000)	0.406 (0.000)	0.474 (0.000)	0.481 (0.000)
market	0.17 (0.05)	0.122 (0.108)	0.129 (0.097)	0.172 (0.05)	0.241 (0.014)	0.204 (0.029)	0.277 (0.007)	0.329 (0.002)	0.353 (0.001)	0.313 (0.003)
gov	0.306 (0.002)	0.364 (0.001)	0.376 (0.000)	0.372 (0.000)	0.349 (0.001)	0.336 (0.001)	0.337 (0.001)	0.334 (0.001)	0.35 (0.001)	0.364 (0.000)
upgrade	-0.227 (0.011)	-0.263 (0.003)	-0.132 (0.135)	-0.055 (0.407)	-0.052 (0.419)	-0.06 (0.386)	-0.055 (0.411)	-0.087 (0.286)	-0.117 (0.196)	-0.059 (0.402)
hcap	-0.038 (0.465)	-0.038 (0.461)	-0.038 (0.462)	-0.039 (0.453)	-0.039 (0.453)	-0.037 (0.47)	-0.037 (0.479)	-0.035 (0.49)	-0.034 (0.491)	-0.032 (0.476)
lnpat	0.28 (0.006)	0.295 (0.004)	0.331 (0.002)	0.344 (0.001)	0.378 (0.000)	0.372 (0.001)	0.362 (0.001)	0.367 (0.001)	0.354 (0.001)	0.341 (0.001)

注：I 为莫兰指数，括号内为 p 值。
资料来源：Stata 统计输出。

总之，根据表 9－1 和表 9－2 可以看出，在 2007～2016 年样本期内，数字经济的莫兰指数都为正值，且至少在 5% 的显著水平显著；区域经济发展方式转变的莫兰指数也都为正值，且在1%的显著水平显著。这说明我国数字经济和区域经济发展方式转变并非呈随机分布，而是呈现空间集聚分布特征，适合采用空间计量方法做进一步分析。

9.1.3 空间异质性

从整体上来看，我国数字经济和区域经济发展方式转变存在空间自相关性，这种空间自相关需要采用局部莫兰和LISA散点图来判断，如果LISA散点图在更小的空间分布上依然具有统计显著性，则可说明省域数字经济和区域经济发展方式转变在更小的地理空间范围内也存在空间依赖性。

我国地域辽阔，各省经济发展水平、资源禀赋、技术水平不同，空间异质性使得传统的空间同质性假设不再适用于检验数字经济对区域经济发展方式转变的影响。为进一步识别数字经济与区域经济发展方式转变的空间异质性特征，分别以数字经济指数和区域经济发展方式转变指数的平均值作为临界点，高于平均值的样本为高集聚组，低于平均值的样本为低集聚组，可以划分为四组。

以2007年和2016年的邻接矩阵为例，由表9－3、图9－1和图9－2可以看出，我国省域数字经济的空间分布特征可以划分成HH型、LL型、HL型和LH型四组。

表9－3　数字经济空间异质性象限

类型	2007年	2016年
HH	北京、天津、上海、江苏、浙江、福建、山东	北京、天津、上海、江苏、浙江、福建、山东
LL	山西、内蒙古、吉林、黑龙江、河南、湖北、重庆、四川、贵州、云南、陕西、甘肃、青海、宁夏、新疆	山西、内蒙古、吉林、黑龙江、河南、湖北、重庆、四川、贵州、云南、陕西、甘肃、青海、宁夏、新疆、辽宁
HL	辽宁、广东	广东
LH	河北、安徽、江西、湖南、广西、海南	河北、安徽、江西、湖南、广西、海南

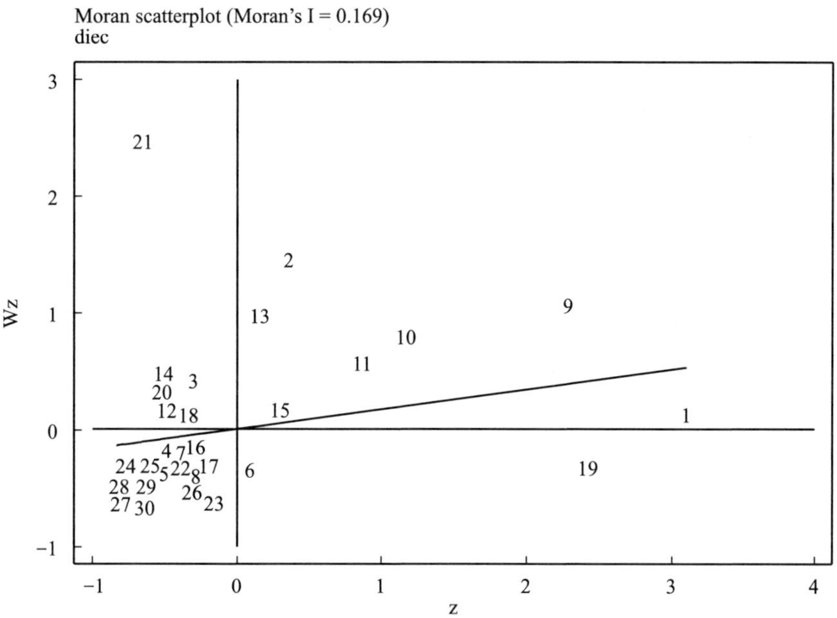

图 9－1　2007 年数字经济局部莫兰散点图

资料来源：Stata 统计输出。

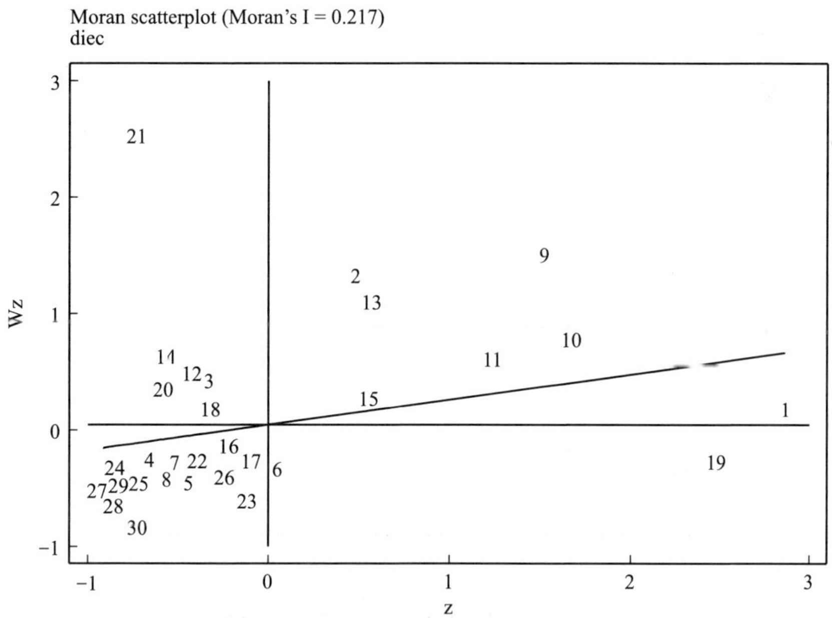

图 9－2　2016 年数字经济局部莫兰散点图

资料来源：Stata 统计输出。

以2007年和2016年的邻接矩阵为例，由表9－4、图9－3和图9－4可以看出，我国省域区域经济发展方式转变的空间分布特征可以划分成HH型、LL型、HL型和LH型四组。

表9－4　经济发展方式转变空间异质性象限

类型	2008年	2017年
HH	北京、天津、上海、江苏、浙江	北京、天津、上海、江苏、浙江、福建、山东
LL	山西、内蒙古、吉林、黑龙江、河南、湖北、重庆、四川、贵州、云南、陕西、甘肃、青海、湖南、宁夏、新疆	山西、内蒙古、吉林、黑龙江、河南、湖北、重庆、四川、贵州、云南、陕西、甘肃、青海、湖南、宁夏、新疆、辽宁
HL	辽宁、广东、山东	广东
LH	河北、安徽、江西、广西、海南、福建	河北、安徽、江西、广西、海南

资料来源：笔者自制。

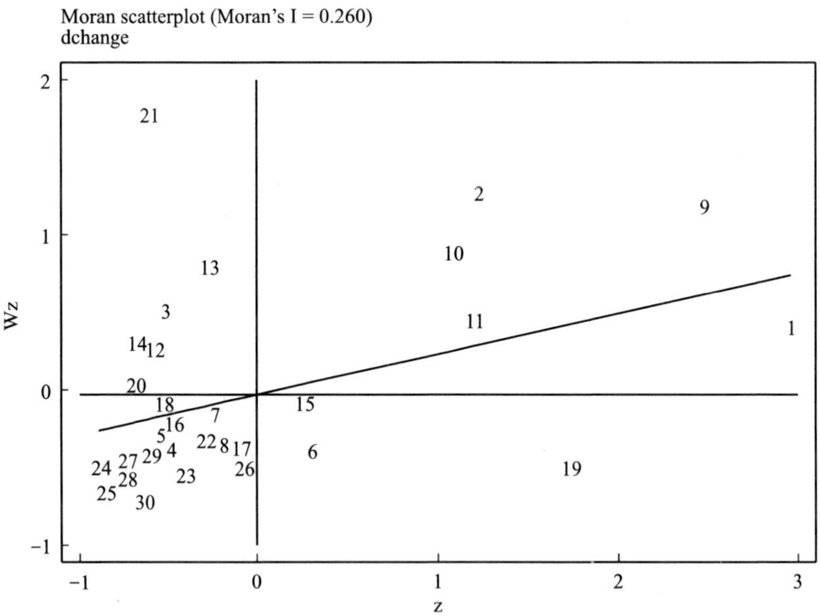

图9－3　2007年区域经济发展方式转变局部莫兰散点图

资料来源：Stata统计输出。

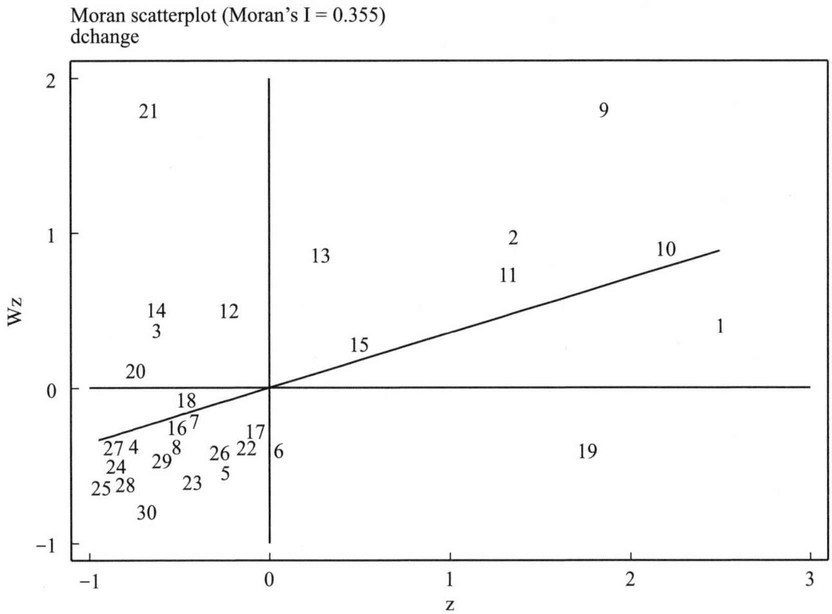

图 9－4　2016 年区域经济发展方式转变局部莫兰散点图

资料来源：Stata 统计输出。

综合上述分析，可以看出，我国大多数省份的数字经济都呈 LL 和 HH 分布形态，即数字经济发展水平低的省份被发展水平低的省份包围，数字经济发展水平高的省份被发展水平高的省份包围。从空间上观察，四组分布在空间上存在较明显的规律性，一半的省份集中分布在 LL 型。这说明数字经济对区域经济发展方式转变存在空间依赖关系。

本书对 2007～2016 年的数据进行了局域空间自相关检验，限于篇幅，本书仅保留 2007 年和 2016 年的散点图，作为分析样例。由图 9－1、图 9－2、图 9－3 和图 9－4 可以看出，我国数字经济和区域经济发展方式转变存在空间自相关性和空间依赖性。

9.2　空间计量模型选择

在前述莫兰分析的基础上，根据埃尔霍斯特（2014）的思路，借鉴韩峰和谢锐（2017）及曾艺等（2019）的处理方法，本书亦采用“具体到一般”和“一般到具体”相结合的方法对空间计量模型进行检验、比较和选择。具体来看，首先，如表9－5所示，LM检验结果表明，LM lag和LM error检验结果均通过了1%水平的显著性检验，说明空间面板滞后模型和空间面板误差模型均适合进行分析。进行Robust LM lag和Robust LM error检验，同样通过了1%水平的显著性检验，再次证明空间面板滞后模型和空间面板误差模型均适合分析数字经济对区域经济发展方式转变的因果关系。其次，本书又运用LR检验空间面板杜宾模型是否可以简化为空间面板滞后模型和空间面板误差模型，统计结果均显著拒绝了原假设（如表9－6所示），说明空间面板杜宾模型不可简化为空间面板滞后模型和空间面板误差模型，再次证明运用空间面板杜宾模型更适合进行相关分析。最后，联合显著性检验和Hausman检验表明，选择固定效应模型优于随机模型，如表9－7所示。综上所述，本书最后选择固定效应的空间面板杜宾模型进行数字经济对区域经济发展方式转变的因果关系分析。

表9－5　模型选择检验结果

类型	统计量	P值
Lagrange multiplier（lag）	240.726	0.000
Robust Lagrange multiplier（lag）	209.851	0.000
Lagrange multiplier（error）	36.982	0.000
Robust Lagrange multiplier（error）	6.107	0.013

资料来源：Stata统计输出。

表9－6　LR检验结果

类型	统计量	P值
LR test spatial lag	58.60	0.0000
LR test spatial error	58.49	0.0000

资料来源：Stata统计输出。

表9－7　联合显著性检验结果

LR检验	Statistic	p-value	模型选择
Likelihood-ratio test	LR chi2（10）=8.72	Prob > chi2 =0.5590	Both和ind
Likelihood-ratio test	LR chi2（9）=329.44	Prob > chi2 =0.0000	Both和time

资料来源：Stata统计输出。

9.3 空间杜宾模型及空间效应

9.3.1 空间杜宾模型

1. 数据来源与变量选择

本书依然选择2007～2016年度我国30个省份（不包括港、澳、台地区和西藏）的面板数据，主要数据来自《中国统计年鉴》《中国环境统计年鉴》《中国信息社会测评报告》《中国互联网络发展状况统计报告》《中国第三产业统计年鉴》《中国高技术产业统计年鉴》《中国工业经济统计年鉴》等。

本书所用变量的描述性统计如表9－8所示，与前面研究一致，不再赘述。

表9－8　变量的描述统计结果

变量	均值	标准差	最小值	25分位	50分位	75分位	最大值
dchange	0.2164	0.1913	0.0318	0.0957	0.1378	0.2508	0.8099
diec	0.1928	0.1738	0.0315	0.0863	0.1223	0.2389	0.7373
finance	1.6546	0.7350	0.1083	1.2719	1.4983	1.8075	5.5866
lnpgdp2	10.4686	0.5432	8.9718	10.1061	10.4800	10.8356	11.6801
lnopen	3.1993	0.9754	－0.5427	2.8028	3.3737	3.8282	4.8504
market	0.7070	0.1035	0.4401	0.6245	0.7227	0.7851	0.8857
gov	0.2247	0.0964	0.0874	0.1602	0.2076	0.2496	0.6269
upgrade	0.9755	0.5466	0.5000	0.6900	0.8300	0.9900	4.1700
hcap	249.1734	724.1263	49.4700	82.8150	106.2700	139.8900	4.5e＋03
lnpat	9.3339	1.5450	5.4027	8.3548	9.3537	10.4360	12.5060

资料来源：Stata统计输出。

2. 模型设定

在前述分析基础上，本书构建计量模型如式（9－4）所示：

$$dchange_{it} = \alpha_i + \beta_1 diec_{it} + \beta_i X + \varepsilon_{it} \tag{9-4}$$

式（9－4）中，下标 i 和 t 分别表示省份和时间，dchange 表示被解释变量区域经济发展方式转变，用第 4 章测算的综合值来表示，diec 表示核心解释变量数字经济，用第 4 章测算的综合值来表示，X 表示一系列控制变量，ε 表示随机扰动项。

安赛琳（Anselin，1988）认为，空间经济单元并不是孤立存在的，而是通过各种联系与邻近经济单元在空间上相互作用，表现出地理上的空间依赖和溢出特征。

本书主要分析数字经济对区域经济发展方式转变的空间效应，空间计量模型形式多样，詹姆斯·勒沙杰和凯利·佩斯（James LeSage and Kelley Pace，2009）在综合考虑了被解释变量和核心解释变量的空间依赖性基础上，构建了同时包含被解释变量空间滞后项和核心解释变量空间滞后项的空间杜宾模型（Spatial Panel Durbin Model，SPDM），该模型同时兼顾了核心解释变量与被解释变量的空间效应，在考察空间效应方面具有独特优势。

基于上述分析，本书构建了如式（9－5）所示的空间计量模型：

$$dchange_{it} = \alpha_i + \rho \sum_{j=1}^{N} W_{ij} dchange_{jt} + \beta_1 diec_{it} + \beta_i X_{it} + \varphi \sum_{j=1}^{N} W_{jt} X_{jt} + U_i$$

$$U_i = \lambda W \mu_i + \varepsilon_i \tag{9-5}$$

式（9－5）中，i 表示不同省份，t 表示不同年份，W 表示空间权重矩阵，dchange 为被解释变量，diec 为解释变量，X 为一系列控制变量，ρ 和 φ 为空间自相关回归系数，ε 是随机扰动项。

式（9－5）中，如果 ρ≠0 且 φ≠0，则式（9－5）为衡量相邻省域的被解释变量对本地区被解释变量影响的空间滞后模型（SAR）；如果 ρ＝0 但 λ≠0，则式（9－5）为反映了某一省域除解释变量以外的其他未纳入考虑的因素对邻近省域被解释变量影响的空间误差面板模型（SEM）；如果 λ＝0，而 ρ≠0 和 φ≠0，测度了相邻省域的被解释变量及相邻省域经济社会影响因素对本地区被解释变量影响的空间杜宾模型（SDM）。实际建模过程中，一般通过 LR 和 Wald 检验来判断模型形式，本书前面已经列出了

LR 检验的结果。

9.3.2　空间效应分析

在具体分析之前，本书根据第 4 章测算的数字经济和区域经济发展方式转变的综合值，简单分析数字经济和区域经济发展方式转变之间的关系。本书以 2007～2016 年我国数字经济为横轴，区域经济发展方式转变为纵轴绘制散点图，如图 9－5 所示，可以看出，数字经济与区域经济发展方式转变呈正向相关关系。

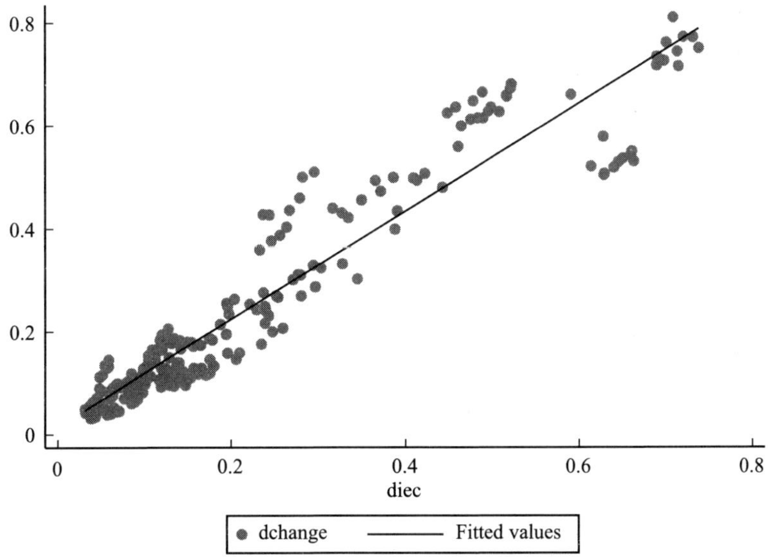

图 9－5　数字经济与区域经济发展方式转变关系的散点图

资料来源：Stata 统计输出。

根据前述分析，数字经济与区域经济发展方式转变存在空间相关性和空间依赖性，因此，本书采用空间面板杜宾模型进行估计。

前面章节的面板模型分析发现，数字经济显著正向影响区域经济发展方式转变，在 1% 水平显著。根据表 9－9 可以看出，采用空间杜宾模型估计结果，数字经济对区域发展方式转变存在显著正向影响，在 1% 水平显著。

表9-9 邻接矩阵的空间杜宾模型三种结果分析

变量	(1)	(2)	(3)
	dchange	dchange	dchange
diec	0.651*** (7.98)	0.570*** (19.44)	0.666*** (8.21)
finance	-0.0176* (-2.12)	0.00654 (1.06)	-0.0207* (-2.35)
lnpgdp2	0.0297 (1.53)	0.123*** (13.61)	0.0380 (1.86)
lnopen	-0.00672* (-2.54)	-0.00267 (-0.94)	-0.00671* (-2.53)
market	-0.0103 (-0.35)	-0.0286 (-1.06)	-0.00198 (-0.06)
gov	0.0828 (1.50)	0.144** (3.10)	0.100 (1.81)
upgrade	-0.0117 (-1.39)	0.0414*** (5.61)	-0.00627 (-0.57)
hcap	0.0000423* (2.46)	0.0000248*** (6.08)	0.0000463** (2.60)
lnpat	0.00749 (1.41)	0.0110** (3.03)	0.00851 (1.61)
Wxdiec	-0.0449 (-0.30)	-0.204** (-3.13)	0.107 (0.67)
Wxfinance	0.00230 (0.17)	-0.0368* (-2.37)	-0.00200 (-0.12)
Wxlnpgdp2	-0.0545* (-2.28)	0.00728 (0.43)	-0.0314 (-0.89)
Wxlnopen	0.000645 (0.12)	-0.00556 (-0.79)	0.00179 (0.31)
Wxmarket	0.123* (2.23)	0.0677 (1.03)	0.151* (2.29)
Wxgov	0.0450 (0.48)	-0.0413 (-0.41)	0.111 (1.12)

续表

变量	(1)	(2)	(3)
	dchange	dchange	dchange
Wxupgrade	0.0126 (0.85)	0.105*** (5.70)	0.0188 (0.67)
Wxhcap	0.000289*** (6.66)	0.000129*** (11.72)	0.000308*** (6.77)
Wxlnpat	-0.00470 (-0.54)	0.00525 (0.80)	0.00239 (0.24)
ρ	-0.000290 (-0.00)	0.101 (1.26)	-0.0509 (-0.59)
N	300	300	300

注：括号内是t值，* 表示 $p<0.1$，** 表示 $p<0.05$，*** 表示 $p<0.01$。
资料来源：Stata 统计输出。

1. 邻接矩阵空间杜宾估计结果

表9-9列出了空间杜宾模型的固定效应（第一列）、时间效应（第二列）和双固定效应（第三列）的估计结果，可以看出，无论选择空间杜宾模型的固定效应、时间效应，还是双固定效应，数字经济对区域经济发展方式转变均呈正向影响，且在1%水平显著。

2. 效应分解

空间计量模型不仅可以反映本地区核心解释变量的变化影响邻近区域值的变化，而且还会对本地区值变化产生影响。传统的点估计无法捕捉到这种“反馈效应”，勒沙杰和佩斯（LeSage and Pace，2009）认为被解释变量的空间滞后系数显著不为零，则空间杜宾模型的估计结果可能存在系统偏差，由表9-9可以看出，区域经济发展方式转变的空间滞后系数显著不为零。因此，本书借鉴相关研究，采用偏微分分解方法分析数字经济对区域经济发展方式转变的影响，总效应可以分解为两部分：一是直接效应即本地效应，表示本区域数字经济对本地经济发展方式转变的影响；二是间接效应即溢出效应，表示本区域数字经济对相邻地区经济发展方式转变的影响。具体如表9-10所示。

表 9-10 邻接矩阵的直接效应和间接效应分解结果

变量	效应分解		
	直接效应	间接效应	总效应
diec	0.654*** (7.80)	-0.0415 (-0.30)	0.612*** (4.54)
finance	-0.0179* (-2.23)	0.00165 (0.13)	-0.0162 (-1.09)
lnpgdp2	0.0314 (1.68)	-0.0554* (-2.36)	-0.0240 (-1.45)
lnopen	-0.00674** (-2.60)	0.000307 (0.06)	-0.00643 (-1.04)
market	-0.0106 (-0.37)	0.122* (2.22)	0.111 (1.86)
gov	0.0859 (1.57)	0.0395 (0.43)	0.125 (1.41)
upgrade	-0.0113 (-1.32)	0.0130 (0.80)	0.00179 (0.11)
hcap	0.0000425** (2.58)	0.000293*** (6.49)	0.000336*** (7.46)
lnpat	0.00774 (1.47)	-0.00548 (-0.61)	0.00226 (0.26)
N	300	300	300

注：括号内是 t 值，* 表示 $p<0.1$，** 表示 $p<0.05$，*** 表示 $p<0.01$。
资料来源：Stata 统计输出。

第一，从直接效应来看，数字经济对区域经济发展方式转变的影响系数为0.654，通过了1%水平的显著性检验，即本地区数字经济发展有助于推动本地区的经济发展方式转变。与普通面板固定效应估计结果相比，估计系数降低了0.318，这说明传统面板模型由于忽略了空间相关性问题，导致数字经济对区域经济发展方式转变的影响被高估。

第二，从间接效应（空间溢出效应）来看，数字经济系数为-0.0415，且不显著，即本地区数字经济发展无法促进相邻地区经济发展方式转变。再比较数字经济直接效应与间接效应的回归系数，可以看出，数字经济对区域经济发展方式转变的区域内本地效应更明显，这说明数字经济对区域经济发展方式转变确实存在空间效应，主要是本地效应，对邻近地区则有抑制作用。

第三，从总效应来看，数字经济对区域经济发展方式转变的影响系数为 0.612，通过了 1% 水平的显著性检验，即本地区数字经济发展有助于推动本地区的经济发展方式转变，而对邻近地区则有抑制作用，即系数为负值。

9.3.3　稳健性检验

内生性问题广泛存在于计量模型之中，由于空间计量模型的复杂性及空间权重的内生性问题，更让人对其估计结果产生疑虑。因此，稳健性检验必不可少，能够让研究结论更可信。本书采用两种方法进行检验。

第一，增加控制变量。本书已经尽量考虑了内生性问题，避免遗漏变量对估计结果的影响，如加入金融支持、对外开放、市场化、政府规制、人力资本、产业结构升级、创新水平、经济发展水平 8 个对区域经济发展方式转变有影响的控制变量。比较估计结果可以看出（见表 9 - 11），数字经济本地效应的回归系数在方向与显著性上并无改变，只是空间效应强度有较大变化，说明所选择的 8 个控制变量对区域经济发展方式转变具有重要影响。具体来看，表 9 - 11 的第一列为未加入控制变量的固定效应的空间杜宾模型，第二列为加入控制变量的固定效应的空间杜宾模型，第三列为加入控制变量的动态效应的空间杜宾模型。采用邻接矩阵的空间杜宾模型估计结果表明，未加入控制变量时，空间滞后系数显著为正，且通过 1% 水平的显著性检验，这说明，本地区数字经济发展能显著促进本地区经济发展方式转变，但并不能促进邻近地区经济发展方式转变。加入控制变量后，空间滞后系数变得不显著，由估计结果可以看出，本地区数字经济发展依然能够显著促进本地区经济发展方式转变，对邻近地区同样没有促进作用。

袁华锡等（2019）认为，与传统静态空间面板模型相比，动态空间面板模型在解决空间计量模型引致的内生性问题方面，更加具有无法比拟的优势。因此，本书采用动态空间面板模型考察数字经济对区域经济发展方式转变的影响，由表9－11可以看出，被解释变量的空间滞后项显著为正，且在1%的水平显著，与前述结果比较可以看出，数字经济对区域经济发展方式转变的空间效应在方向与显著性上没有发生改变，只有空间效应系数值有所降低。这再次证明模型具有稳健性。

表9－11　　　　邻接矩阵空间杜宾模型结果分析

变量	（1）仅解释变量	（2）固定个体	（3）动态
	dchange	dchange	dchange
L. dchange			0.613*** (13.90)
diec	0.956*** (16.86)	0.651*** (7.98)	0.326*** (4.49)
finance		−0.0176* (−2.12)	−0.00711 (−0.89)
lnpgdp2		0.0297 (1.53)	0.00282 (0.16)
lnopen		−0.00672* (−2.54)	−0.000644 (−0.27)
market		−0.0103 (−0.35)	0.0419 (1.68)
gov		0.0828 (1.50)	0.0586 (1.22)
upgrade		−0.0117 (−1.39)	−0.0135 (−1.82)
hcap		0.0000423* (2.46)	0.00000169 (0.09)
lnpat		0.00749 (1.41)	0.00587 (1.29)
L. Wdchange			−0.245** (−2.68)
W × diec	−0.0943 (−0.82)	−0.0449 (−0.30)	−0.00412 (−0.03)

续表

变量	（1）仅解释变量	（2）固定个体	（3）动态
	dchange	dchange	dchange
W × finance		0. 00230 （0. 17）	0. 00284 （0. 17）
W × lnpgdp2		−0. 0545* （−2. 28）	−0. 0173 （−0. 76）
W × lnopen		0. 000645 （0. 12）	−0. 00216 （−0. 44）
W × market		0. 123* （2. 23）	0. 0172 （0. 36）
W × gov		0. 0450 （0. 48）	−0. 0516 （−0. 59）
W × upgrade		0. 0126 （0. 85）	0. 0157 （1. 17）
W × hcap		0. 000289*** （6. 66）	0. 0000911 （1. 74）
W × lnpat		−0. 00470 （−0. 54）	−0. 000497 （−0. 06）
N	300	300	270
logl	775. 022	820. 931	807. 455
R^2	0. 919	0. 856	0. 967
ρ	0. 199*** （2. 61）	−0. 000290 （−0. 00）	0. 133 （1. 64）

注：括号内是 t 值，* 表示 $p<0.1$，** 表示 $p<0.05$，*** 表示 $p<0.01$。
资料来源：Stata 统计输出。

第二，变换空间权重矩阵。本书还采用了地理矩阵对模型进行了重新估计（见表9－12和表9－13）。变换空间权重矩阵后，数字经济空间效应的回归系数在显著性和作用方向上依然没有改变，仅作用强度有所下降。对比邻接矩阵的直接效应和间接效应的分解结果，两种矩阵的估计结果方向和显著性仍然保持一致。

表 9-12 地理矩阵空间杜宾模型稳健性检验

变量	(1)	(2)	(3)
	dchange	dchange	dchange
diec	0.863*** (11.03)	0.614*** (15.63)	0.897*** (11.40)
finance	-0.0163 (-1.77)	0.0129 (1.62)	-0.0238* (-2.40)
lnpgdp2	-0.00516 (-0.23)	0.132*** (10.64)	0.000869 (0.04)
lnopen	-0.00974** (-3.29)	0.00185 (0.50)	-0.00886** (-2.96)
market	-0.0238 (-0.76)	0.0754* (2.21)	-0.0262 (-0.78)
gov	0.0866 (1.45)	0.326*** (5.12)	0.114 (1.92)
upgrade	0.000312 (0.03)	0.0269** (2.90)	0.0149 (1.23)
hcap	0.0000404* (2.46)	0.0000171*** (4.23)	0.0000434** (2.59)
lnpat	0.0127* (2.24)	0.0139*** (3.43)	0.0130* (2.32)
W × diec	-0.290 (-1.44)	-0.317* (-2.13)	-0.00537 (-0.02)
W × finance	0.00661 (0.37)	0.0659** (2.80)	-0.0156 (-0.66)
W × lnpgdp2	-0.0131 (-0.44)	-0.0187 (-0.61)	0.0788 (1.37)
W × lnopen	0.00766 (1.00)	0.0313** (2.93)	0.0125 (1.54)
W × market	0.000747 (0.01)	0.545*** (4.59)	-0.0271 (-0.29)
W × gov	-0.184 (-1.58)	0.623*** (4.36)	-0.0718 (-0.57)

续表

变量	(1)	(2)	(3)
	dchange	dchange	dchange
W × upgrade	0.00466 (0.27)	−0.00871 (−0.31)	0.0627 (1.75)
W × hcap	0.0000138 (0.39)	0.0000357 *** (3.68)	0.0000569 (1.47)
W × lnpat	0.00423 (0.38)	0.0269 * (2.22)	0.0244 (1.82)
N	300	300	300
logl	798.126	606.625	806.153
R^2	0.909	0.704	0.835
ρ	0.310 ** (3.28)	0.0782 (0.77)	0.219 * (2.17)

注：括号内是 t 值，* 表示 $p<0.1$，** 表示 $p<0.05$，*** 表示 $p<0.01$。
资料来源：Stata 统计输出。

表 9 − 13　　地理矩阵的直接效应和间接效应分解结果

变量	效应分解		
	直接效应	间接效应	总效应
diec	0.865 *** (10.64)	−0.0208 (−0.08)	0.844 ** (3.08)
finance	−0.0166 (−1.83)	0.000607 (0.02)	−0.0160 (−0.56)
lnpgdp2	−0.00398 (−0.19)	−0.0208 (−0.59)	−0.0248 (−0.80)
lnopen	−0.00954 *** (−3.30)	0.00619 (0.55)	−0.00335 (−0.28)
market	−0.0244 (−0.77)	−0.0128 (−0.13)	−0.0371 (−0.33)
gov	0.0814 (1.38)	−0.227 (−1.46)	−0.146 (−0.89)

续表

变量	效应分解		
	直接效应	间接效应	总效应
upgrade	0. 00117 (0. 13)	0. 00805 (0. 30)	0. 00921 (0. 31)
hcap	0. 0000424 ** (2. 67)	0. 0000420 (0. 85)	0. 0000843 (1. 55)
lnpat	0. 0134 * (2. 43)	0. 0101 (0. 62)	0. 0235 (1. 37)
N	300	300	300

注：括号内是 t 值，* 表示 $p<0.1$，** 表示 $p<0.05$，*** 表示 $p<0.01$。
资料来源：Stata 统计输出。

9. 3. 4 简单解释

数字经济对区域经济发展方式转变存在空间效应，可能的解释有二。第一，数字经济是以信息技术为基础的新经济形态，数字经济的发展，使得区域经济发展的各种要素配置效率大大提高，各地区根据比较优势理论，发展具有优势的产业，在区域间形成集聚和一体化发展，为数字经济发展提供了重要的条件。但在数字经济发展初期，各地区优先考虑本地区的诉求，容易形成“挤出效应”。第二，数字经济是创新型经济，是未来我国产业结构升级、新旧动能转换的重要方向，近年来，地方政府高度重视，出台了大量支持政策，为数字经济发展提供了支持，并形成了专业化分工。伴随数字经济的发展和成熟，特别是我国越来越重视城市群建设，区域一体化发展越来越体现出优势，这对数字经济推动区域经济发展方式转变愈加重要。本区域数字经济的发展不仅对区域内部有影响，而且逐渐外溢和扩散，影响和服务相邻地区，从而产生空间外溢。

9.4　空间动态面板及长期和短期效应分析

9.4.1　空间动态面板设定

1. 模型设定

本部分主要考察数字经济对区域经济发展方式转变一阶滞后项的影响，由于区域经济发展方式转变存在空间相关性和时间相关性，数字经济存在空间相关性，建立空间动态杜宾模型进行动态面板分析。

本书构建空间动态杜宾模型如式（9-6）所示：

$$\begin{aligned} dchange_{it} = & a + \alpha_0 dchange_{i,t-1} + \delta_0 diec_{it} + \delta_1 finance_{it} + \delta_2 lnopen_{it} \\ & + \delta_3 market_{it} + \delta_4 gov_{it} + \delta_5 hcap_{it} + \delta_6 upgrade_{it} + \delta_7 lnpat_{it} \\ & + \delta_8 lnpgdp2_{it} + \beta_0 Wdiec_{it} + \beta_1 finance_{it} + \beta_2 lnopen_{it} \\ & + \beta_3 market_{it} + \beta_4 gov_{it} + \beta_5 hcap_{it} + \beta_6 upgrade_{it} \\ & + \beta_7 lnpat_{it} + \beta_8 lnpgdp2_{it} + \mu_i + \nu_t + \varepsilon_{it} \end{aligned} \quad (9-6)$$

式（9-6）中，$dchange_{i,t-1}$为区域经济发展方式转变的一阶滞后项，α_0 表示区域经济发展方式转变的时间滞后效应。其他变量和符号含义与前述相同。

2. 数据来源

数据来源与前述相同。

3. 短期和长期效应

空间动态杜宾模型可以分解出核心解释变量对被解释变量的短期效应和长期效应。在特定时点上，短期效应和长期效应的偏导数矩阵可以整理为式（9-7）和式（9-8）。

（1）短期效应：

$$[(I-\rho W)^{-1}(\delta_k I_n + \delta_k W)]^{\overline{diag}} \quad (9-7)$$

式（9-7）表示一个空间单位中的某个解释变量在短期内发生一个单位的变化对其余所有空间单位的被解释变量的影响效应。

（2）长期效应：

$$\{[(1-\beta_0)I-(\rho_1+\rho_2)W]^{-1}(\rho_k I_n + \delta_k W)\}^{\overline{diag}} \quad (9-8)$$

式（9-8）表示一个空间单位中的某个解释变量在长期内发生一个单位的变化对其余所有空间单位的被解释变量的影响效应，同样，使用詹姆斯·勒沙杰和凯利·佩斯（2009）的做法，可以分解出直接效应和间接效应。

9.4.2 长期和短期效应分析

本部分除关心数字经济对区域经济发展方式转变影响的空间效应和溢出效应外，更加关心数字经济对区域经济发展方式转变影响的长期和短期效应。本书列出了模型的直接效应、间接效应和总效应的结果，如表9-14、表9-15和表9-16所示。

表9-14 邻接矩阵的空间动态面板估计结果

变量	(1)	(2)	(3)
	dchange	dchange	dchange
L. dchange	0.613 *** (13.73)		0.613 *** (13.90)
diec	0.321 *** (4.36)	0.645 *** (7.69)	0.326 *** (4.49)
finance	-0.00764 (-0.94)	-0.0219 * (-2.26)	-0.00711 (-0.89)
lnpgdp2	0.00296 (0.16)	0.0291 (1.33)	0.00282 (0.16)
lnopen	-0.00121 (-0.51)	-0.00672 * (-2.39)	-0.000644 (-0.27)
market	0.0366 (1.45)	0.0320 (1.06)	0.0419 (1.68)
gov	0.0606 (1.25)	0.0898 (1.54)	0.0586 (1.22)

续表

变量	(1)	(2)	(3)
	dchange	dchange	dchange
upgrade	-0.0159* (-2.12)	-0.0154 (-1.71)	-0.0135 (-1.82)
hcap	-0.00000681 (-0.37)	0.0000131 (0.58)	0.00000169 (0.09)
lnpat	0.00697 (1.52)	0.00350 (0.64)	0.00587 (1.29)
L. Wdchange		-0.201 (-1.82)	-0.245** (-2.68)
W × diec	-0.202 (-1.48)	0.156 (0.86)	-0.00412 (-0.03)
W × finance	0.00283 (0.17)	0.0238 (1.21)	0.00284 (0.17)
W × lnpgdp2	-0.0186 (-0.81)	-0.0531 (-1.95)	-0.0173 (-0.76)
W × lnopen	-0.00141 (-0.28)	0.00318 (0.53)	-0.00216 (-0.44)
W × market	0.00361 (0.08)	0.130* (2.31)	0.0172 (0.36)
W × gov	-0.0631 (-0.71)	0.0377 (0.35)	-0.0516 (-0.59)
W × upgrade	0.0131 (0.97)	0.0163 (1.00)	0.0157 (1.17)
W × hcap	0.0000715 (1.36)	0.000298*** (4.89)	0.0000911 (1.74)
W × lnpat	0.00160 (0.20)	-0.00724 (-0.76)	-0.000497 (-0.06)
N	270	270	270
R^2	0.963	0.800	0.967
Logl	804.460	755.626	807.455
ρ	0.0997 (1.26)	0.0518 (0.57)	0.133 (1.64)

注：括号内是 t 值，* 表示 $p<0.1$，** 表示 $p<0.05$，*** 表示 $p<0.01$。
资料来源：Stata 统计输出。

表 9－15　　邻接矩阵短期效应分析

变量	短期效应		
	直接效应	间接效应	总效应
diec	0. 334*** (4. 75)	0. 0485 (0. 29)	0. 382* (2. 13)
finance	－0. 00696 (－0. 87)	0. 000790 (0. 04)	－0. 00617 (－0. 29)
lnpgdp2	0. 00208 (0. 12)	－0. 0178 (－0. 78)	－0. 0157 (－0. 90)
lnopen	－0. 000569 (－0. 24)	－0. 00278 (－0. 52)	－0. 00335 (－0. 55)
market	0. 0426 (1. 65)	0. 0242 (0. 44)	0. 0668 (1. 13)
gov	0. 0571 (1. 19)	－0. 0390 (－0. 42)	0. 0181 (0. 18)
upgrade	－0. 0123 (－1. 72)	0. 0156 (1. 00)	0. 00329 (0. 19)
hcap	0. 00000565 (0. 31)	0. 000101 (1. 68)	0. 000107 (1. 63)
lnpat	0. 00586 (1. 34)	－0. 000397 (－0. 04)	0. 00547 (0. 56)
N	270	270	270

注：括号内是 t 值，* 表示 $p<0.1$，** 表示 $p<0.05$，*** 表示 $p<0.01$。
资料来源：Stata 统计输出。

表 9－16　　邻接矩阵长期效应分析

变量	长期效应		
	直接效应	间接效应	总效应
diec	0. 881*** (4. 56)	－0. 214 (－0. 64)	0. 667* (2. 11)
finance	－0. 0191 (－0. 88)	0. 00760 (0. 20)	－0. 0115 (－0. 30)

续表

变量	长期效应		
	直接效应	间接效应	总效应
lnpgdp2	0.00981 (0.20)	-0.0373 (-0.66)	-0.0275 (-0.89)
lnopen	-0.000858 (-0.14)	-0.00495 (-0.46)	-0.00581 (-0.53)
market	0.108 (1.51)	0.00787 (0.07)	0.116 (1.11)
gov	0.162 (1.24)	-0.129 (-0.67)	0.0335 (0.18)
upgrade	-0.0363 (-1.84)	0.0423 (1.33)	0.00604 (0.20)
hcap	-0.00000766 (-0.16)	0.000196 (1.64)	0.000188 (1.59)
lnpat	0.0158 (1.29)	-0.00617 (-0.32)	0.00967 (0.55)
N	270	270	270

注：括号内是 t 值，* 表示 $p<0.1$，** 表示 $p<0.05$，*** 表示 $p<0.01$。
资料来源：Stata 统计输出。

1. 短期效应分析

从短期效应来看（如表 9-15 所示），数字经济对区域经济发展方式转变具有直接影响，在 1% 水平显著，这说明数字经济对本地区经济发展方式转变具有短期显著促进作用。数字经济对区域经济发展方式转变有正向溢出作用，但不显著，这说明本地区数字经济发展对邻近地区经济发展方式转变具有积极影响。此外，数字经济对区域经济发展方式转变的总效应在 10% 水平显著。

2. 长期效应分析

从长期效应来看（如表 9-16 所示），数字经济对区域经济发展方式转变具有直接影响，在 1% 水平显著，这说明数字经济对本地区经济发展方式转变具有长期显著促进作用。数字经济对邻近地区经济发展方式转变具有抑制作用，但不显著，这说明本地区数字经济发展对邻近地区经济发展方式转变没有起到促进作用。此外，数字经济对区域经济发展方式转变的总效应在10%水平显著。

总体来看，数字经济对本地区经济发展方式转变具有积极促进作用，无论是短期效应，还是长期效应，都在1%水平显著为正。但溢出效应则不同，短期来看，数字经济对邻近地区经济发展方式转变有促进作用，而长期来看，数字经济对邻近地区经济发展方式转变则没有促进作用。

9.4.3 稳健性检验

本部分稳健性检验采用地理距离矩阵进行替换，由检验结果可以看出，模型具有稳健性。具体分析如下。

1. 地理距离矩阵的空间动态面板结果

与邻接矩阵比较来看（如表9－17所示），除系数变化外，采用地理矩阵估计结果与邻接矩阵无论方向和显著性均高度一致。这说明模型具有稳健性。

表9－17 地理矩阵的空间动态面板估计结果

变量	(1)	(2)	(3)
	dchange	dchange	dchange
L. dchange	0.633*** (15.22)		0.639*** (14.97)
diec	0.335*** (4.72)	0.813*** (10.26)	0.333*** (4.69)
finance	-0.0109 (-1.29)	-0.0266* (-2.53)	-0.0105 (-1.24)
lnpgdp2	-0.0155 (-0.79)	-0.0164 (-0.66)	-0.0138 (-0.70)
lnopen	-0.00146 (-0.59)	-0.0103*** (-3.42)	-0.00123 (-0.50)

续表

变量	(1)	(2)	(3)
	dchange	dchange	dchange
market	0.0307 (1.23)	0.0167 (0.54)	0.0319 (1.28)
gov	0.0604 (1.23)	0.114 (1.86)	0.0596 (1.21)
upgrade	-0.0145 (-1.94)	-0.00913 (-0.98)	-0.0142 (-1.90)
hcap	-0.0000136 (-0.80)	-0.00000758 (-0.36)	-0.0000128 (-0.76)
lnpat	0.00716 (1.61)	0.00856 (1.54)	0.00726 (1.64)
L. Wdchange		0.328* (2.52)	-0.0725 (-0.67)
W × diec	-0.273 (-1.51)	-0.386 (-1.59)	-0.207 (-1.06)
W × finance	0.0152 (0.95)	0.0233 (1.16)	0.0151 (0.94)
W × lnpgdp2	0.00258 (0.10)	-0.00324 (-0.10)	0.000638 (0.02)
W × lnopen	-0.00470 (-0.75)	0.00649 (0.83)	-0.00519 (-0.83)
W × market	-0.0144 (-0.27)	-0.0134 (-0.20)	-0.00971 (-0.18)
W × gov	-0.151 (-1.58)	-0.233 (-1.95)	-0.147 (-1.53)
W × upgrade	0.00721 (0.51)	0.0119 (0.67)	0.00827 (0.58)
W × hcap	-0.0000103 (-0.27)	-0.0000188 (-0.39)	-0.00000584 (-0.15)

续表

变量	(1)	(2)	(3)
	dchange	dchange	dchange
W × lnpat	0.00204 (0.22)	0.00546 (0.47)	0.00119 (0.13)
N	270	270	270
R^2	0.973	0.887	0.974
Logl	804.596	744.428	804.749
ρ	0.302*** (3.31)	0.297** (2.81)	0.309** (3.22)

注：括号内是 t 值，* 表示 p<0.1，** 表示 p<0.05，*** 表示 p<0.01。
资料来源：Stata 统计输出。

2. 地理距离矩阵的短期效应分析

从短期效应来看（如表 9-18 所示），即使变更为地理矩阵，数字经济对区域经济发展方式转变仍具有直接影响，在 1% 水平显著，这说明数字经济对本地区经济发展方式转变具有短期显著促进作用。不同的是，在邻接矩阵中，数字经济对区域经济发展方式转变有正向作用，但不显著；而在地理矩阵中，数字经济对区域经济发展方式转变则有负向作用，也不显著。此外，在邻接矩阵中，数字经济对区域经济发展方式转变的总效应在 10% 水平显著，而在地理矩阵中，数字经济对区域经济发展方式转变的总效应为正值，但不显著。

表 9-18 地理矩阵短期效应分析

变量	短期效应		
	直接效应	间接效应	总效应
diec	0.332*** (4.66)	-0.140 (-0.49)	0.192 (0.63)
finance	-0.00976 (-1.15)	0.0150 (0.65)	0.00522 (0.20)

续表

变量	短期效应		
	直接效应	间接效应	总效应
lnpgdp2	-0.0140 (-0.76)	-0.00386 (-0.13)	-0.0178 (-0.68)
lnopen	-0.00141 (-0.57)	-0.00829 (-0.99)	-0.00970 (-1.09)
market	0.0318 (1.20)	-0.00224 (-0.03)	0.0295 (0.34)
gov	0.0522 (1.06)	-0.162 (-1.25)	-0.110 (-0.77)
upgrade	-0.0133 (-1.82)	0.00571 (0.28)	-0.00764 (-0.33)
hcap	-0.0000126 (-0.73)	-0.0000134 (-0.24)	-0.0000259 (-0.41)
lnpat	0.00739 (1.73)	0.00368 (0.28)	0.0111 (0.77)
N	270	270	270

注：括号内是 t 值，* 表示 $p<0.1$，** 表示 $p<0.05$，*** 表示 $p<0.01$。
资料来源：Stata 统计输出。

3. 地理距离矩阵的长期效应分析

从长期效应来看（如表 9-19 所示），即使变更为地理矩阵，数字经济对区域经济发展方式转变仍具有直接影响，在 5% 水平显著，这说明数字经济对本地区经济发展方式转变具有长期显著促进作用。不同的是，在邻接矩阵中，数字经济对区域经济发展方式转变有负向作用，但不显著；而在地理矩阵中，数字经济对区域经济发展方式转变有正向作用，也不显著。此外，在邻接矩阵中，数字经济对区域经济发展方式转变的总效应在 10% 水平显著，而在地理矩阵中，数字经济对区域经济发展方式转变的总效应为正值，但不显著。

表 9－19　　地理矩阵长期效应分析

变量	长期效应		
	直接效应	间接效应	总效应
diec	0.968** (2.79)	0.570 (0.07)	1.538 (0.19)
finance	-0.0266 (-0.58)	-0.00235 (-0.00)	-0.0290 (-0.04)
lnpgdp2	-0.0471 (-0.42)	-0.0706 (-0.09)	-0.118 (-0.15)
lnopen	-0.00792 (-0.22)	-0.0550 (-0.17)	-0.0629 (-0.19)
market	0.110 (0.29)	0.104 (0.05)	0.214 (0.11)
gov	0.142 (0.51)	-0.226 (-0.05)	-0.0842 (-0.02)
upgrade	-0.0429 (-0.37)	0.0217 (0.04)	-0.0211 (-0.04)
hcap	-0.0000399 (-0.28)	0.0000649 (0.03)	0.0000250 (0.01)
lnpat	0.0235 (0.64)	0.0141 (0.03)	0.0376 (0.08)
N	270	270	270

注：括号内是 t 值，* 表示 $p<0.1$，** 表示 $p<0.05$，*** 表示 $p<0.01$。
资料来源：Stata 统计输出。

9.5 本章小结

本章主要讨论了数字经济对区域经济发展方式转变的空间效应，经空间相关性和依赖性检验，数字经济对区域经济发展方式转变存在空间效应；采用偏微分分解方法分析了数字经济对区域经济发展方式转变的直接效应、间接效应和总效应。研究发现：第一，采用空间杜宾模型进行估计，直接效应下的数字经济对区域经济发展方式转变的影响系数为 0.654，通过了1%水平的显著性检验，即本地区数字经济发展有助于推动本地区经济发展方式转变，与普通面板固定效应估计结果相比，估计系数降低了0.318，这说明传统面板模型由于忽略了空间相关性问题，导致数字经济对区域发展方式转变的影响被高估。第二，间接效应（空间溢出效应）下的数字经济系数为-0.0415，且不显著，即本地区数字经济发展无法促进相邻地区经济发展方式转变。再比较数字经济直接效应与间接效应的回归系数，可以看出，数字经济对区域经济发展方式转变的区域内本地效应更明显，这说明数字经济对区域经济发展方式转变确实存在空间效应，主要是本地效应，对邻近地区则有抑制作用。第三，采用空间动态杜宾模型进行长期效应和短期效应分析，数字经济对本地区经济发展方式转变具有长期显著的促进作用，而数字经济对邻近地区经济发展方式转变的长期效应和短期效应则存在差异。

综上可知，假设5得到部分验证。

第 10 章　数字经济驱动区域经济发展方式转变的提升路径

10.1　路 径 分 析

本书提出路径分析的模型图（如图 10－1 所示）主要涉及三条主要路径。第一条路径是数字经济对区域经济发展方式转变的直接路径，从第 6 章的分析可知，数字经济能够显著促进区域经济发展方式转变。第二条路径是数字经济通过创新影响区域经济发展方式转变，根据第 7 章、第 8 章和第 9 章的分析可知，数字经济的发展能够形成示范效应和溢出效应等，对驱动区域经济发展方式转变具有积极作用。第三条路径是数字经济通过城镇化影响区域经济发展方式转变，城镇化发展能够形成产业集聚效应和人力资本集聚效应等，对促进区域经济发展方式转变有显著正向影响。

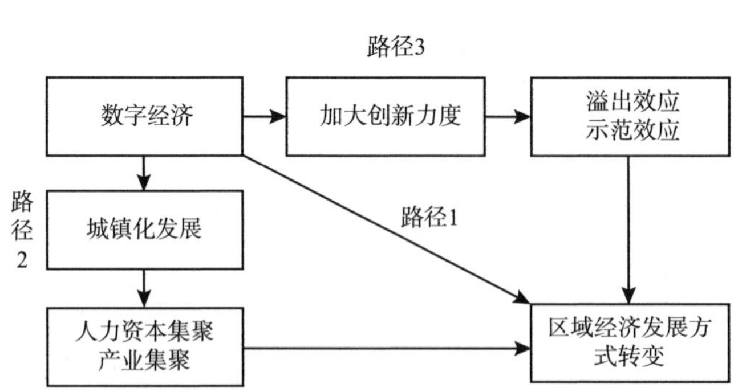

图 10－1　路径分析

10.2 提升路径分析

10.2.1 充分利用政策红利，积极发展数字经济

数字经济是拉动经济增长的重要引擎，是新旧动能转换和培育新经济增长点的关键领域，能否抓住数字经济的发展红利和战略机遇，事关未来的发展大势和竞争优势。自2017年数字经济正式被写入政府工作报告[①]，国家和地方政府都抢抓数字经济的发展先机，有关数字经济的政策不断推出和落地，极大地推动了数字经济的蓬勃发展。

从国家层面来看，早期出台的一系列政策为数字经济发展营造了良好的数字基础设施和数字应用环境，如2005年国务院办公厅发布《关于加快电子商务发展的若干意见》[②]，2015年中国提出“国家大数据战略”，为促进和规范电子商务和大数据发展指明了方向。

2017年，数字经济正式被写入政府工作报告，标志着发展数字经济上升为国家战略。2017年和2018年的《政府工作报告》分别聚焦推动“互联网+”深入发展和促进数字经济加快成长，加大网络提速降费力度，实现高速宽带城乡全覆盖，让企业广泛受益和群众普遍受惠。党的十九大报告提出加快建设制造强国，加快发展先进制造业，推动互联网、大数据、人工智能和实体经济深度融合。之后，习近平总书记强调要推动大数据基础产业创新发展，要构建以数据为关键要素的数字经济，要运用大数据提升国家治理现代化水平，要运用大数据保障和改善民生，要切实保障国家数据安全，为数字中国和网络强国建设赋能助力。2019年，《国家数字经济创新发展试验区实施方案》明确要求浙江省、河北省（雄安新区）、福建省、广东省、重庆市和四川省等试验区要结合各自优势和结构转型特点，在数字经济要素流通机制、新型生产关系、要素资源配置和产业集聚

---

① 2017年政府工作报告［EB/OL］.（2019－12－02）. https：//www. gov. cn/guowuyuan/2019－12/02/content_5457614. htm.

② 国务院办公厅关于加快电子商务发展的若干意见［EB/OL］.（2008－03－28）. https：//www. gov. cn/zhengce/content/2008－03/28/content_3862. htm.

发展模式等方面开展大胆探索，充分释放新动能①。同时，《国务院办公厅关于促进平台经济规范健康发展的指导意见》强调推动互联网平台与工业、农业生产深度融合，在实体经济中大力推广应用物联网、大数据，促进数字经济和数字产业发展，深入推进智能制造和服务型制造②。2020年《关于构建更加完善的要素市场化配置体制机制的意见》注重培育数字经济新产业、新业态和新模式③。

从地方政府层面来看，地方政府为抢抓数字经济红利，也纷纷出台鼓励政策。如广东省地处改革开放的前沿，具备完善和发达的数字基础设施，数字经济政策也更具前瞻性，数字经济发展前景广阔。早在2003年，广东省就出台了《广东省电子商务认证机构资格认定和年审管理办法（暂行)》，推动了广东省电子商务的发展。之后，又相继印发一系列政策文件，如2012年印发《广东省战略性新兴产业发展“十二五”规划的通知》，2017年印发《广东省人民政府办公厅关于印发广东省战略性新兴产业发展“十三五”规划的通知》，2018年印发《广东省数字经济发展规划(2018～2025年)》，2020年印发《广东省建设国家数字经济创新发展试验区工作方案的通知》等，为繁荣数字经济起到积极作用。

10.2.2 稳妥推进城镇化，助力区域经济发展方式转变

2014年，《国家新型城镇化规划（2014～2020年)》的发布标志着我国正式开启新型城镇化发展之路。

新型城镇化是人口、经济、社会、资源和环境协调发展的城镇化，是释放内需潜力和发展新动能的重要途径，更是现代化的必由之路。高质量发展的城镇化必须坚持以人为核心的原则，完善顶层设计，改革创新（李琪，2020)，城镇化能够促进要素集聚，形成集聚效应和规模经济效应，

① 创新探索 示范引领 大力推进国家数字经济创新发展试验区建设［EB/OL］.（2019-11-18). http：//www.cac.gov.cn/2019-11/08/c_1574747109059889.htm？from=singlemessage.

② 国务院办公厅关于促进平台经济规范健康发展的指导意见［EB/OL］.（2019-08-01). https：//www.gov.cn/gongbao/content/2019/content_5421543.htm.

③ 中共中央 国务院关于构建更加完善的要素市场化配置体制机制的意见［EB/OL］.（2020-03-30). https：//www.gov.cn/gongbao/content/2020/content_5503537.htm.

除传统要素外，人力资本集聚则是创新驱动发展的关键要素。

我国新型城镇化建设与数字经济发展相伴成长，数字经济和新型城镇化融合发展是必然趋势。新型城镇化的持续深入发展，能够释放更多驱动数字经济发展的政策红利、集聚经济效应和创新能力。新型城镇化的质量提升，必然促进资源优化配置，提高生产效率，对提升区域经济发展方式转变具有积极作用。

10.2.3　实施创新驱动发展战略，赋能区域经济发展方式转变

改革开放 40 多年来，我国创新能力不断增强，2018 年全国研发人员全时当量达到 438 万人年，2020 年扩大至 523.45 万人年，连续多年居世界第一位。我国创新投入不断增加，R&D 经费投入由 2012 年的 10298.41 亿元增加至 2020 年的 24393.10 亿元，增长了 136.86%，研发投入强度达到 2.19%，超过欧盟平均水平。我国创新产出形势喜人，发明专利申请量和授权量均呈增加态势。以 2012 ~ 2020 年为例，发明专利申请量从 652777 项增加至 1497159 项，增长了 1.29 倍；发明专利授权量由 2012 年的 217105 项增加至 2020 年的 530127 项，增长了 1.44 倍①。人口老龄化趋势下，我国靠资本和劳动等传统要素投入拉动经济增长的驱动力逐步减弱，而数据要素和人力资本要素对推动经济增长的贡献不断增加。高质量的人力资源总量是我国经济长期增长的重要基础，要加快经济发展方式由“劳动力红利”向“工程师红利”的转变，为数字经济驱动区域经济发展方式转变奠定创新基础（王一鸣，2020；陈昌盛等，2020）。

10.2.4　发展壮大数字经济，驱动区域经济发展方式转变

数字经济驱动生产方式、生活方式、商业模式和国际格局的深刻变革，成为推动经济社会未来发展的重要驱力。以人工智能、大数据和云计算等为代表的新一代信息技术改变了传统的生产方式，弱化了土地、劳动力等传统要素，数据要素和人力资本等新要素在生产智能化、定制化时代

① 新动能茁壮成长 新经济方兴未艾——党的十八大以来经济社会发展成就系列报告之九[EB/OL]. (2022-09-26). http://www.stats.gov.cn/sj/sjjd/202302/t20230202_1896684.html.

的作用愈发重要。2019 年，新冠疫情暴发后，我国生产和生活呈现典型的数字化、线上化、智能化趋势，数字经济在疫情中发挥了“排头兵”和“稳定器”作用，新冠疫情促使企业加速数字化转型，以适应生产、销售、管理方式的数字化，进一步拓展了数字经济应用的广度和深度（陈昌盛等，2020）。同样，面对新冠疫情，为避免集聚，民众社交活动大幅减少，促使工作方式和生活方式深刻变革，如线上办公、线上教学等日益普遍。新信息技术极大降低了交易成本，加速了全球产业链的分工和价值链的形成，扩大了产业链主体配置和整合资源的范围（李志军等，2019；肖静华等，2015；肖静华，2020）。

为深度探究数字经济对区域经济发展方式转变的影响，根据第 4 章构建的数字经济评价指标体系，本部分分别应用技术基础力（d1）、经济支撑力（d2）、服务应用力（d3）、资源驱动力（d4）和产数融合力（d5）对区域经济发展方式转变的影响进行回归分析（见表 10 - 1）。由表 10 - 1 可知，除资源驱动力因素系数为负值外，其余 4 个因素的系数均为正值，且都在 1% 水平显著。这说明技术基础力、经济支撑力、服务应用力和产数融合力均对区域经济发展方式转变具有积极促进作用，地方政府应该根据本地区的产业基础、技术优势和营商环境实际，加快区域经济发展方式转变。

表 10 - 1 数字经济各子系统对区域经济发展方式转变的影响分析

变量	(1)	(2)	(3)	(4)	(5)
	dchange	dchange	dchange	dchange	dchange
d1	3.323*** (9.87)				
d2		1.907*** (6.55)			
d3			2.543*** (10.70)		
d4				-0.00869 (-0.04)	

续表

变量	(1)	(2)	(3)	(4)	(5)
	dchange	dchange	dchange	dchange	dchange
d5					1.502*** (6.96)
_cons	0.0981 (0.34)	1.213*** (4.10)	-0.260 (-0.90)	1.023*** (3.17)	0.895*** (3.06)
个体效应	控制	控制	控制	控制	控制
时间效应	控制	控制	控制	控制	控制
N	300	300	300	300	300

注：括号内是 t 值，* 表示 $p<0.1$，** 表示 $p<0.05$，*** 表示 $p<0.01$。
资料来源：Stata 统计输出。

10.2.5　不断优化营商环境，促进数字经济与实体经济融合发展

我国制造业转型升级仍存在政策、税收和知识产权保护环境不优的问题，更需要不断优化营商环境，培育数字经济产业发展壮大的良好环境。中国人民大学国家发展与战略研究院发布的《中国城市政商关系排行榜(2020 年)》（如表 10－2 所示）从“亲”和“清”两个方面对新型政商关系进行评价，“亲”方面的评价主要包括政府对企业的关心、政府对企业的服务和企业的税费负担 3 个一级指标以及 7 个二级指标，“清”方面的评价主要包括政府廉洁度和政府透明度 2 个一级指标以及 4 个二级指标(聂辉华等，2020)。

表 10－2　政商关系健康指数

排名	省份	政商关系指数	排名	省份	政商关系指数
1	北京	86.33	6	山东	48.91
2	上海	81.84	7	广东	47.47
3	天津	62.73	8	江苏	45.00
4	海南	51.43	9	重庆	44.64
5	浙江	49.42	10	福建	40.39

续表

排名	省份	政商关系指数	排名	省份	政商关系指数
11	贵州	38.40	22	陕西	23.95
12	四川	36.74	23	西藏	23.94
13	安徽	36.52	24	甘肃	22.56
14	广西	34.95	25	新疆	21.99
15	江西	33.77	26	青海	21.69
16	湖北	31.56	27	河北	21.39
17	宁夏	28.82	28	吉林	21.16
18	湖南	28.03	29	黑龙江	21.08
19	辽宁	27.70	30	河南	20.49
20	山西	25.73	31	云南	19.17
21	内蒙古	25.27			

资料来源：聂辉华等．中国城市政商关系排行榜（2020 年）[R]. 2020.

优良的政商关系有助于培育新产业和新业态，数字经济需要好的市场环境。以数字经济发达的广东省为例，优良的营商环境促使广东省数字经济发展势头强劲，形成了一批实力强劲的数字经济企业。在这些优秀企业带动下，广东的数字经济形成产业集群，有效地带动数字经济和实体经济融合。

10.2.6 夯实数字基础设施，不断缩小数字鸿沟

近 30 年来，我国互联网及信息基础设施建设取得了长足进展。中国互联网络信息中心的数据显示，截至 2021 年 6 月，我国域名总数为 3136 万个，我国移动电话基站总数达 948 万个，互联网宽带接入端口数量达 9.82 亿个，光缆线路总长度达到 5352 万公里，互联网普及率达 71.6%①。纵向比较，我国数字经济基础设施建设取得了伟大成就；横向比较，特别是与

① 中国互联网络信息中心．中国互联网络发展状况统计报告 [EB/OL]．(2021-09-15). https://www.cnnic.net.cn/n4/2022/0401/c88-1132.html.

发达经济体比较，我国仍然存在差距。世界银行的数据显示，截至 2018 年，英国的互联网普及率为 90.7%，日本为 91.3%，德国为 88.1%，美国为 88.5%。由此可以看出，我国在数字经济发展的基础设施方面仍需要加强，不断缩小数字基础设施的国际鸿沟和城乡鸿沟。

早期“数字鸿沟”关注人们在数字技术连接机会方面的差距，即连接和未连接互联网的人之间的二元区别（Mehra et al.，2004）。随着互联网发展及数字设备的普及，接入鸿沟逐渐被填平，但数字技术应用的鸿沟愈加突出，主要表现在数字技术的使用技能、程度、动机和方式等方面（许竹青等，2013）。

在国际和国内双重压力下，我国应大力发展数字经济，通过新型城镇化和数字经济发展有效激活投资，释放消费潜力。

第11章　研究结论

本书首先构建了数字经济和区域经济发展方式转变的综合评价指标体系，选择2007~2016年我国30个省份的面板数据，综合采用多种方法分析数字经济对区域经济发展方式转变的直接效应、间接效应、门槛效应和空间效应，探究和分析了数字经济影响区域经济发展方式转变的机制。主要得出四个方面的结论。

1. 数字经济和区域经济发展方式转变综合评价

从数字经济评价结果来看，我国数字经济发展呈现上升趋势。从时间维度看，我国省域数字经济总体上呈现波动上升趋势，但总体得分偏低；从空间维度看，我国省域数字经济发展演变呈现东中西部分异现象，东部沿海省份较发达，特别是长三角、珠三角和环渤海三大经济圈表现亮眼，而中西部地区发展水平较低。

从区域经济发展方式转变来看，我国区域经济发展方式转变呈上升趋势。从时间维度看，我国区域经济发展方式转变总体上呈现上升趋势，但总体得分偏低；从空间维度看，我国区域经济发展方式转变演变呈现东中西部分异现象，东部地区，特别是长三角、珠三角和环渤海三大经济圈表现突出，广大中西部地区发展水平不高。

2. 数字经济和区域经济发展方式转变的协调发展水平

我国省域数字经济与区域经济发展方式转变的耦合和协调水平不断提升。耦合度由2007年度的0.3945上升到2016年度的0.4274，协调度由2007年度的0.2677上升至2016年度的0.2981。从耦合度来看，优质和良好耦合省域均来自东部沿海地区，而中部地区和西部地区耦合水平较低。北京市耦合度水平最高，是唯一进入成熟阶段的地区，广东、江苏、上海、浙江、山东和天津6个省份处于发展阶段，辽宁、福建、四川、湖北、陕西、河南、河北、黑龙江、湖南、内蒙古、重庆、安徽、吉林、山西、海南、江西和广西17个省份处于成长阶段，新疆、云南、宁夏、甘肃、贵州和青海处于起步阶段。从协调度来看，总体协调水平不高，没有达到优质协调的地区，良好协调也集中于东部地区，广大中西部地区协调水平堪忧。良好协调的地区有北京、广东、江苏和上海4个省份，一般协调的地区有浙江和山东2个省份，轻度失调的地区有天津、福建、辽宁、四川、湖北、河北、河南、陕西、湖南、安徽和黑龙江11个省份，严重失调的地区有内蒙古、吉林、重庆、江西、山西、海南、广西、云南、新疆、宁夏、贵州、甘肃和青海13个省份。

3. 数字经济对区域经济发展方式转变的影响效应

本书发现，数字经济对区域经济发展方式转变的影响效应主要有直接效应、间接效应、门槛效应和空间效应。

（1）数字经济对区域经济发展方式转变具有直接效应。

数字经济对区域经济发展方式转变产生显著正向影响，在1%水平显著为正。无论是混合OLS回归、固定个体效应、个体时间双固定，还是稳健标准误的双固定均发现数字经济对区域经济发展方式转变产生积极促进作用。内生性检验和稳健性检验也说明模型具有很好的解释力。

此外，克服面板模型是均值回归模型，为克服该模型的缺点，本书还采用面板分位数模型探究数字经济对区域经济发展方式转变的不同影响。选择10分位点到90分位点共5个代表性的分位点，探究数字经济对区域经济发展方式转变的不同影响，研究发现：在10分位点到90分位点上，数字经济的系数均在1%水平显著为正，这说明数字经济对区域经济发展方式转变起到积极推动作用。具体来看，从10分位点到50分位点，数字经济系数由0.858提升至0.865，从50分位点到90分位点，数字经济系数由0.865提升至0.871，可以看出，从低分位点到较高分位点回归中，数字经济系数呈现逐渐增大的变化趋势，即数字经济系数由0.858提升至0.871，这说明随着数字经济发展水平的提高，其对区域经济发展方式转变的促进作用逐渐增强。

（2）数字经济对区域经济发展方式转变具有间接效应。

本书先选择城镇化和研发强度作为中介变量，经检验，数字经济发展会通过研发强度和城镇化水平促进区域经济发展方式转变，在1%水平显著为正，城镇化的中介比例为25.43%，研发强度的中介比例为16.47%。之后，本书又将城镇化和研发强度同时作为中介变量进行平行中介检验，发现存在平行中介效应，城镇化中介比例为23.09%，与前面相比有所下降，研发强度中介比例16.47%，保持不变。

（3）数字经济对区域经济发展方式转变具有门槛效应。

本书选择数字经济、城镇化、研发强度3个变量进行门槛效应检验，结果表明，数字经济和研发强度存在单一门槛，城镇化存在双重门槛。根据面板门槛回归结果，数字经济指数小于0.4475时，数字经济对区域经济发展方式转变的影响为0.639，在1%的水平显著为正；当数字经济指数大于0.4475时，数字经济对区域经济发展方式转变的影响为0.852，在1%的水平显著为正。这说明，当数字经济越过门槛值时，数字经济对区域经济发展方式转变的影响会显著增加。

研发强度小于0.0249时，数字经济对区域经济发展方式转变的影响系数为0.846，在1%的水平显著为正；当研发强度大于0.0249时，数字经济对区域经济发展方式转变的影响系数为0.948，在1%的水平显著为正。这说明，当研发强度越过门槛值时，数字经济对区域经济发展方式转变的影响会显著增加，系数由0.846增加至0.948。

城镇化存在双重门槛，当城镇化小于2.7264时，数字经济对区域经济发展方式转变的影响系数为0.811，在1%的水平显著为正；当城镇化大于2.7264，而小于3.3702时，数字经济对区域经济发展方式转变的影响系数为0.872，在1%的水平显著为正；当城镇化大于3.3702时，数字经济对区域经济发展方式转变的影响系数为0.942。这说明，当城镇化越过第一重门槛和第二重门槛时，数字经济对区域经济发展方式转变的影响会不断增加，系数由0.811提升至0.872，再增加至0.942。

（4）数字经济对区域经济发展方式转变具有空间效应。

经空间相关性和依赖性检验，数字经济对区域经济发展方式转变存在空间效应，采用空间杜宾模型分析数字经济对区域经济发展方式转变的影响。直接效应下的数字经济对区域经济发展方式转变的影响系数为0.654，通过了1%显著水平的显著性检验，即本地区数字经济发展有助于推动本地区的经济发展方式转变。与普通面板固定效应估计结果相比，估计系数降低了0.318，这说明传统面板模型由于忽略了空间相关性问题，导致数字经济对区域发展方式转变的影响被高估。间接效应（空间溢出效应）下的数字经济系数为 -0.0415，且不显著，即本地区数字经济发展无法促进相邻地区经济发展方式转变。比较数字经济直接效应与间接效应的回归系数，可以看出，数字经济对区域经济发展方式转变的区域内本地效应更明显，这说明数字经济对区域经济发展方式转变确实存在空间效应，主要是本地效应，对邻近地区则有抑制作用。

4. 数字经济对区域经济发展方式转变的提升路径

在前述分析基础上，本书提出了数字经济对区域经济发展方式转变的提升路径，主要体现在以下六个方面：第一，充分利用政策红利，积极发展数字经济；第二，稳妥推进城镇化，助力区域经济发展方式转变；第三，实施创新驱动战略，赋能区域经济发展方式转变；第四，发展壮大数字经济，驱动区域经济发展方式转变；第五，不断优化营商环境，促进数字经济与实体经济融合发展；第六，夯实数字基础设施，不断缩小数字鸿沟。

参考文献

[1] 阿里研究院．全球数字经济发展指数［R］. 2018.

[2] 安宇宏．数字经济［J］. 宏观经济管理，2016（12）：76－77.

[3] 白俊红．中国区域创新效率的测度与实证研究［M］. 南京：南京师范大学出版社，2016.

[4] 蔡进，禹洋春，骆东奇，邱继勤．重庆市农村多维贫困空间分异及影响因素分析［J］. 农业工程学报，2018，34（22）：235－245.

[5] 曹鹏，白永平．中国省域绿色发展效率的时空格局及其影响因素［J］. 甘肃社会科学，2018（4）：242－248.

[6] 曹玉平．互联网普及、知识溢出与空间经济集聚——理论机制与实证检验［J］. 山西财经大学学报，2020，42（10）：27－41.

[7] 常建新，范立春，高莉．数字普惠金融能够推动经济高质量发展吗？［J］. 金融发展研究，2021（12）：69－76.

[8] 钞小静．新型数字基础设施促进我国高质量发展的路径［J］. 西安财经大学学报，2020，33（2）：15－19.

[9] 陈波．论创新驱动的内涵特征与实现条件——以"中国梦"的实现为视角［J］. 复旦学报（社会科学版），2014，56（4）：124－133.

[10] 陈芳．中国数字经济发展质量及其影响因素研究［D］. 杭州：杭州电子科技大学，2019.

[11] 陈维涛．"新经济"的核心内涵及其统计测度评析［J］. 南京社会科学，2017（11）：23－30.

[12] 陈晓东．数字经济影响产业结构演进的方向路径［N］. 经济日报，2021－05－21.

[13] 陈晓龙．数字经济对中国经济的影响浅析［J］. 现代商业，2011（11）：190.

[14] 程文先，钱学锋．数字经济与中国工业绿色全要素生产率增长［J］．经济问题探索，2021（8）：124-140.

[15] 迟福林．改革开放40年建立与完善社会主义市场经济体制的基本实践［J］．改革，2018（8）：35-48.

[16] 仇方道，佟连军，朱传耿，杨如树．省际边缘区经济发展差异时空格局及驱动机制——以淮海经济区为例［J］．地理研究，2009，28（2）：451-463.

[17] 丁刚，陈阿凤．我国省域经济发展方式转变的空间关联模式研究［J］．华东经济管理，2012，26（10）：50-53.

[18] 丁玉龙，秦尊文．信息通信技术对绿色经济效率的影响——基于面板Tobit模型的实证研究［J］．学习与实践，2021（4）：32-44.

[19] 丁志帆．数字经济驱动经济高质量发展的机制研究：一个理论分析框架［J］．现代经济探讨，2020（1）：85-92.

[20] 董晓松．中国数字经济及其空间关联［M］．北京：社会科学文献出版社，2018.

[21] 二十国集团．二十国集团数字经济发展与合作倡议［R］．2016.

[22] 范合君，吴婷．数字化能否促进经济增长与高质量发展——来自中国省级面板数据的经验证据［J］．管理学刊，2021，34（3）：36-53.

[23] 付帼，雷磊．中国八大沿海经济区经济空间差异性时空变化研究［J］．经济地理，2014，34（3）：6-9，37.

[24] 傅辰昊，周素红，闫小培，古杰．中国城乡居民生活水平差距的时空变化及其影响因素［J］．世界地理研究，2015，24（4）：67-77.

[25] 高翯，谭亮，王士君．政策导引下的东北地区经济发展方式转变绩效评价［J］．资源开发与市场，2017，33（9）：1073-1076.

[26] 高翯，王士君，谭亮．吉林省经济发展方式转变绩效评价及特征分析［J］．经济地理，2017，37（12）：34-40.

[27] 高振娟，赵景峰，张静，李雪．数字经济赋能消费升级的机制与路径选择［J］．西南金融，2021（10）：44-54.

[28] 龚晓莺，王海飞．当代数字经济的发展及其效应研究［J］．电子政务，2019（8）：51-62.

[29] 关皓明，翟明伟，刘大平，王士君．中国区域经济发展方式转

变过程测度及特征分析 [J]. 经济地理, 2014, 34 (6): 16 -24.

[30] 郭朝先, 王嘉琪, 刘浩荣. "新基建"赋能中国经济高质量发展的路径研究 [J]. 北京工业大学学报 (社会科学版), 2020, 20 (6): 13 -21.

[31] 郭晗, 廉玉妍. 数字经济与中国未来经济新动能培育 [J]. 西北大学学报 (哲学社会科学版), 2020, 50 (1): 65 -72.

[32] 郭晗. 人工智能培育中国经济发展新动能的理论逻辑与实践路径 [J]. 西北大学学报 (哲学社会科学版), 2019, 49 (5): 21 -27.

[33] 郭晗, 任保平. 经济发展方式转变的路径依赖及其破解路径 [J]. 江苏社会科学, 2013 (4): 70 -75.

[34] 郭晗, 任保平. 人口红利变化与中国经济发展方式转变 [J]. 当代财经, 2014 (3): 5 -13.

[35] 郭晗. 数字经济与实体经济融合促进高质量发展的路径 [J]. 西安财经大学学报, 2020, 33 (2): 20 -24.

[36] 郭苏豫. 数字金融赋能农业高质量发展策略研究 [J]. 价格理论与实践, 2021 (12): 102 -105.

[37] 韩先锋, 宋文飞, 李勃昕. 互联网能成为中国区域创新效率提升的新动能吗 [J]. 中国工业经济, 2019 (7): 119 -136.

[38] 何帆, 刘红霞. 数字经济视角下实体企业数字化变革的业绩提升效应评估 [J]. 改革, 2019 (4): 137 -148.

[39] 何红光, 宋林, 李光勤. 中国农业经济增长质量的时空差异研究 [J]. 经济学家, 2017 (7): 87 -97.

[40] 何宏庆. 数字金融: 经济高质量发展的重要驱动 [J]. 西安财经学院学报, 2019, 32 (2): 45 -51.

[41] 何剑, 王欣爱. 中国产业绿色发展的时空特征分析 [J]. 科技管理研究, 2016, 36 (21): 240 -246.

[42] 何菊莲, 陈增民, 李缘. 基于 PCA -熵权法的经济发展方式转变进程的综合测评——来自湖南 2001 -2014 年的经验证据 [J]. 财经理论与实践, 2018, 39 (1): 140 -146.

[43] 何菊莲, 袁永逸, 李军. 教育对经济发展方式转变的贡献: 测量与评价——来自全国的经验证据 (1995 -2014) [J]. 教育与经济, 2017

(2): 10-18.

[44] 何菊莲，张轲，唐未兵．我国经济发展方式转变进程测评 [J]. 经济学动态，2012 (10): 17-26.

[45] 何枭吟．数字经济与信息经济、网络经济和知识经济的内涵比较 [J]. 时代金融，2011 (29): 47.

[46] 洪银兴．论创新驱动经济发展战略 [J]. 经济学家，2013 (1): 5-11.

[47] 惠炜，韩先锋．生产性服务业集聚促进了地区劳动生产率吗？[J]. 数量经济技术经济研究，2016，33 (10): 37-56.

[48] 纪雯雯．数字经济与未来的工作 [J]. 中国劳动关系学院学报，2017，31 (6): 37-47.

[49] 蹇令香，苏宇凌，曹珊珊．数字经济驱动沿海地区海洋产业高质量发展研究 [J]. 统计与信息论坛，2021，36 (11): 28-40.

[50] 江孝君，杨青山，耿清格，王小艳，刘鉴．长江经济带生态—经济—社会系统协调发展时空分异及驱动机制 [J]. 长江流域资源与环境，2019，28 (3): 493-504.

[51] 姜长云．加快农业发展方式转变的政策演变及研究维度 [J]. 中州学刊，2017 (4): 37-42.

[52] 姜磊，柏玲，吴玉鸣．中国省域经济、资源与环境协调分析——兼论三系统耦合公式及其扩展形式 [J]. 自然资源学报，2017，32 (5): 788-799.

[53] 焦月霞．中国数字经济发展及其影响因素研究 [D]. 杭州：杭州电子科技大学，2018.

[54] 荆文君，孙宝文．数字经济促进经济高质量发展：一个理论分析框架 [J]. 经济学家，2019 (2): 66-73.

[55] 康珈瑜，索志辉，梁留科，买哲，方明．中国市域居民住房支付能力时空演变及影响因素 [J]. 干旱区地理，2019，42 (5): 1153-1165.

[56] 康伟，姜宝．数字经济的内涵、挑战及对策分析 [J]. 电子科技大学学报（社会科学版），2018，20 (5): 12-18.

[57] 寇宗来，刘学悦．中国城市和产业创新力报告 2017 [R]. 复旦

大学产业发展研究中心，2017.

[58] 蓝国姣．中部地区数字经济发展水平的统计测度研究 [D]．南昌：江西财经大学，2020.

[59] 李长江．关于数字经济内涵的初步探讨 [J]．电子政务，2017(9)：84-92.

[60] 李国杰．未来十年信息技术将带来巨大“红利” [N]．中国信息化周报，2017-10-16.

[61] 李健旋，赵林度．金融集聚、生产率增长与城乡收入差距的实证分析——基于动态空间面板模型 [J]．中国管理科学，2018，26 (12)：34-43.

[62] 李俊杰，景一佳．基于 SBM-GIS 的绿色发展效率评价及时空分异研究——以中原城市群为例 [J]．生态经济，2019，35 (9)：94-101，107.

[63] 李凯伦，刘梦月，朱天龙．FDI 对我国城镇化的影响——基于经济发展方式转变程度的门槛效应检验 [J]．商业经济研究，2018 (18)：190-192.

[64] 李梦雨，彭传旭，魏熙晔．数字金融能否促进经济高质量发展——来自我国 275 个城市的经验证据 [J]．金融监管研究，2021 (11)：97-114.

[65] 李琪．高质量发展阶段城镇化建设的重点及策略 [J]．社会科学战线，2020 (11)：251-256.

[66] 李强，李新华．新常态下经济增长质量测度与时空格局演化分析 [J]．统计与决策，2018，34 (13)：142-145.

[67] 李瑞，吴殿廷，鲍捷，邱研，王维．高级科学人才集聚成长的时空格局演化及其驱动机制——基于中国科学院院士的典型分析 [J]．地理科学进展，2013，32 (7)：1123-1138.

[68] 李石．科技创新驱动农业经济发展方式转变研究 [J]．农业经济，2017 (4)：20-21.

[69] 李书昊．新时代中国经济发展方式转变的测度研究 [J]．经济学家，2019 (1)：53-61.

[70] 李晓龙，冉光和，郑威．金融发展、空间关联与区域创新产出

[J]. 研究与发展管理，2017，29（1）：55－64.

［71］李永红，黄瑞．我国数字产业化与产业数字化模式的研究［J］. 科技管理研究，2019，39（16）：129－134.

［72］李志军，张世国，李逸飞，单珊．中国城市营商环境评价及有关建议［J］. 江苏社会科学，2019（2）：30－42，257.

［73］梁琦，肖素萍，李梦欣．数字经济发展、空间外溢与区域创新质量提升——兼论市场化的门槛效应［J］. 上海经济研究，2021（9）：44－56.

［74］廖重斌．环境与经济协调发展的定量评判及其分类体系——以珠江三角洲城市群为例［J］. 热带地理，1999（2）：76－82.

［75］林毅夫，张鹏飞．后发优势、技术引进和落后国家的经济增长［J］. 经济学（季刊），2005（4）：53－74.

［76］林跃勤．新兴国家数字经济发展与合作［J］. 深圳大学学报（人文社会科学版），2017，34（4）：105－108.

［77］凌立文，余平祥．广东省城镇化与生态环境耦合水平分析与预测［J］. 西北农林科技大学学报（社会科学版），2016，16（4）：138－146.

［78］刘达禹，徐斌，刘金全．数字经济发展与区域经济增长——增长门槛还是增长瓶颈？［J］. 西安交通大学学报（社会科学版），2021，41（6）：16－25.

［79］刘建平．数字经济与政府规制［J］. 中国行政管理，2002（9）：9－12.

［80］刘岐涛，王磊．新旧动能转换指数测度研究［J］. 中国国情国力，2018（9）：52－54.

［81］刘树峰，杜德斌，覃雄合，侯纯光．基于创新价值链视角下中国创新效率时空格局与影响因素分析［J］. 地理科学，2019，39（2）：173－182.

［82］刘涛，史秋洁，王雨，杨宇．中国城乡建设占用耕地的时空格局及形成机制［J］. 地理研究，2018，37（8）：1609－1623.

［83］刘伟，戴冰清，刘卫镇．数字金融能驱动经济高质量发展吗？——基于2011～2017年中国省级面板数据的实证分析［J］. 经济社会

体制比较，2021（6）：63－75.

［84］刘新智，孔芳霞．长江经济带数字经济发展对城市绿色转型的影响研究——基于“三生”空间的视角［J］．当代经济管理，2021，43（9）：64－74.

［85］刘彦随，杨忍．中国县域城镇化的空间特征与形成机理［J］．地理学报，2012，67（8）：1011－1020.

［86］刘洋，肖远平．数字文化产业赋能实体经济高质量发展：市场逻辑、跨界效应及现实向度［J］．理论月刊，2021（12）：100－108.

［87］刘耀彬，袁华锡，封亦代．产业集聚减排效应的空间溢出与门槛特征［J］．数理统计与管理，2018，37（2）：224－234.

［88］刘耀彬，袁华锡，王喆．文化产业集聚对绿色经济效率的影响——基于动态面板模型的实证分析［J］．资源科学，2017，39（4）：747－755.

［89］刘志彪．从后发到先发：关于实施创新驱动战略的理论思考［J］．产业经济研究，2011（4）：1－7.

［90］卢新海，柯楠，匡兵，韩璟．中部地区土地城镇化水平差异的时空特征及影响因素［J］．经济地理，2019，39（4）：192－198.

［91］鲁俊群．大力发展数字经济是高质量发展必由之路［J］．红旗文稿，2019（3）：26－28.

［92］罗腾飞，罗巧巧．贵州省县域经济差异性及空间演化特征分析［J］．贵州大学学报（社会科学版），2019，37（2）：41－50.

［93］马慧强，燕明琪，李岚，王清．我国旅游公共服务质量时空演化及形成机理分析［J］．经济地理，2018，38（3）：190－199.

［94］马强文，任保平．中国经济发展方式转变的绩效评价及影响因素研究［J］．经济学家，2010（11）：58－65.

［95］马微，惠宁．金融结构对技术创新的影响效应及其区域差异研究［J］．经济科学，2018（2）：75－87.

［96］马微．金融结构对产业结构升级的影响效应研究［D］．西安：西北大学，2019.

［97］麦肯锡全球研究院．数字时代的中国：打造具有全球竞争力的新经济［R］．2017.

［98］［美］罗杰斯 E. M. 创新的扩散（第5版）［M］. 唐兴通，郑常青，张延臣，译. 北京：电子工业出版社，2016.

［99］［美］迈克尔·波特. 国家竞争优势［M］. 李明轩，邱如美，译. 北京：华夏出版社，2002

［100］蒙莎莎，张晓青，张玉泽，黄彩虹，尹向来，白晨. 山东省县域经济空间格局演变及驱动机制研究［J］. 华东经济管理，2017，31（12）：27－34.

［101］宁晓静. 基于技术经济范式的湖北省数字经济发展研究［D］. 武汉：华中科技大学，2018.

［102］欧盟委员会. 数字经济和社会指数［R］. 2018.

［103］逄健，朱欣民. 国外数字经济发展趋势与数字经济国家发展战略［J］. 科技进步与对策，2013，30（8）：124－128.

［104］裴长洪，倪江飞，李越. 数字经济的政治经济学分析［J］. 财贸经济，2018，39（9）：5－22.

［105］任保平，郭晗. 红利变化背景下中国经济发展方式转变的路径转型［J］. 西北大学学报（哲学社会科学版），2012，42（4）：5－9.

［106］任保平，郭晗. 经济发展方式转变的创新驱动机制［J］. 学术研究，2013（2）：69－75，159.

［107］任保平，李禹墨. 新时代我国经济从高速增长转向高质量发展的动力转换［J］. 经济与管理评论，2019，35（1）：5－12.

［108］赛迪顾问公司. 中国数字经济发展指数报告［R］. 2017.

［109］上官绪明，葛斌华. 数字金融、环境规制与经济高质量发展［J］. 现代财经（天津财经大学学报），2021，41（10）：84－98.

［110］宋清，杨雪. 税收优惠、营商环境与企业创新绩效［J］. 中国科技论坛，2021（5）：99－107.

［111］宋洋. 数字经济、技术创新与经济高质量发展：基于省级面板数据［J］. 贵州社会科学，2020（12）：105－112.

［112］宋周莺，虞洋，梁龙武，王振波. 中国经济发展方式的时空演变特征及其环境效应［J］. 资源科学，2019，41（10）：1886－1896.

［113］孙海波，林秀梅. 异质型人力资本与产业结构升级关系的动态演变［J］. 统计与信息论坛，2018，33（4）：58－66.

［114］孙海波．我国人力资本及其空间分布对产业结构升级影响研究［M］．北京：经济科学出版社，2018.

［115］孙涵，申俊，彭丽思，聂飞飞，於世为．中国省域居民生活能源消费的空间效应研究［J］．科研管理，2016，37（12）：82－91.

［116］孙小礼．数字地球与数字中国［J］．科学学研究，2000（4）：20－24.

［117］唐晓华，陈阳．中国装备制造业全要素生产率时空特征——基于三种空间权重矩阵的分析［J］．商业研究，2017（4）：135－142.

［118］Tapscott Don，David Ticoll，Alex Lowy 著，陈劲，何丹译．数字经济蓝图：电子商务的勃兴［M］．大连：东北财经大学出版社，1999.

［119］腾讯研究院．数字中国指数［R］．2019.

［120］腾讯研究院．数字中国指数［R］．2018.

［121］腾讯研究院．中国互联网＋数字经济指数［R］．2017.

［122］王彬燕，田俊峰，程利莎，浩飞龙，韩翰，王士君．中国数字经济空间分异及影响因素［J］．地理科学，2018，38（6）：859－868.

［123］王常军．数字经济与新型城镇化融合发展的内在机理与实现要点［J］．北京联合大学学报（人文社会科学版），2021，19（3）：116－124.

［124］王鹤，周少君．城镇化影响房地产价格的“直接效应”与“间接效应”分析——基于我国地级市动态空间杜宾模型［J］．南开经济研究，2017（2）：3－22.

［125］王建康．创新驱动视角下东北地区经济增长方式转变研究［D］．长春：东北师范大学，2016.

［126］王俊岭，刘勇，艾力肯．浅谈数字经济的发展与挑战［J］．伊犁师范学院学报，2001（3）：75－77.

［127］王如意．浙江省数字经济综合评价研究［D］．杭州：浙江工商大学，2018.

［128］王威．中国省域经济发展方式转变评价研究［D］．福州：福建师范大学，2013.

［129］王学义，熊升银．中国经济发展方式转变综合评价及时空演化特征研究［J］．地理科学，2020，40（2）：220－228.

[130] 王振．全球数字经济竞争力发展报告（2017）［M］. 北京：社会科学文献出版社，2017.

[131] 魏和清．知识经济测度方法研究［D］. 大连：东北财经大学，2007.

[132] 温忠麟．张雷，侯杰泰，刘红云．中介效应检验程序及其应用［J］. 心理学报，2004（5）：614－620.

[133] 文丰安，胡洋洋．区块链技术支撑我国经济高质量发展的路径研究［J］. 济南大学学报（社会科学版），2020，30（5）：91－98，159.

[134] 夏后学，谭清美，白俊红．营商环境、企业寻租与市场创新——来自中国企业营商环境调查的经验证据［J］. 经济研究，2019，54（4）：84－98.

[135] 向书坚，吴文君．OECD 数字经济核算研究最新动态及其启示［J］. 统计研究，2018，35（12）：3－15.

[136] 肖静华．企业跨体系数字化转型与管理适应性变革［J］. 改革，2020（4）：37－49.

[137] 肖静华，谢康，吴瑶，廖雪华．从面向合作伙伴到面向消费者的供应链转型——电商企业供应链双案例研究［J］. 管理世界，2015（4）：137－154，188.

[138] 熊升银．中国经济发展方式转变的时空演化格局及其形成机制研究［D］. 西南财经大学，2020.

[139] 熊正德．文化创意产业能助推经济发展方式转变吗？——以湖南省为例［J］. 吉首大学学报（社会科学版），2018，39（5）：37－44，145.

[140] 徐清源，单志广，马潮江．国内外数字经济测度指标体系研究综述［J］. 调研世界，2018（11）：52－58.

[141] 徐维祥，刘程军，江为赛，张凌燕，唐根年．产业集群创新的时空分异特征及其动力演化——以浙江省为例［J］. 经济地理，2016，36（9）：103－110.

[142] 徐艳．生态文明视域下的转变经济发展方式研究［D］. 南京：南京财经大学，2017.

[143] 许宪春，张美慧．中国数字经济规模测算研究——基于国际比

较的视角 [J]. 中国工业经济, 2020 (5): 23 - 41.

[144] 许旭. 数字经济发展赋能流通业高质量发展——基于智慧城市政策的准自然实验 [J]. 商业经济研究, 2021 (21): 9 - 12.

[145] 许竹青, 郑风田, 陈洁. "数字鸿沟" 还是 "信息红利"? 信息的有效供给与农民的销售价格——一个微观角度的实证研究 [J]. 经济学 (季刊), 2013, 12 (4): 1513 - 1536.

[146] 杨淑华. 我国经济发展方式转变的路径分析——基于经济驱动力视角 [J]. 经济学动态, 2009 (3): 30 - 33.

[147] 杨文溥. 数字经济与区域经济增长: 后发优势还是后发劣势? [J]. 上海财经大学学报, 2021, 23 (3): 19 - 31, 94.

[148] 杨新铭. 数字经济: 传统经济深度转型的经济学逻辑 [J]. 深圳大学学报 (人文社会科学版), 2017, 34 (4): 101 - 104.

[149] 杨志勇. 以国内大循环为主体背景下促进消费的税收政策优化 [J]. 税务研究, 2020 (11): 11 - 16.

[150] 杨仲山, 张美慧. 数字经济卫星账户: 国际经验及中国编制方案的设计 [J]. 统计研究, 2019, 36 (5): 16 - 30.

[151] 姚旭兵, 罗光强, 宁瑞芳. 人力资本结构影响新型城镇化的门槛效应 [J]. 城市问题, 2017 (2): 4 - 13.

[152] 姚战琪. 数字贸易、产业结构升级与出口技术复杂度——基于结构方程模型的多重中介效应 [J]. 改革, 2021 (1): 50 - 64.

[153] 姚姿臣. 区域经济发展方式转变进程评价及路径探索——基于长江经济带 11 省 2003—2015 年的经验数据 [J]. 经济地理, 2018, 38 (3): 46 - 52.

[154] 易信, 刘凤良. 金融发展、技术创新与产业结构转型——多部门内生增长理论分析框架 [J]. 管理世界, 2015 (10): 24 - 39, 90.

[155] 余泳泽, 刘大勇, 宣烨. 生产性服务业集聚对制造业生产效率的外溢效应及其衰减边界——基于空间计量模型的实证分析 [J]. 金融研究, 2016 (2): 23 - 36.

[156] 袁航. 创新驱动对中国产业结构转型升级的影响研究 [D]. 北京: 北京邮电大学, 2019.

[157] 袁华锡, 刘耀彬, 封亦代. 金融集聚如何影响绿色发展效

率？——基于时空双固定的SPDM与PTR模型的实证分析［J］. 中国管理科学，2019，27（11）：61－75.

［158］袁华锡，刘耀彬，胡森林，封亦代. 产业集聚加剧了环境污染吗？——基于外商直接投资视角［J］. 长江流域资源与环境，2019，28（4）：794－804.

［159］袁华锡，刘耀彬. 金融集聚与绿色发展——基于水平与效率的双维视角［J］. 科研管理，2019，40（12）：126－143.

［160］张伯超，沈开艳. "一带一路"沿线国家数字经济发展就绪度定量评估与特征分析［J］. 上海经济研究，2018（1）：94－103.

［161］张桂文，孙亚南. 人力资本与产业结构演进耦合关系的实证研究［J］. 中国人口科学，2014（6）：96－106，128.

［162］张辉，石琳. 数字经济：新时代的新动力［J］. 北京交通大学学报（社会科学版），2019，18（2）：10－22.

［163］张美慧. 国际新经济测度研究进展及对中国的借鉴［J］. 经济学家，2017（11）：47－55.

［164］张美慧. 数字经济供给使用表：概念架构与编制实践研究［J］. 统计研究，2021，38（7）：3－18.

［165］张鹏. 数字经济的本质及其发展逻辑［J］. 经济学家，2019（2）：25－33.

［166］张少华，陈治. 数字经济与区域经济增长的机制识别与异质性研究［J］. 统计与信息论坛，2021，36（11）：14－27.

［167］张新红. 数字经济与中国发展［J］. 电子政务，2016（11）：2－11.

［168］张雪玲，焦月霞. 中国数字经济发展指数及其应用初探［J］. 浙江社会科学，2017（4）：32－40，157.

［169］张焱. 数字经济、溢出效应与全要素生产率提升［J］. 贵州社会科学，2021（3）：139－145.

［170］赵滨元. 数字经济对区域创新绩效及其空间溢出效应的影响［J］. 科技进步与对策，2021，38（14）：37－44.

［171］赵宏波，马延吉. 老工业基地区域经济差异时空演变及驱动机制研究——以吉林省中部地区为例［J］. 中国科学院大学学报，2014，31

(2): 187 – 197.

[172] 赵涛，张智，梁上坤. 数字经济、创业活跃度与高质量发展——来自中国城市的经验证据 [J]. 管理世界，2020，36 (10): 65 – 76.

[173] 赵西三. 数字经济驱动中国制造转型升级研究 [J]. 中州学刊，2017 (12): 36 – 41.

[174] 赵星. 数字经济发展现状与发展趋势分析 [J]. 四川行政学院学报，2016 (4): 85 – 88.

[175] 郑晓云，陈金燕，苏义坤. 绿色经济与数字经济协同发展研究——基于修正耦合模型的实证分析 [J]. 价格理论与实践，2021 (8): 164 – 167，187.

[176] 中共中央党校（国家行政学院）经济学教研部课题组，韩保江，邹一南. 中国经济发展方式转变综合评价指数研究 [J]. 行政管理改革，2019 (1): 35 – 43.

[177] 中国信息化百人会. 中国数字经济报告 [R]. 2017.

[178] 中国信息通信研究院和华为技术有限公司. 数据基础设施白皮书 [R]. 2019.

[179] 钟春平，刘诚，李勇坚. 中美比较视角下我国数字经济发展的对策建议 [J]. 经济纵横，2017 (4): 35 – 41.

[180] 周超，黄乐. 数字普惠金融对区域经济高质量发展的影响研究 [J]. 价格理论与实践，2021 (9): 168 – 172.

[181] 周宏仁. 中国信息化形势分析与预测 [M]. 北京：社会科学文献出版社，2018.

[182] 周晓辉，刘莹莹，彭留英. 数字经济发展与绿色全要素生产率提高 [J]. 上海经济研究，2021 (12): 51 – 63.

[183] 朱发仓. 数字经济统计测度研究：理论与应用 [M]. 北京：经济科学出版社，2018.

[184] 邹一南，赵俊豪. 中国经济发展方式转变指标体系的构建与测度 [J]. 统计与决策，2017 (23): 36 – 39.

[185] 左鹏飞，姜奇平，陈静. 互联网发展、城镇化与我国产业结构转型升级 [J]. 数量经济技术经济研究，2020，37 (7): 71 – 91.

[186] Abramovitz M. Catching Up, Forging Ahead, and Falling Behind

[J]. The Journal of Economic History, 1986, 46 (2): 385 -406.

[187] Alwyn Young. Learning by Doing and the Dynamic Effects of International Trade [J]. Quarterly Journal of Economics, 1991, 106 (2): 369 -405.

[188] Anselin L. Lagrange Multiplier Test Diagnostics for Spatial Dependence and Spatial Heterogeneity [J]. Geographical Analysis, 1988, 20 (1): 1 -17.

[189] Anselin L. Spatial Econometrics: Methods and Models [M]. Springer Science & Business Media, 1988.

[190] Arellano M, Bover O. Another Look at the Instrumental Variable Estimation of Error-components Models [J]. Journal of Econometrics, 1995, 68 (1): 29 -51.

[191] Barefoot K, Curtis D, Jolliff W. Defining and Measuring the Digital Economy [J]. US Department of Commerce Bureau of Economic Analysis, Washington, DC, 2018, 15.

[192] Baron R M, Kenny D A. The Moderator-Mediator Variable Distinction in Social Psychological Research: Conceptual, Strategic, and Statistical Considerations [J]. Journal of Personality and Social Psychology, 1986, 51 (6): 1173.

[193] Barro R J, Sala-i-Martin, X. Convergence [J]. Journal of Political Economy, 1992, 100 (2): 1192 -1205.

[194] Belotti F, Hughes G, Mortari A P. Spatial Panel-data Models using Stata [J]. The Stata Journal, 2017, 17 (1): 139 -180.

[195] Beomsoo Kim. Virtual Field Experiments for a Digital Economy: A New Research Methodology for Exploring an Information Economy [J]. Decision Support Systems, 2002, 32 (1): 215 -231.

[196] Blundell R, Bond S. Initial Conditions and Moment Restrictions in Dynamic Panel Data Models [J]. Journal of Econometrics, 1998, 87 (1): 115 -143.

[197] Bo Carlsson. The Digital Economy: What is New and What is Not? [J]. Structural Change & Economic Dynamics, 2004, 15 (3): 245 -264.

[198] Bond S R, Hoeffler A, Temple J R W. GMM Estimation of Empirical Growth Models [J]. Economics Papers, 2001, 159 (1): 99 - 115.

[199] Brent R. Moulton. GDP and the Digital Economy: Keeping up with the Changes [J]. Understanding the Digital Economy Data, 1999, 4 (5): 34 - 48.

[200] Byrne, D M, S D Oliner, and D E Sichel. Is the Information Technology Revolution Over? [J]. SSRN Elctronic Journal, 2013, 19: 59 - 72.

[201] Castells M. The Internet Galaxy: Reflections on the Internet, Business, and Society [M]. Oxford University Press, 2002.

[202] Elhorst J P. Spatial Econometrics from Cross-sectional Data to Spatial Panels [M]. Springer, 2014.

[203] Georgiadis C K, Stiakakis E, Ravindran A R. Editorial for the Special issue: Digital Economy and E-commerce Technology [J]. Operational Research, 2013, 13 (1): 1 - 4.

[204] Goletsis Y, Chletsos M. Measurement of Development and Regional Disparities in Greek Periphery: A Multivariate Approach [J]. Socio-Economic Planning Sciences, 2011, 45 (4): 174 - 183.

[205] Golgher A B, Voss P R. How to Interpret the Coefficients of Spatial Models: Spillovers, Direct and Indirect Effects [J]. Spatial Demography, 2016, 4 (3): 175 - 205.

[206] Graetz G, Michaels G. Robots at Work: the Impact on Productivity and Jobs [R]. Centre for Economic Performance, LSE, 2015.

[207] Grossman G M, Helpman E. Trade, Knowledge Spillovers and Growth [J]. European Economic Review, 1991, 35 (2): 517 - 526.

[208] Hansen B E. Threshold Effects in Non-dynamic Panels: Estimation, Testing, and Inference [J]. Journal of Econometrics, 1999, 93 (2): 345 - 368.

[209] House of Commons the United Kingdom, Business, Innovation and Skills Committee. The Digital Economy [R]. Second Report of Session 2016 - 2017, 2016.

[210] Koenker R, Bassett J G. Regression Quantiles [J]. Econometrica:

Journal of the Econometric Society, 1978: 33 -50.

[211] Lee L, Yu J. QML Estimation of Spatial Dynamic Panel Data Models with Time Varying Spatial Weights Matrices [J]. Spatial Economic Analysis, 2012, 7 (1): 31 -74.

[212] LeSage, J P, Pace, R K. Introduction to Spatial Econometrics [M]. Boca Raton, Taylor & Francis, 2009.

[213] Mehra B, Merkel C, Bishop A P. The Internet for Empowerment of Minority and Marginalized Users [J]. New media & society, 2004, 6 (6): 781 -802.

[214] Meijers E, Hoekstra J, Leijten M, et al. Connecting the Periphery: Distributive Effects of New Infrastructure [J]. Journal of Transport Geography, 2012, 22: 187 -198.

[215] Mesenbourg T L. Measuring the Digital Economy [J]. US Bureau of the Census, 2001, 1: 1 -19.

[216] O'Brien K L, Leichenko R M. Double Exposure: Assessing the Impacts of Climate Change within the Context of Economic Globalization [J]. Global Environmental Change, 2000, 10 (3): 221 -232.

[217] Organisation for Economic Co-operation and Development. Measuring the Digital Economy: A New Perspective [M]. OECD Publishing, 2014.

[218] Palombi S, Perman R, Tavera C. Commuting Effects in Okun's Law among British Areas: Evidence from Spatial Panel Econometrics [J]. Papers in Regional Science, 2017, 96 (1): 191 -209.

[219] Ragnedda M. The Third Digital Divide: A Weberian Approach to Digital Inequalities [M]. Routledge, 2017.

[220] Rey S J, Montouri B D. US Regional Income Convergence: a Spatial Econometric Perspective [J]. Regional Studies, 1999, 33 (2): 143 -156.

[221] R Kling, R Lamb. IT and Organizational Change in Digital Economies: A Socio-Technical Approach [J]. Acm Sigcas Computers & Society, 1999, 29 (13): 17 -25.

[222] Tapscott Don. The Digital Economy: Promise and Peril in the Age of

Networked Intelligence [M]. McGraw Hill, 1996.

[223] Tiiu P, Friso S. Regional Income Inequality and Convergence Processes in the EU -25 [J]. Science Regional, 2008, 7 (2): 29 -49.

[224] Trade Union Advisory Committee. Regulatory Challenges, and the Role of Policies and Unions [R]. Discussion Paper on the Digital Economy Inclusive Innovation Pathways, 2016.